◉国家社会科学基金项目"金融资产价值偏离实体经济运行的边界约束与风险调控机制研究"（16BJL026）阶段性成果

◉辽宁省社会科学规划基金项目"金融偏离实体经济运行的约束边界理论研究"（L14BJL026）最终成果

◉本书的出版得到沈阳师范大学资助

金融相对实体经济发展的约束边界理论研究

杨秀萍 ◎ 著

中国社会科学出版社

图书在版编目（CIP）数据

金融相对实体经济发展的约束边界理论研究/杨秀萍著．
—北京：中国社会科学出版社，2016.9
ISBN 978 - 7 - 5161 - 8556 - 8

Ⅰ.①金…　Ⅱ.①杨…　Ⅲ.①金融学—研究　Ⅳ.①F830

中国版本图书馆 CIP 数据核字（2016）第 157844 号

出 版 人	赵剑英	
责任编辑	卢小生	
特约编辑	林　木	
责任校对	周晓东	
责任印制	王　超	

出　　版	中国社会科学出版社	
社　　址	北京鼓楼西大街甲 158 号	
邮　　编	100720	
网　　址	http：//www. csspw. cn	
发 行 部	010 - 84083685	
门 市 部	010 - 84029450	
经　　销	新华书店及其他书店	

印刷装订	北京君升印刷有限公司	
版　　次	2016 年 9 月第 1 版	
印　　次	2016 年 9 月第 1 次印刷	

开　　本	710×1000　1/16	
印　　张	16.5	
插　　页	2	
字　　数	269 千字	
定　　价	60.00 元	

序

  金融与实体经济的关系问题，是金融基础理论的核心问题，是金融研究的首要问题。金融与实体经济的关系表现在：第一，实体经济是金融产生的基础。金融产生于实体经济发展的内在需要，没有实体经济便没有金融。第二，从地位分层看，实体经济是基础，金融活动是上层。处于上层地位的金融，对实体经济的发展具有反作用，这种反作用，从资源配置的角度看，金融已经成为现代经济发展的核心资源和最主要的配置机制，成为经济发展的第一推动力。第三，反作用的极端形式是金融凌驾于实体经济之上自我发展，金融资产价值膨胀过度偏离实体经济价值，引发金融风险，导致金融危机和经济危机。第四，作为金融内核的金融资产，无论是以货币形式表示还是以货币性金融资产形式表示，人们保有它不是目的，而是手段。目的是使用货币换取商品和劳务，满足人们的使用价值。所以，金融最终要回归于实体经济。这是金融发展具有约束边界的理论基础。

  杨秀萍教授的这部关于金融相对实体经济发展的约束边界理论研究的专著，正是基于金融与实体经济的辩证关系，对金融可以在多大程度上偏离实体经济展开的有益探索。

  30多年来，在我的科学研究生涯中，金融相对实体经济发展的约束边界问题也是我一直关注的问题。借助为秀萍君这部专著作序的机会，回顾一下我对这个问题思考的历程和不断深化的认识，期望为这一课题的讨论提供更多的思考。我对金融与实体经济的关系问题的思考主要体现在我对金融发展理论研究的几个主要领域中，包括比较金融体制说，政策性金融，以金融资源论为基础的金融可持续发展理论与战略学说，金融结构、金融功能演进与金融发展，商业性金融、合作金融（包括普惠金融）与政策性金融三位一体的金融制度结构协调与发展，以及人文金融。在这些领域的研究中，渗透着金融边界以及与金融边界相关问题的认识与思考。

从金融与实体经济的关系来看，金融服务实体经济是其根本目的，也是金融与生俱来的功能。金融服务实体经济，集中表现在：相对实体经济发展的需要，金融资源配置要与之相适应，"过度"与"不及"都会给实体经济带来不利的影响或损失，这在经济学上称为效率低下或无效率或负效应。金融资源配置是否适应实体经济发展的需要，是金融边界理论研究的核心内容。

早在20世纪80年代，我在著作《比较银行学》中对与金融边界理论研究密切相关的金融总体效应问题就有所关注。在该著作中，我首次提出了"金融体制"是比较金融学学科的研究对象。著作中将金融发展战略、组织形式、框架结构、构造方式、业务分工、监督管理、运行机制、运转环境和总体效应九大金融相关要素的有机整体定义为金融体制。九大要素中除了"总体效应"直接与金融边界理论密切相关，其他几大要素中也渗透着"边界"与发展的思想。其中，在"金融发展战略"要素中阐述的间接金融与直接金融、银行金融与非银行金融发展的不平衡和不均衡态势，以及基于此在20世纪90年代提出的"金融倾斜及其逆转"的理论观点，日本作为实施"人为促进型金融倾斜"战略的典型代表，其过度的战略举措与其20世纪80年代后期影响持久的金融危机的发生是分不开的。在金融"业务分工"要素中阐述的金融各类机构与业务的分离和结合，其约束原则不仅是专业性、综合性和混合性金融机构分类的原则，也是其业务分工并适度交叉的原则，其实质是各类金融机构服务实体经济的分工边界。而金融"运转环境"要素是指任何金融体系的产生、发展、演变与运行都必须依赖一定的社会环境、经济环境和自身的金融环境。实质指的是整个金融体系的发达程度、总规模、总能量，各类金融机构彼此协调适应的程度，包括金融当局宏观调控能力等对经济社会，包括实体经济、社会与人文环境的适应程度、反作用程度。而"总体效应"要素，即金融功能的发挥产生的总体效应和效率。是指一国金融体系的总体效率和构成要素间的协调适应的吻合程度与作用经济社会的效应和效率。金融体系整体同社会经济金融环境相互协调适应的程度，即外部效应；金融体系内部各构成要素间相互协调适应吻合的程度，即内部效应；金融体系总体及各金融系统自身发挥最佳的功能、效率与效益，才是建立、发展与完善一国金融体制服务实体经济的最终目的。在金融总体效应概念里，不仅包括金融功能、效率与效益，更包含金融相对实体经济发展的最优边界的深刻含义。

在科学研究中，一个新概念的提出代表着人类对于某种事物认识的深化、提高与质的飞跃，是某种新思想或新理论的基石和起点。

包含"总体效应"在内的九大金融相关要素的"金融体制"概念的提出，不仅像理论界评价的那样，解决了长期悬而未决的关于比较银行学的研究对象问题，而且也建立了金融理论研究的一个新的理论框架，提供了一种新的金融理论分析范式。

同样是在 20 世纪 80 年代所著的《比较银行学》著作中，我用专门的章节研究了政策性金融，并第一次明确提出中国政策性金融业务与商业性金融业务分离分立的主张，且将其提升到国家战略选择的高度。该主张被《中共中央关于建立社会主义市场经济体制若干问题的决定》所采纳。在此后的研究中，我将政策性金融定义为："它是同商业性金融彼此对称、平行、并列的两大金融族类之一，是在一国政府支持或鼓励下，以国家信用为基础，不以利润最大化为其经营目标，运用种种特殊融资手段，严格按照国家法规限定的业务范围、经营对象，以优惠性利率或条件直接或间接为贯彻、执行、配合政府的特定经济政策、产业政策和社会发展政策乃至外交政策，而进行的特殊性资金融通行为或活动的总称。"政策性金融概念和定义的提出在国内外历史上均属首创。政策性金融理论学说的提出，不仅具有经济学资源优化配置基础理论的支撑，更有市场失灵导致资源配置不合理的现实基础。从金融功能和效应的角度分析，政策性金融有其特有的功能与效应，是商业性金融所不能及的。

政策性金融的不可或缺，实质反映的是商业性金融有其运作的约束边界。约束边界下，商业性金融不去介入的经济领域，政策性金融义不容辞，否则实体经济发展必然出现不平衡和不可持续。

对金融边界理论触及更多的是体现在我对金融资源理论学说和金融可持续发展理论与战略的提出与研究中。早在 1997 年冬至 1998 年春我所撰写的有关文章中，1998 年 5 月在中国社会科学院研究生院的演讲中，和同年 5 月在"21 世纪全球金融发展国际研讨会"上向中外学者所做的以"以金融资源论为基础的金融可持续发展理论与战略"为题的讲演中，我公开提出"金融是一种资源，是一种社会资源，是一国的战略性稀缺资源"。金融是一种资源，必须适度开发和利用。在金融资源论基础上提出的金融可持续发展理论的内涵是：在当前面对经济金融全球高度一体化和经济日益金融化这一重大挑战和背景下，金融可持续发展理论"以金融资源的本质属性为基础，研究国别和全球金融资源的开发利用、存量配置、流动、供给与需求、消耗与消费的初始条件，以及成本与收益、风险、后果与影响的一般规律，从而最终实现国别与全球经济金融现在和未来较长时间内的协调、稳定、健康、有效而持续发展的金融理论"。

可持续发展的思想以及它的现实针对性，最初是在 20 世纪 60 年代末由挪威首相布伦特兰夫人提出来的，它最初的含义是今天的发展和福利不能以牺牲下一代人的福利和发展为代价，且直接针对发展中国家和生态环境这一狭小领域。随着时间的流逝，可持续发展思想的含义和它的现实针对性都在不断地丰富与发展。因此我认为，它现在的含义是人与自然、人与社会、社会与经济的协调、稳定、有序、有效、和谐的可持续发展，是质性与量性发展相统一并以质性发展为主的、跳跃式与渐进式发展相统一的可持续发展观。在实践的战略层面，尤其应强调发展的时间可持续性和空间可持续性。发展的空间可持续性意味着全球东方与西方、南方与北方、发达国家与发展中国家及转型国家经济与社会发展的连续性、协调性、和谐性、有效性和可持续性；意味着全球与国别或地区、产业、行业、部门间发展的连续性、协调性、和谐性、有效性和可持续性。例如，虚拟经济的有效协调发展不能以实体经济的不协调、无效、不可持续发展为代价；一部分国家或地区的有效、协调、可持续发展不能以另一部分国家或地区的不协调、无效、不可持续发展为代价；一些行业或产业的协调、有效、可持续发展不能以另一些行业或产业的不协调、无效、不可持续发展为代价。

将可持续发展理念与思想运用于对金融资源的有序有效适度开发利用，是金融可持续发展战略的基本内涵。"金融可持续发展战略"实质是"金融资源的可持续发展战略"。将可持续发展理念引入金融学研究，拓宽了金融学研究领域，也确立了金融学研究的最终目标，即金融可持续发展。金融资源学说和金融可持续发展战略（以下简称"学说与战略"）是一种全新的金融效率观，它为经济学以资源配置为中心的研究范式增加了新的约束条件：既定时期的资源配置效率必须考虑资源的长期利用问题，强调金融效率的评价标准是金融发展与经济发展的适应程度，资产的金融化不能以牺牲现在和未来的实际生产与服务为代价。

"学说与战略"自始至终贯彻了"以人为本"这一哲学理念与人文关怀和关爱，而以实现人与自然、人与社会、社会与经济的和谐可持续发展，造福于全中国全人类为最终目标。这使它超越了传统视角的许多人为界限与狭隘价值判断，而获得非排他的普适性、普惠性、世界性意义特征。但是，由于人的认识能力与理性发展水平的局限，人的欲望的不断膨胀也造成了人与自然、人与社会的对立与矛盾，经济与金融危机的频发、生态环境的恶化就是证明，就是当今人类经济与社会不可持续发展的生动例证和案例。因此，人类也需要不断改造与完善自身。有鉴于此，"学说与战略"要求把树立全民族、全人类全新的大金融意识作为它的重要内容列入其中，并以此为其可持续发展的根本保证。基于现实的挑战和人类自身对"学说与战略"普适性与普惠性的主动适应与自觉反应，应将大金融意识纳入"学说与战略"之中。大金融意识包括现代金融意识、金融资源意识、虚拟与衍生金融意识、国家金融意识、战略金融意识、金融风险与危机意识、金融安全与主权意识、全球金融意识、反金融霸权意识和金融话语权意识、强国金融意识等。我当时就呼吁将包含大金融意识在内的"学说与战略"提升到国家战略和"人类 21 世纪议程"这样的战略高度，进而对国别和全球金融资源高度重视之、倍加珍惜爱护之、全力建设发展之、适度开发利用之、科学优化配置之和积极审慎监管之，从而实现国别和全球各国经济金融可持续发展这一最终目标。

金融可持续发展理论是以金融资源论为基础的，而金融资源的开发配置、成本收益、后果与影响分析研究的核心问题是金融资源的配置效率，因此，以金融资源论为基础的金融可持续发展理论是全新的金融效率观。

　　基于金融资源论，我在分析 2007 年美国次贷危机的根本原因时，在多次撰文和演讲中严肃地提出："从更深的理论层次分析，这场危机本质上是理论危机，是经济金融基础理论危机。"危机尖锐地提出了"金融到底是什么？人类为什么要建设金融与发展金融？金融有无边界？金融能否被人为地过度地不断虚拟、包装、扩张、滥砍滥伐而不受惩罚？"等几个基础性问题。基于金融资源论的基础上，我提出了金融适度发展观："既能够满足人类不断增长的合理需求，而资源、能源与环境又可承载的发展观。"

　　在我的研究领域中，探寻究竟什么是金融发展是重要研究内容之一。在经过 30 多年对金融结构金融功能与金融发展、金融效率持续的、探索性的、漫长的研究中，得出了金融结构演进即金融发展和金融功能演进即金融发展的结论。其中，在金融结构演进即金融发展中，认为金融发展是量性金融发展与质性金融发展相结合、以质性金融发展为主的统一。在金融功能演进即金融发展中，认为金融功能是金融与经济相互协调、适应与吻合的程度，是金融与经济关系的核心；可以通过金融效率的高低、优劣来对金融功能加以测度。金融功能的扩展与提升即金融功能演进；金融功能的演进即金融发展，包含金融功能扩展扩张的量性金融发展和金融功能的质的提高提升与深化的质性金融发展，且以质性金融发展为主。金融功能区分为金融正功能和金融负功能，金融负功能与金融脆弱性、金融风险与危机紧密相关。可以说，金融正向功能转变为负向功能的转折点，正是金融发展的临界点，是"度"的问题，或者说是金融发展的边界约束点。

　　将金融发展理解为金融结构演进即金融发展，金融功能演进即金融发展，从而从两个不同角度展开的研究统一在金融发展观视角下，并强调量性金融发展与质性金融发展相结合，而以质性金融发展为主的金融发展观。二者均以实现金融可持续发展为其最终目标。这一金融发展观是对戈德斯密斯相对单一的金融机构、金融资产二要素的特殊"金融结构"观和"金融结构的变迁即金融发展"的量性金融发展观的修正、补充和丰富。

　　关于金融过度偏离实体经济具有"脱离"实体经济独立发展的趋

势与危险性的研究，早在 20 世纪 80 年代中期，我在著作《比较银行学》最后一章"金融理论的改革与金融体制改革的理论"一节中，就专门立题研究，提出了金融渗透功能的深刻广泛性和它日益脱离实体经济的独立性问题。

2003 年，在《国际金融研究》杂志上我发表了题为《百年金融的历史性变迁》一文，将"金融的一定程度的和日益明显的虚拟化与独立化倾向"作为巨变之一，指出："随着经济金融化的日益加深，以及资产证券化进程的加速，社会财富的存在形态发生了结构性的重要变化，财富的物质形态日趋淡化，财富或资产的虚拟化倾向日趋明显。现代金融，一方面以其日益丰富和深化的功能与精巧的杠杆系统推动或促进实体经济的正常运转和发展，并在形式上（当然也不是不包含内容的形式，但形式已重于内容了）仍然继续维系着与实体经济的关系；另一方面又在内容上即在各种形式的金融资产价格的变动和财富的聚集与集中速度等方面表现出与实体经济日趋明显的分离或背离的倾向，从而现代金融与实体经济的关联度正在一天天弱化，或者说现代金融有一定程度的但日益加速的独立化倾向。现代金融比传统金融结构更复杂、辐射面更广、效率更高、运转或流动速度更快、联动互动性更强、风险也更大。现代金融相当程度的虚拟化或独立化倾向是一个非常重大的问题，人类对这一问题的研究还相当肤浅，甚至于重视也不够。现代金融的这一发展趋势或倾向，对于人类来讲，到底意味着什么？它究竟是在推动、便利与加速经济的发展、结构的调整与分化、重组和升级，从而将现代经济金融推向更高的发展阶段，还是从根本上腐蚀、弱化、空壳化现代经济，甚至于是摧毁现代经济？一时还难以说得清楚，但必须逐渐说清楚。关键是一个'度'，这个度需要给予定性与定量的描述。"这实质上也是在讨论金融相对实体经济发展的约束边界问题。

自 2005 年起，我在主持的国家自然科学基金项目"虚拟经济与金融虚拟性"课题期间推出的系列成果中，对金融具有虚拟性的本质特征进行了深入研究。其中，关于金融虚拟性的概念，指出：金融虚拟性体现在金融运动超出了所代表的实体经济的合理界限，金融工具的市场价值超越了所代表的实体经济的价值。正是金融具有虚拟性的特征和金融具有独立化的倾向，因此，金融可以偏离实体经济自我增强。并再次强调：现代金融相当程度的虚拟化或独立化倾向，或者说现代金融的这一发展趋势或倾向，关键在于发展的"度"，并且对这个度，需要给予定性与定量的描述。这实质上是金融边界的另外一种表达方法。

2009 年，我在《财贸经济》杂志上与我的博士合作发表的论文《金融阈值视角下的金融危机——从美国次贷危机看被漠视的金融临界点》中使用了"金融阈值"的概念，在"金融阈值"视角下，分析了美国次贷危机是过度衍生和过度虚拟的金融资源危机的同时，再一次提出了虚拟经济与金融的本质是什么以及二者有无边界的问题。指出，金融必须尊重极限，呼吁通过生态阈值的警醒和提示，应该认识到金融发展和扩张同样有其不可逾越的金融阈值。并提出，面对人类贪婪而自负的挑战，次货危机的爆发证实了金融临界点的客观存在性。

2013 年，我在撰文分析美国金融衍生品价值过度膨胀与其实体经济的发展严重脱节时指出：美国整体金融的发展已经超出了应有的度，因此导致了过度虚拟、过度衍生的金融资源不可持续发展的危机，违背了经济金融的一般性规律。在远离实体经济的情况下，其可控性更小而风险性却更大。因此，从根本上防范治理金融危机需要重新审视实体经济与虚拟经济的基本关系，要促进实体经济与虚拟经济的和谐发展，必须坚守"实体经济更实，虚拟经济不虚"的铁律。所谓实体经济更实，就是实体经济的发展必须更坚实、更牢固、更强大，切忌实体经济虚化、弱化、空壳化。所谓虚拟经济不虚，就是虚拟经济的发展不膨胀、不泡沫化、不浮肿、不漂浮化，要适度。也就是虚拟经济的发展必须建立在实体经济基础之上，并且扎根于、依从于、服务于实体经济，而不能自我扩张、自我实现。

近年来，面对经济新常态下经济金融的新情况、新特点，以及更加明显地暴露出来的"强位弱势"群体融资难、融资成本高昂等金融发展不均衡的问题。我对商业性金融与政策性金融和合作金融（包括普惠金融）三位一体的金融制度建设与金融协调发展，包括人文金融、互联网金融等金融问题给予了侧重的关注，包括金融边界的问题。对这些问题的研究与基于金融资源论为基础的金融可持续发展理论研究一脉相承。

总之，近年来频繁爆发的金融危机实际上反映了金融学的危机，它表明当代金融学的发展滞后于实际金融活动的发展，因而表现出了理论对经验现实的不适应性。换句话说，金融学不能及时有效地发挥解释和预测的功能，是金融危机产生的理论根源。经济学和金融学的历史发展演变过程都充分表明，解决经济金融现实问题的迫切要求，往往是经济学和金融学能够实现其超越和进步的最主要动力与契机。这是因为，经济学和金融学所具有的实践科学的性质，决定了经济金融理论随经济金融实践的改变而改变的特性。但是，经济学和金融学在自成体系的同时也具有了自身的惯性发展轨道，其中对传统范式的维护是经济学和金融学沿着惯性轨道运行的主要制约因素。因此，当代金融学要想摆脱危机、继续前进并对经济金融的未来发展发挥应有的理论解说和实践指导作用，就必须要突破、调整或超越既定范式。这是金融学在新形势下进行自我更新的首要任务。

就如金融资源学说的提出，它是以面向 21 世纪知识经济时代，从战略高度重新审视金融的本质，研究金融是什么而取得的结果，极富时代特征。就当时产生的背景来说，20 世纪 90 年代中期，经济全球化、经济金融化和金融全球化日益深入，知识经济初见端倪，传统金融发生了一系列历史性变迁，成为国民经济的核心，成为各民族国家与经济体经济和社会发展稳定的一种核心性、主导性、战略性因素，金融危机频发，金融安全成为国家安全的一部分。在这样的条件下，重新认识金融的本质及金融与经济的关系已刻不容缓了。传统经济理论不能回答为什么经济越是全球化、经济越是金融化、金融越是全球化，金融危机发生的频率就越高、危害就越大这一重大问题。这些严峻的现实与理论挑战，应用金融资源理论就会得到很好的解释与回答，即：伴随着经济全球化、经济金融化、金融全球化，金融在提高了对一个经济体的资源配置能力和效率的同时，它自身的系统性风险也在累积与提升。金融是资源，是社会资源，是一国的战略性稀缺资源，它也有一个像自然资源的适度开发利用而不能滥砍滥伐的问题。否则，将导致金融资源从而经济的不可持续发展。

诚然，根据当时的现实背景，建立在金融资源学说基础上的金融可持续发展理论的提出，首先是具有反危机倾向的，是对当代经济金融现实发展变化的及时反应。但是，金融可持续发展理论还远不止于仅仅作为一剂预防和治疗金融危机的药方，它同时也是对经济金融现实做出的创造性回应——金融可持续发展理论是面向 21 世纪的新金融观。

一种新思想、一种理论是否是创新的标准是什么？一是它可以解释旧思想旧理论可以说明和可以解释的现象或问题；二是它可以回答或解释旧思想旧理论不能解释的现象或问题；三是它的可预测性，即预测在什么条件下某种现象、趋势或问题的必然发生。正如金融资源论的提出获得热烈的反响，恰恰是针对当时的经济金融主要问题，传统经济金融理论不能回答，而应用金融资源理论就能很好地解释与回答。

毋庸讳言，金融发展理论的相关研究中，对金融相对实体经济发展的约束边界理论研究是一个薄弱环节。以金融边界为题的学术研究成果目前在国内外更是鲜见。然而，金融相对实体经济发展的约束边界理论研究，是一个古老而又全新的重大前沿性课题，虽然理论界对这个问题的研究是滞后的，但又是无法回避。在经济金融日益一体化、全球化，科学技术尤其是电子技术日新月异，金融过度自由化、虚拟化、衍生化以及日益"脱实向虚"的背景下，这一理论问题的研究就更具有鲜明的时代挑战性、极端的战略重要性和尖锐的国家经济金融安全性、国际经济金融安全性以及深入系统研究的紧迫性。该课题的研究具有重要的金融基础理论意义和很强的政策含义。

该课题研究难度之高，虽说不是一个"禁区"，却是一个"雷区"，研究的人少之又少。秀萍君这部专著知难而上，敢于闯进该领域去探索，这种追求科学真理的精神，实属难能可贵。

该专著在当前世界范围内金融发展过度超前、金融资源配置出现严重的"脱实向虚"的背景下，基于金融资产价值与实体经济产出关系的视角，深刻地揭示了金融来源于、服务于、回归于实体经济的本质过程；系统地梳理了前人研究的文献成果，在对金融范畴的本质进行了认识与再认识的基础上，对金融发展具有约束边界进行了基础理论研究和实证考察。并基于金融边界视角，提出了金融宏观调控与管理的政策建议。该专著的学术理论观点具有前沿性、原创性的鲜明特征。在金融发展日益凸显"脱实向虚"的趋势下，该专著的学术思想与建树对国家坚守"实体经济更实，虚拟经济不虚"之铁律的金融可持续发展的战略决策的顶层设计，不仅具有理论支撑意义，而且在实际操作上对防止金融资产价值过度膨胀，防止实体经济被空心化、泡沫化，具有防患于未然的警示作用。

作为金融学术思想的创新之作，金融基础理论研究的创新之作，该专著的具体创新观点表现在：

第一，该专著首次深入系统地揭示和论证了金融相对实体经济发展具有约束边界的客观存在性，首次从"质"的规定性和"量"的规定性相统一的视角，给出了金融边界的内涵。指出：金融边界质的规定性是指金融发展的适度性，即金融发展要以能够满足实体经济发展对金融最大限度的需求为约束边界，"过"和"不及"都会对实体经济造成损害。金融边界量的规定性是指金融资产价值以及金融资产市场运行中价值膨胀的约束边界，这一约束边界受实体经济产出的潜在的可能性边界（Production Possibility Frontier，PPF）约束。即一定在潜在的 GDP 和可以承受的通货膨胀率的限度内。

第二，该专著首次构建了金融边界理论模型，并尝试着以静态和动态两个视角展开。

第三，该专著首次对金融边界具有的客观性、动态性、层次性和模糊性等特征进行了系统阐述。

第四，该专著首次提出金融资产价值总量边界是最具有核心意义的"金融边界"指标。该指标与实体经济产出总量相对应。

第五，该专著首次从金融边界理论视角，提出了金融宏观调控与管理的政策建议。

该专著在研究方法上也具有鲜明的特色。

第一，研究依据两条路径：一条是金融支持实体经济增长的帕累托最优——金融效率的研究路径；另一条是金融必须回归实体经济的研究路径，即在给定条件下，金融资产价值总量要与实体经济的实际产出以价值形式表示的总量相等。

第二，从历史和逻辑的视角证明金融从实体经济出发，又往往偏离实体经济，但最终必然回归实体经济的内在规定性——金融边界的客观存在性、金融发展的限定性。

第三，研究采用历史与人文、现象与本质、科学与哲学、逻辑与规范、计量与实证等综合的方法，克服以计量为主经验论证的单一的研究方法的局限性，体现金融问题是社会人文科学问题的本质。

最后我要说的是，秀萍君的这部专著所付出的努力与辛劳以及取得的成果，为我们进一步深入系统地研究金融相对实体经济发展的约束，边界提供了可供讨论的观点和依据。虽然对此课题，我长期关注，但年事越高，越觉力不从心。秀萍君以其智慧与勇气选择之、探索之，体现了她勇于探索、不畏艰难、不辞辛劳的献身精神和严肃严谨的治学精神，令我感动感佩。课题研究与文稿写作过程中多次住院，而不舍，终成正果。

在该专著出版之际，作为秀萍君的博士导师，我愿意向读者郑重推荐本专著。希望这部专著的问世能够唤起学界对金融与实体经济关系问题展开更进一步的、更深入的、更有建树的研究与讨论。并以此为贺。

是为序。

白钦先

2016 年 2 月 18 日

前　言

金融相对实体经济发展的约束边界理论研究，一是基于金融与实体经济关系提出的；二是基于金融本质提出的；三是基于金融发展理论的完整性提出的。金融相对实体经济发展的约束边界可以简称为金融边界，该理论研究的实质与核心内容是：作为特殊资源——金融资源的内核——货币和货币性金融资产是财富索取权的价值表现。因此，金融资源被配置的同时意味着配置了其他一切生产和生活等资源。金融资源配置能力的实现要求在特定条件下，在特定时期或时点上，币值稳定的前提下，货币和货币性金融资产价值总量具有受实体经济产出价值总量约束的客观要求，突破实体经济产出价值总量约束，不仅金融资源配置支持实体经济产出的效率受到影响，金融资源作为财富索取权的价值表现得不到足值实现，而且容易引发金融风险，导致金融危机甚至经济与社会危机。所以，实体经济产出价值总量成为金融资产价值总量膨胀的约束边界。基于这一核心思想，本书从金融资产价值与实体经济产出关系视角梳理了国内外接近金融边界思想的理论文献，在认识与再认识金融的本源、本质与归宿基础上，揭示和阐述了金融边界的客观性、质与量的规定性，金融边界的动态性、层次性和模糊性等特征，构建了金融边界理论假说模型，提出了边界视角的金融宏观调控与管理政策建议。

金融边界的内涵，从质的规定性是指金融发展的适度性，即金融发展要以能够满足实体经济发展对金融最大限度的需求为约束边界；从量的规定性是指金融资产价值及其价值运动的约束边界。这一约束边界受实体经济产出的潜在可能性边界约束。可能性边界约束是指在潜在的GDP和经济社会可承受的通货膨胀率的限度内。

研究的逻辑视角：一是金融资源配置过程中对实体经济拉动，即金融效率视角，金融过度与不足都是无效率的，表现在储蓄转化投资的货币供给总量上。二是金融资源的内核——货币和货币性金融资产作为财富的索取权，在给定的条件下，其价值总量要与实体经济产品和劳务价值总量相匹配，即金融资产总量边界视角，突破了总量边界，货币和货币性金融资产的索取权便得不到足值的实现。三是现代经济从货币资源配置出发，经过产出环节又以货币价值形态回归。出发形态的货币是以资源配置的价值形态表现的，货币配置自身的同时也配置了其他生产资源；回归形态的货币是以实体经济产出（GDP）的实物形态用货币价值计算，并以收入的形式，收入又用货币表示的形态出现。现代社会经济发展就是以这种从货币出发又以货币结束，即货币资产实物化，实物资产货币化这种循环往复螺旋上升的形式运行。一方面体现了货币和货币性金融资产不仅是社会生产不可或缺的资源，另一方面反映了货币和货币性金融资产是社会财富（实物 GDP）的索取权代表的本质。货币索取权行使体现在足值的实物商品和劳务购买能力上，否则是货币发行者的信用违约。在这个意义上，在给定的条件下，以货币形态表现的金融价值总量要与实体经济的实际产出以价值表示的总量相等。因此，金融偏离实体经济运行是有客观约束边界的，突破金融发展的约束边界，不仅金融支持实体经济发展的效率受影响，而且货币索取权不能得到实现。四是从金融发展理论完整性来说，金融发展理论应该包括金融边界理论。金融发展有无约束边界？理论上是必须回答的问题。如果有，边界在哪里？这是金融发展的"度"的问题。因此，金融边界理论课题的研究，是弥补金融发展理论在金融约束边界研究方面的空白而提出来的。

本书共分八章。第一章主要阐述选题背景与研究意义、总体框架、研究方法、学术创新点和未来进一步研究方向。第二章从溯源的角度挖掘马克思货币信用和虚拟资本理论、现代金融发展理论、金融脆弱性理论、金融危机理论和白钦先以金融资源为基础的金融发展理论中的金融边界思想，对其他有关金融边界理论的研究文献进行了概括性的梳理。第三章在认识与再认识金融范畴本质特征的基础上，基于实体经济对金融的基础地位，对金融来源于实体经济，又偏离实体经济，最终回归实体经济，进行了历史的、逻辑的论证；在深刻揭示金融产生于源于、依存于依赖于、服从于服务于并最终回归于实体经济的客观规律性的基础上，提出金融边界理论范畴，并给出金融边界质与量的规定性的内涵。第四章基于金融的信用性、虚拟性、预期性等特征，以及基于金融自由化趋势、融资结构"倾斜逆转"、政策推动，金融产业地位强化和金融投资"脱实向虚"等趋势，论证金融偏离实体经济自我发展的内在逻辑和外在动力。第五章基于国际和国内、存量和流量视角，运用国内外大量的数据和实例，对金融偏离实体经济进行了实证考察。第六章对金融过度偏离实体经济进行一般效应和极端效应分析。运用次贷危机经典案例，论证了金融过度偏离实体经济的危害。第七章基于宏观和微观、经济和金融理论相融合的统一视角，构建金融边界假说模型。并初步探析了金融边界的客观性、动态性、层次性和模糊性等特征。第八章从金融边界的视角，在金融监管、货币管理、金融制度建设、货币政策、国际资本流动管理和金融服务实体经济促进经济可持续发展方面提出了对金融宏观调控与管理的对策。

金融相对实体经济发展的约束边界理论研究的创新点表现在首次对金融边界理论进行了较全面的、较系统的、较深入的探索性研究，从质的规定性和量的规定性两个方面尝试性地给出了金融边界的内涵，尝试性地构建了金融边界假说模型，某种程度上是对金融发展基础理论的创新、拓展和提升。

本书的主旨是在金融发展日益凸显"脱实向虚"、金融资产价值膨胀相对实体经济产出以价值表示的总量日益偏离、金融风险日益聚集的趋势下，金融边界理论研究可以为国家坚守"实体经济更实，虚拟经济不虚"之铁律的金融发展战略决策的顶层设计提供新的更加有力的基础理论支撑。本书的尝试存在较多不完善之处，仅仅是最初步研究，作者期望通过本书能够起到抛砖引玉作用，期望更多同行加入这一研究行列，为金融基础理论研究与创新做出贡献。

目　录

第一章 绪论

第一节 选题背景和研究意义

一 选题背景

金融相对实体经济发展的约束边界，简称金融边界，该理论命题一是基于金融与实体经济的关系提出的；二是基于金融的本质提出的；三是基于金融发展理论的完整性提出的。

20 世纪后期到 21 世纪头 10 年，金融危机频发，特别是 1997 年亚洲金融危机和 2007 年美国次贷危机的爆发，对实体经济影响巨大。金融危机正是金融过度发展的恶果，表现在相对实体经济发展的需要，金融发展过度超前，金融自由化程度超过了实体经济可承受的度，金融创新成了脱缰的野马使金融监管力不从心，金融市场的非理性繁荣助推金融资产价格过度偏离基础价值，金融泡沫过度膨胀。所有这些，都集中指向一个问题：金融偏离实体经济运行有无约束边界？如果有，边界在哪里？我们如何驾驭日新月异飞速发展的金融创新？如何调控金融运行不偏离支持实体经济发展的轨道？如何防止金融"脱实向虚"，坚守金融依存依赖于服从服务于实体经济之铁律？要回答这个问题，就要重拾金融与实体经济关系问题，就要搞清楚金融的本质究竟是什么？就要解决为什么现有的金融理论不能很好地预测金融危机的到来，从而有力地防范金融危机。而就金融发展理论本身来说，金融边界更是其应有之义。因为，在市场机制驱动下，金融具有偏离甚至脱离实体经济独立发展的趋势与特征，那么，这种偏离或脱离有无约束边界？理论上是必须回答的问题。这是金融相对实体经济发展的"度"的问题。从这个意义上，金融边界理论既是金融的基础理论，更是金融发展理论的基础。没有金融边界理论在内的金融发展理论是不完整的。所以，研究金融边界理论是创新、提升和推进金融发展理论的需要。

二　研究意义

金融边界问题是金融发展①偏离实体经济究竟应该有多远的可能性边界问题，是金融功能的"过犹不及"的问题。在边界以内发展不足，在边界之外会酿成金融危机，世界史上历次金融危机便是金融过度发展超越可能性边界酿成的灾难性后果。事实上，面对1997年亚洲金融危机和2007年美国次贷危机，以及由次贷危机迅速演变成的全球金融危机，包括欧洲主权债务危机，已经提示我们必须回答金融到底是什么？金融有无边界，金融能否被人为地、不断地无限虚拟、衍生、扩张、乱砍滥伐而不受惩罚这一重大严肃问题。事实上是在考问传统金融理论的解释力和它的正向作用的发挥问题。

金融危机的爆发至少反映出两个问题：第一，金融危机实际上是传统的经济金融理论的危机，完美市场理性人假设在现实市场中是不成立的。金融市场不完美，投资者亦有限理性。所以，创新金融发展理论是历史与现实的迫切要求。而金融发展理论创新研究中关于金融发展约束边界的金融边界理论研究是其应有之义。第二，金融危机反映的是金融对实体经济的依赖，没有实体经济的发展，金融便会崩溃，反过来将经济拖向毁灭的深渊。现代经济发展的特征是：实体经济发展到哪里，金融便随之发展到哪里，即哪里有经济哪里就会有金融。反之，金融发展到哪里，未必经济就发展到哪里。金融无所依托之际，便是金融危机到来之时。因此，作为产生于实体经济又脱离开实体经济的独立金融和虚拟金融，究竟能够偏离实体经济多远？宏观金融与微观金融的纵向、横向边界在哪里？以及围绕着为实体经济服务的金融基础设施、顶层设计、策略方针、运行机制、衍生、交易、市场规模与外延等

---

① 金融发展亦可用金融资源配置、金融运行来表示。因为作为与实体经济相对应的范畴，金融发展、金融运行的实质和核心就是实现最优化的金融资源配置。根据分析需要，书中对这三个概念互用。

最优边界、安全区域与危险区域在哪里？危险区域的金融负向功能又如何似"洪水猛兽"泛滥成灾，成为金融边界理论研究的重要内容。

综观理论界对金融研究的视角可归纳为：第一，从金融的内在运动规律的视角予以研究。在这个角度中，从实物货币产生后，进入信用货币制度时代，到金融市场的形成，信用货币的收缩与扩张、金融市场的纵向深入和横向扩张、金融衍生工具的创新与交易，里面始终有一个"度"的问题，最优规模与边界问题或者临界点问题。第二，从金融技术的视角予以研究。即金融的微观运作与宏观调控的技术。仍然考虑的是成本收益临界点和宏观调控的"适度"问题。第三，从金融监管角度研究。更是适度监管，即监管的宏观与微观边界问题。无论是当年格林斯潘信奉"不要让金融戴着镣铐跳舞"而主张的混业经营和放松监管或不监管，还是华尔街金融巨头们举杯欢庆1999年《金融服务现代法案》通过时《华尔街日报》一个记者诙谐提醒，"当心，你们这是在维苏威火山口上跳舞！"以及马丁的名言，"美联储要在宴会开始前就撤掉餐桌上的大酒杯"，意为不给投机者疯狂纵欲的机会。无一不是在讲一个道理，监管的"度"的把握和监管的边界确定。

本书与以上三个研究视角既相联系又相区别，即从金融与实体经济关系的视角，进一步表述为金融资产价值与实体经济产出关系的视角研究金融发展的适度问题——金融相对实体经济发展的约束边界。而目前，关于金融边界理论的专门研究成果还鲜见，作者在梳理文献时，这方面的研究相对其他金融领域的研究显得太少太少。实践中的金融危机实际上是金融理论的危机，金融理论亟待创新、拓展与提升。因此，金融边界理论的研究，正是为了弥补目前金融发展理论中关于金融边界理论研究的空白而进行的尝试，期望在实践中能够为国家金融发展战略和决策的顶层设计提供坚实的理论基础。

第二节　本书基本结构和研究方法

一　基本结构

全书共八章，基本结构概述如下：

第一章　绪论。概括地介绍了本书的选题背景和研究意义、基本结构和研究方法、学术创新点和未来进一步研究方向。

第二章　金融边界理论溯源与文献综述。基于专门研究金融边界理论的文献少之又少，故此在文献综述部分特别强调了理论上的溯源。同时，鉴于金融发展触及边界应该是近现代以后的事情，因此主要以近代马克思的利息、货币信用和虚拟资本理论，现代金融发展理论、金融脆弱性理论、金融危机理论等为典型的理论渊源阐述之。认为马克思的"利润是利息的最高界限"和"信用的最大限度等于产业资本的最充分运用"的理论是支撑金融边界理论研究的坚实的基础。

第三章　基于实体经济基础地位的"金融边界"范畴的提出。本章主要对以往理论界对金融范畴的研究进行了梳理和评价，寻找并明确了本书研究金融边界应该指向的金融范畴，即以金融的内核——金融工具的价值及其价值运动为切入点，探索金融资产价值可以偏离实体经济的约束边界。首先基于金融与实体经济的关系，对金融来源于实体经济，又偏离实体经济，最终回归实体经济，进行了历史的、逻辑的论证，提出了金融发展是有约束边界的，并指出金融边界具有质的规定性和量的规定性，是质的规定性和量的规定性的统一。金融边界质的规定性是指金融发展的适度性，即金融发展要以满足实体经济发展对金融最大限度的需求为约束边界，过和不及都会对实体经济造成损害。金融边界量的规定性是指金融工具的价值以及金融工具市场运行中价值膨胀的约束边界，这一约束边界受实体经济产出的潜在的可能性边界（Production Possibility Frontier，PPF）约束，即一定在潜在的 GDP 和可承受的通货膨胀率的限度内。并进一步从静态和动态两个方面论证了金融发展的约束边界；从金融支持实体经济发展的效率边界和金融资产价值总量边界视角论证了金融发展的约束边界。并指出，鉴于经济金融活动的不确定、不稳定和难以预期的因素会使诸多相关关系极强的因素之间并非只能形成一个精确的数量比例，以及鉴于统计上的困难，为便于货币政策等金融管理与调控的操作，较为贴近现实的思路是把一定时期金融资产相对实体经济价值总量所要求的确定量近似看作是一个具有一定宽度的值域。

第四章 金融偏离实体经济自我发展的内在逻辑与外在动力。金融之所以偏离实体经济自我发展，是有内力驱动和外力推动的。内力驱动即金融的信用性、虚拟性、金融资产定价及其价值运行的预期性、金融资产的逐利性、套利性和投机性、金融活动的风险性和创新性、金融资产的价值形态与跨时空配置等固有的特征。本章从金融最基本的工具——货币出发，直至金融衍生工具，以及基于金融市场价值交易的自循环性，论证了金融偏离实体经济自我发展的内在逻辑。关于外力推动，即基于经济金融化、金融全球化、金融自由化，金融结构变动的"金融倾斜逆转"趋势，各国宏观经济政策推动，金融产业地位的强化和企业融资制度的推动，发达国家居于主导地位的分工体系与国际金融的不合理流动，金融创新趋势的推动和现代科学技术发展的推动等，论证了金融偏离实体经济的外在动力。总之，由于金融的内在本质和外在的市场机制驱动，金融具有偏离甚至脱离实体经济独立发展的某种趋势与特征，所以，金融偏离实体经济具有不可避免性。

第五章 金融偏离实体经济的实证考察。基于国际视角和国内视角，从金融资产价值存量和流量视角，从货币市场、证券市场的金融相关率、外汇交易额与贸易出口额等方面进行了考察与比较；从国际资本流动与 GDP 增速、衍生工具交易与 GDP 增速、企业投资行为"脱实向虚"、金融衍生工具过度创新导致金融"失联"等方面进行了考察与比较，以及对频繁发生的金融危机进行了概括性的分析。总之，运用国内外大量的数据和实例，对金融偏离实体经济进行了实证考察。

第六章 金融过度偏离实体经济的效应分析。首先指出了金融适度偏离实体经济具有的客观合理性。然后，对金融过度偏离实体经济的后果进行了一般效应的分析和极端效应的分析。对一般效应的分析：容易累积、提升和派生金融风险；导致更强烈的金融脆弱性；增加货币政策操作难度和传导的阻梗；金融市场的高收益会引导资金强烈的"脱实向虚"和导致不合理的财富再分配。对极端效应的分析，即运用 21 世纪金融资产价值不能回归实体经济的经典案例——次贷危机证明金融过度偏离实体经济的危害，为进一步构建金融边界理论模型打下基础。

第七章　金融边界理论假说构建。借鉴宏观经济学的竞争性均衡理论的生产可能性边界理论，构建了金融边界假说模型，对金融边界内涵的质的规定性和量的规定性，用假说模型给予了说明。并初步阐述了金融边界具有客观性、动态性、层次性和模糊性等特征。

第八章　金融边界理论视角的金融管理与调控。从金融边界的视角，在金融监管、货币价值管理、金融制度建设、货币政策、国际资本流动管理和金融服务实体经济促进经济可持续发展等方面提出了对金融宏观调控与管理的对策。

二　研究方法

本书集经济与社会，经济与历史，经济与哲学为一体视角，运用逻辑、规范、实证相结合的综合性分析方法和研究方法，论述与证明金融发展偏离实体经济是具有约束边界的，指出金融产生于实体经济的内在需求，同时，金融自身又具有偏离实体经济自我发展的内在动力和外在推力，但无论如何，金融最终是要回归实体经济的，这是由金融归根结底是创造财富的手段和资源，而实体经济的产出才是人类生存的根本和追求的目的决定的。

本书运用静态与动态分析相结合的方法，论证和给出了金融偏离实体经济又回归实体经济的内在逻辑和约束边界。

本书运用定性与定量分析相结合的方法，给出了金融边界的内涵和模型构建。

本书运用宏观与微观相结合的分析方法，以微观为基础，宏观总量为特征，论述了金融与实体经济偏离的原因、程度和最终约束边界，以及基于约束边界的金融管理与调控。

本书运用将金融问题融入主流经济学理论中进行分析的方法，借鉴微观金融资产组合有效边界理论、宏观经济竞争性均衡帕累托最优理论的生产可能性边界理论，构建了金融边界假说的模型，将金融与经济紧密融合。

本书运用理论研究和实际研究相结合的方法，即不仅从理论上研究金融发展偏离实体经济具有约束边界问题，而且用国内外大量事实与数据加以证实。

第三节　本书主要创新点和研究方向

一　主要创新点

本书具有理论命题及学术思想创新、研究视角创新、研究方法创新的特点。

（一）理论命题及学术思想创新

金融边界理论命题是金融发展基础理论创新命题。目前，金融边界理论研究尚属空白。本书首次对金融边界理论进行了较全面、系统、深入的探索性研究，是对金融发展基础理论的创新、拓展和提升，该研究成果将为国家金融发展战略与决策的顶层设计提供新的理论支撑。

本书在较全面、较系统、较深入探索性研究的基础上，从质的规定性和量的规定性相统一的视角，给出了金融边界的内涵。指出，金融边界质的规定性是指金融发展的适度性，即金融发展要以能够满足实体经济发展对金融最大限度的需求为约束边界，过和不及都会对实体经济造成损害。金融边界量的规定性是指金融工具的价值以及金融工具市场运行中价值膨胀的约束边界，这一约束边界受实体经济产出的潜在的可能性边界约束。即一定在潜在的 GDP 和可承受的通货膨胀率的限度内。

本书从静态和动态两个方面论证了金融发展的约束边界，即静态的总量边界，动态价值运动及价值膨胀的边界。

本书从金融支持实体经济发展的效率边界和金融资产价值总量边界论证了金融发展的约束边界：一是金融资源配置对实体经济的拉动，即货币供给总量上，过和不及都是无效率的，只有金融发展适应实体经济发展的需要，才是有效率的。二是金融资源的内核——货币和货币性金融资产作为财富索取权的价值表现，在给定的条件下，其价值总量要与实体经济产品和劳务总量相匹配，否则金融索取权得不到足值的实现。

本书指出，从宏观角度考察，鉴于经济金融活动的不确定、不稳定和难以预期的因素会使诸多相关关系极强的因素之间并非只能形成一个精确的数量比例及统计上的困难，为便于货币政策等金融管理与调控的操作，较为贴近现实的思路是把一定时期金融资产相对实体经济价值总量所要求的确定量，近似地看作是一个具有一定宽度的值域。

本书对金融边界具有的客观性、动态性、层次性和模糊性等特征的阐述亦是创新性研究。

本书正式提出金融边界理论命题，不仅对金融发展理论具有创新意义，而且具有警示作用。

（二）研究视角创新

本书研究始终遵循实体经济对金融的基础地位和实体经济在社会发展中的核心地位这一经济与金融的关系。从金融来自实体经济、偏离实体经济、回归实体经济的现代经济发展的逻辑，即实体经济金融化、金融资产货币化、货币化回归实体化的历史的、逻辑的周而复始螺旋上升的视角展开研究，如图1-1所示。

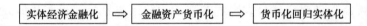

图1-1　金融经济与实体经济相互转化关系

与此同时，研究依据两条主线：一条是从金融出发支持实体经济的主线，即作为金融资源内核的货币和货币性金融资产（这里是指货币性金融资产的折现）的配置，对拉动实体经济增长的帕累托最优的金融效率分析；另一条是金融回归实体经济的主线，即作为财富索取权的价值表现的货币和货币性金融资产（这里是指货币性金融资产的折现），在给定条件下，其以不变价格计算的价值总量要与实体经济的实际产出以价值形式表示的总量相等。这些都是通过研究视角的创新得出的创新性结论。即从历史和逻辑的视角证明了金融从实体经济出发，又偏离实体经济，最终回归实体经济的内在规定性。

（三）研究方法创新

本书基于金融与哲学、金融与历史、金融与经济、金融与社会、金融与人文的视角，采用了逻辑与规范、计量与实证的、综合的、创新性的分析方法和研究方法，克服了过去以计量为主经验论证的单一的研究方法的局限性，体现了金融问题是社会人文科学问题的本质。

二　未来研究方向

鉴于本书选题的前沿性和原创性，难度之大和时间的相对有限，因此，对金融相对实体经济发展的约束边界——金融边界理论的研究仅仅是初步的、探索性的和总量意义上的高度抽象性的研究，并且主要是一时期静态意义上的模型建立与研究。后续更深入的、更具体的、分层的微观与总量的跨期的动态研究任重道远。例如，对金融体系和结构各个层次的具体要素边界的研究，也是金融发展相对实体经济总体与各个层面或区域或产业等发展亟待解决的课题，对正确处理金融发展与实体经济关系从微观到总量，防止金融"过度"给实体经济带来的负面影响甚至损害，意义重大。这方面的一系列课题是本书进一步研究的方向。当然，由于金融边界理论构建的复杂性和金融指标统计的复杂与难度，或许需要几代人在继承与创新中探索与完善。诚然，本书探索式的尝试仅仅是初步的，甚至是不成熟的。本书的意义更多地在于抛砖引玉，并引起经济社会、顶层设计对金融具有约束边界的高度认识。

第二章　金融边界理论溯源及文献综述

关于金融相对实体经济发展的约束边界，即金融边界的理论探讨是一个崭新课题，在现有的文献中，目前还没有找到直接的以金融边界作为研究主题的成果，只有极少的、零星的研究成果偶尔散见在学术文献中，这些零星的研究成果主要是研究金融其他方面的问题而触及金融边界的相关问题。但这并不等于这一领域没有理论渊源。金融边界理论，是关于金融可以偏离实体经济有多远的约束条件理论，是金融与经济的关系的理论，是关于金融发展与经济发展的关系的理论，是金融产生于实体经济发展的需要，又在多大程度上偏离实体经济、反作用于实体经济、最优服务于实体经济的理论，是金融正向功能发挥到最佳状态的金融效率理论。因此，文献研究中有关接近金融边界理论思想的研究成果，都可以作为金融边界理论研究的源泉。

作为金融运行可以偏离实体经济有多远的约束条件理论，金融边界理论的研究意义在于防止金融过度发展给经济金融带来的不利后果。因此，金融发展如果接近了约束边界，一定是金融发展达到了一定程度，才使这个问题突出出来。所以，尽管在广义上说，金融发展理论最早可以追溯到古希腊的先哲们的研究思想，但本书主要以现代金融发展理论作为主要探索内容，近代的只研究马克思的金融理论思想。因此，本章主要以马克思的利息、货币信用和虚拟资本理论、金融发展理论、金融脆弱性理论、金融危机理论和白钦先金融发展理论为典型的理论渊源予以研究和评述，对其他相关研究文献予以简单的概括性的梳理和评述。

第一节　马克思的利息、货币信用和
虚拟资本理论研究及评述

一　马克思关于利息的实质和利润是利息的最高界限的理论

马克思在《资本论》中分析资本主义经济中的利息时指出："贷出者和借入者双方都是把同一货币额作为资本支出的。但它只有在后者手中才执行资本的职能。同一货币额作为资本对两个人来说取得了双重的存在，这并不会使利润增加一倍。它所以能对双方都作为资本执行职能，只是由于利润的分割。其中归贷出者的部分叫作利息。"[①]马克思进一步指出："因为利息只是利润的一部分，按照我们以上的假定，这个部分要由产业资本家支付给货币资本家，所以，利润本身就成为利息的最高界限，达到这个最高界限，归执行职能的资本家的部分就会 = 0。"[②] 根据马克思分析，利息的实质是利润的一部分，是利润在从事货币贷放的资本家与从事产业经营的资本家之间的分割，因此，利息有个界限，即利润是利息的最高界限。

马克思关于利息的实质和利润表现为利息的最高界限理论对研究金融边界理论深有启发。现实中，利息率已经成为调节货币资本的投向与需求的重要指标或者风向标。如果产业资本家所创造的利润率刚好等于利息率，那么，产业资本家的实际收益等于零，这时，产业资本家将放弃实业投资或经营，转而直接从事资本借贷活动。在这里，利息率成为一个尺度：如果投资回报率不大于利息率则没有人愿意从事实业投资。因此，利息是实业投资的机会成本。它不仅是实业投资增值的最低限度，同时也成为投资在产业资本和货币资本之间配置的调节手段。在现代，利息率问题已经成为连接金融与实体经济的核心问题，成为调节金融投资与实体投资的核心变量。如果借贷资金的利息收入远远大于从事实业生产或经营的利润收入，这会形成一种导

---

① 《资本论》第三卷，人民出版社 1975 年版，第 396 页。

② 同上书，第 401 页。

向；微观上，会使投资主体纷纷涌向金融业；宏观上，会导致经济体产业结构失衡。当社会在经历金融市场非理性繁荣中所谓"全民金融"，"全民炒股"的热潮，就是这种金融资产高收益导致的投资选择的反应。这是非常危险的。2007年次贷危机暴露的华尔街金融高管门的天价薪水和红利的派发，就是金融企业利润收益远远高于一般企业收益的表现。在平均利润率理论下，这是不正常的表现。金融的过高收入势必导向"全民金融"、"过度金融"。其后果必定是经济体的失衡，导致虚拟经济远远超过实体经济，经济泡沫生成，经济体陷于崩溃。显然，市场利息率和商品的市场价格一样，是市场机制的重要组成部分，作为市场信号自动调节投资方向，而投资方向转换的拐点正是利息率的边界，而实业投资是国民经济的基础投资，要保证这个基础投资，利率边界调控至关重要。因此，马克思"利润成为利息的最高界限"的理论，对构建金融边界理论意义重大。

二 马克思关于信用的最大限度等于产业资本的最充分运用的理论

马克思在《资本论》中论述信用产生虚拟资本，形成虚拟经济时指出，"信用的最大限度，等于产业资本的最充分的动用"。[①] 信用是以实际生产过程的扩大为基础的，"只要再生产过程不断进行，从而资本回流确有保障，这种信用就会持续下去和扩大起来"。[②] 马克思的论述某种意义上已经指出了信用产生虚拟资本的"量"是有边界的，它最终不能脱离实体经济，是以实体经济的扩张为基础的。马克思进一步指出：信用"它事实上为生产造成了一种内在的但不断被信用制度打破的束缚和限制。因此，信用制度加速了生产力的物质上的发展和世界市场的形成；使这二者作为新生产形式的物质基础发展到一定的高度"。[③] 马克思的这种分析指出了信用的意义在于它能够使经济具有一种扩张力，这种扩张力在信用经济条件下，就是产业资本的最充分运用。产业资本的最充分运用是信用的最大限度，突破了这个限

---

① 《资本论》第三卷，人民出版社1975年版，第546页。
② 同上。
③ 同上书，第499页。

度，信用的负向功能——信用膨胀就会出现，信用膨胀的严重后果，会产生泡沫经济，导致经济危机。这就是马克思所讲的："如果说信用制度表现为生产过剩和商业过度投机的主要杠杆，那只是因为按性质来说可以伸缩的再生产过程，在这里被强化到了极限。"①

马克思阐述的信用的最大限度等于产业资本的最充分运用的理论观点，接近我们主张的金融边界理论中最重要的命题之一，即金融边界是生产的潜在的可能性边界的观点，只不过在马克思的时代，他没有这样表述。马克思对生产的扩张与信用经济的发展存在相互推动的互动关系进行的论述，也是我们要研究的金融边界理论的另一个重要命题，即金融边界具有动态性的理论观点的另一种表达。马克思关于信用的最大限度等于产业资本的最充分运用的理论，为我们研究金融边界理论奠定了坚实的基础。

三　马克思关于虚拟资本及其市场价值独立运动的理论

在《资本论》中，马克思对信用创造虚拟资本，收入资本化创造虚拟资本，以及虚拟资本市场价值独立运动和过度积累问题进行了深刻的论述。

第一，马克思分析了商业信用产生虚拟资本。马克思通过对作为货币流通形式的商业汇票的流通转让、未到期前的多次贴现为例，说明商业信用是如何创造虚拟资本的。

第二，马克思分析了银行信用创造虚拟资本，指出："银行一方面代表货币资本的集中，贷出者的集中，另一方面代表借入者的集中。"② 他概括出的银行创造信用和资本的方法：商业银行发行银行券、发放贷款并产生存款货币的倍数扩张，开立银行汇票，承兑与贴现商业票据。银行在创造信用和资本的过程中，虚拟资本得以形成。

第三，虚拟资本是在收入资本化的形式下创造的。马克思认为，收入的资本化观念是历史遗留下来的人们固化的观念，这一观念忽视了生息过程中的实际生产过程的内容："认为货币本身是用利息支付

① 《资本论》第三卷，人民出版社1975年版，第498页。
② 同上书，第453页。

报酬的东西。"① 马克思指出，"人们把每一个有规则的会反复取得的收入按平均利息率来计算，把它算作是按这个利息率贷出的资本会提供的收入，这样就把这个收入资本化了"。② 这是虚拟资本产生的基础。在这个意义上，股票、债券作为"现实资本的纸制复本"③，成为收入资本化的表现形式。但是，股票等所有权证书的价值不能有双重存在："一次是作为所有权证书即股票的资本价值，另一次是作为在这些企业中实际已经投入或将要投入的资本。"④ 这意味着股票的价值必须依托于后一种形式。因为虚拟资本是能够带来收益的东西，收益来自实业投资。债券和股票能够流通转让的实质，是代表现实资本的收入索取权的转让，反映了虚拟资本的价值与现实资本的价值的分离。

马克思已经发现了虚拟资本具有无度扩张的趋势。他指出："在一切进行资本主义生产的国家，巨额的所谓生息资本或货币资本（moneyed capital）都采取这种形式。货币资本的积累，大部分不外是对生产的这种索取权的积累，是这种索取权的市场价格即幻想资本价值的积累。"⑤

马克思分析的虚拟资本的形成及其市场价值独立运动、过度积累的理论，对研究金融边界理论的另一些重要命题，即金融资产的未来收益索取权特征、虚拟性特征、定价的预期性特征、偏离实体经济独立运动以及价值膨胀会产生金融资产泡沫而导致经济泡沫，并形成泡沫经济等特征的研究具有重大指导意义。在马克思的分析中，体现了虚拟资本对实体经济具有拉动作用的正向功能，即信用基础上产生的虚拟资本能够使经济具有一种扩张力；但反过来，作为投机性工具，虚拟资本一旦失去控制，会助推泡沫经济的产生。这实际上提出了虚拟资本扩张的"度"的问题。

从虚拟资本的利弊来看，正像马克思分析指出的，信用创造虚拟

---

① 《资本论》第三卷，人民出版社 1975 年版，第 422 页。
② 同上书，第 528—529 页。
③ 同上书，第 540 页。
④ 同上书，第 529 页。
⑤ 同上书，第 531—532 页。

资本，特别是银行信用创造虚拟资本，不仅克服了商业信用在规模和数量上的局限性，也克服了商业信用受商品流转方向约束的局限性，使得商业信用对再生产过程的扩张作用得到了更大限度的发挥，从而也埋下了可能因信用过度导致经济危机的隐患。这里面提示着信用过度问题。在收入资本化条件下产生的虚拟资本，可以使工商企业通过发行股票和债券来筹集其扩大实体经济所需要的资本，从而使企业发展突破自身可能性积累规模的约束。但收入资本化就其本身对虚拟资本的持有者来说，实际上是持有某种风险，这一点，与进入资本市场的虚拟资本的价值决定机制相关。即按照收入资本化的原则，预期收益决定市场价值。然而，预期是希望，也是陷阱。预期收益是不稳定的，充满不确定性。正是因为虚拟经济的资产相对实体经济的资产具有更大的风险，因而也就具有了更高的预期收益的要求。追求更高收益的要求，也就造就了虚拟资本这种投资工具所具有的投机性。投机也会发挥两种功能：一是它提供风险投资、资本运作和扩张经济的平台；二是投机难以避免会产生欺诈，造成更大的金融风险。因此，马克思说，虚拟资本市场也有可能"发展成为最纯粹最巨大的赌博欺诈制度"。① 这意味着虚拟资本可能产生的虚拟经济是一把"双刃剑"。

虚拟资本"脱实向虚"会导致泡沫经济。当金融投资大量表现为"脱实向虚"，就会造成资产泡沫的形成，经济会出现泡沫化。什么是泡沫经济？泡沫经济是虚拟经济发展超过实体经济可以支持的度，使虚拟经济价值远远超过其所代表的实体经济的价值。正如通货膨胀的另外一种表达可以定义为纸币的发行超过了极限一样，"泡沫"亦是金融资产价值虚拟"过度"的代名词。所以，我们要控制的是虚拟资本过度"脱实向虚"。1997年东南亚国家发生金融危机的一个重要原因，在于虚拟经济与实体经济之间投资结构的失衡。股市、汇市及房地产市场投资过热，实业投资过冷。这恰恰反映的是金融发展过度问题，也就是说，金融发展相对实体经济有一个约束边界，过度偏离约束边界，金融危机就会到来。也就是说，金融边界相对实体经济来说，应该是生产的潜在的可能性边界。从另外一个角度看，即金融相

① 《资本论》第三卷，人民出版社1975年版，第499页。

对于自身自性运行，即自循环来说也有一个边界，那就是金融资产的增值应该不仅仅是虚拟意义上的增殖，而且是实际价值的增殖，即金融资产价值增值是要有所依托的，这个依托就是金融资产价值折现的实体经济的价值支撑。这实质上还是一个问题。从这个意义上来说，金融运行的约束边界是存在的，是具有客观性的，并伴随着实体经济的发展具有动态性，在复杂的金融结构中，还存在不同金融工具乃至金融基础支撑的层次性。总之，马克思关于虚拟资本及其市场价值独立运动的理论，对我们研究金融资产由于其固有的价值虚拟性特征及价值决定预期性特征，使其可以脱离实体经济独立运动具有重要的指导意义，启发我们探寻独立运动的约束边界。

第二节　金融发展理论研究及评述

金融发展理论作为一个理论体系的形成是在 20 世纪 70 年代。金融发展理论研究金融发展如何适应经济发展需要的问题，由此产生了戈德史密斯金融结构论中的"金融相关率"思想，麦金农和肖的"金融抑制论"和"金融深化论"思想，斯蒂格利茨等新凯恩斯主义者的"金融约束论"思想等。

一　戈德史密斯金融结构论中"金融相关率"思想

1969 年，美国经济学家雷蒙德·W. 戈德史密斯出版《金融结构与金融发展》一书，他在对工业化样本国家跨越 200 年的金融发展历史比较研究中，对金融发展一般规律给予了独创性研究。

戈德史密斯指出，"各种金融工具和金融机构的形式、性质及其相对规模共同构成一国金融结构的特征。"[①] 他认为，"金融发展是指金融结构的变化。"[②] 为了反映各国金融发展的差异，应从比较它们的金融结构入手。因此，戈德史密斯提出了衡量一国金融结构的八类指

---

① ［美］雷蒙德·W. 戈德史密斯：《金融结构与金融发展》，周朔等译，上海人民出版社 1994 年版，第 22 页。

② 同上书，第 32 页。

标，其中最著名的是"金融相关率"（Financial Interrelation Ratio，FIR）指标。金融相关率是"全部金融资产价值与全部实物资产（即国民财富）价值之比。"① 在比例中，国民财富用国民产值代替。金融相关率的水平和变动反映了实体经济部门对资金获得的形式，即在多大程度上外部融资（借款或发行有价证券）或内部融资。而归根结底，金融相关率是由一国经济结构与基本特征决定的。②

戈德史密斯认为，不同金融相关率总是与不同类型的金融结构相关联。因此，根据金融相关率的高低和其他指标，戈德史密斯将金融结构大致分为三种类型。第一种类型是金融相关率较低，在0.2—0.5之间。其特征是债权凭证远远超过股权凭证而居主导地位；商业银行在金融机构中占据突出地位。这种处于金融发展初级阶段的金融结构类型，存在于18—19世纪中叶的欧洲和北美洲。第二种类型是金融相关率仍然较低，其特征仍然是债权凭证大大超过股权凭证。只不过这种金融结构中，政府和国有金融机构发挥更大作用。在20世纪上半叶，大多数非工业化国家的金融结构属于这种类型。第三种类型是金融相关率较高，约为1（有时有可能上升到2的水平）。其特征是金融机构日趋多样化，银行体系地位下降，储蓄机构和私人及公共保险组织地位上升。这种金融机构在20世纪初期以来的工业化国家比较常见。③

在比较分析基础上戈德史密斯得出结论，认为就基本发展趋势而言，各国金融发展道路的差别并不大，不仅发达国家的金融发展过程非常相似，而且发展中国家也会迟早走向同样的发展道路。就各国金融相关率、金融结构的变化上，也呈现出一定的规律性，只是在战争和通货膨胀时期才会出现偏离现象。戈德史密斯总结出了12条金融发展的一般规律，其中规律之一："在一国的经济发展进程中，金融上层建筑的增长比国民产值及国民财富所表示的经济基础结构的增长更为迅速。因而，金融相关比率有提高的趋势"。规律之二："一国金

---

① ［美］雷蒙德·W. 戈德史密斯：《金融结构与金融发展》，周朔等译，上海人民出版社1994年版，第44页。

② 同上书，第39页。

③ 同上书，第28—30页。

融相关比率的提高并不是无止境的，实际观察与理论研究都表明，一旦到达一定的发展阶段，特别是当金融相关比率达到 1—1.5 时，该比率就将趋于稳定"。规律之三："在多数国家中，金融机构在金融资产的发行额与持有额中所占份额随着经济的发展而大大提高了。即使一国的金融相关比率已停止增长，该份额却依然呈上升势头。"规律之四："在大多数国家，如果对数十年间进行考察，就会发现经济与金融的发展之间存在着大致平行的关系。"①

戈德史密斯对反映金融上层结构与经济基础之间在规模上的变化关系的金融相关率的分析，对金融边界理论研究意义重大。

比如，戈德史密斯分析的金融资产总量的增长，相比实物资产总量增长要快，意味着金融发展可以超前于经济发展，问题是：金融可以超前到什么程度？正是本书要探讨的问题。

戈德史密斯认为，金融相关率具有上升趋势，但这种上升趋势不是无限的，而是有其上限的，根据实际经验考察，这个上限是 1—1.5 区间。其中经济发达国家的金融相关率一般高于经济欠发达国家。根据戈德史密斯给出的上限，可以看出，现在所有发达国家均已突破，甚至有的突破两倍以上。一些发展中国家也早已超出了此上限。因此，我们是否有理由认为，现代金融危机的爆发正是与金融的过度发展有关？金融发展确实存在着约束边界。那么，进一步的问题是：这个金融发展约束边界究竟在哪里？如何在理论上给予表述？

戈德史密斯强调指出，对于经济分析来说，"最重要的也许是金融工具的规模以及金融机构的资金与相应的经济变量（例如国民财富、国民产值、资本形式和储蓄等）之间的关系"。② 并进一步指出：比较研究各个国家金融结构"需要一套关于金融上层结构与基础经济结构之间相互关系的理论作为指导。但是，迄今为止，在现代经济理论体系中，还没有一种关于金融结构与发展的理论，而且，尚无法找到有关众多国家的系统有序的统计资料，对各国金融结构与发展的数

---

① ［美］雷蒙德·W. 戈德史密斯：《金融结构与金融发展》，周朔等译，上海人民出版社 1994 年版，第 38—41 页。

② 同上书，第 3 页。

量研究几乎是一个空白，而这些都是进行比较研究的基础"。① 并指出，由于这方面的局限，他关于这两个方面的研究也仅仅是一个开头。确实，直到今天，金融发展在多大程度上影响经济增长，或金融发展的不同程度对经济增长影响如何，这一问题的理论仍然未形成，就更谈不上有相应的理论指导。

戈德史密斯指出："一国的金融上层结构与其国民财富和收入的相对比例是否对经济的增长速度和特征产生一个可以测量的影响；金融上层结构在名义上和实际上究竟以怎样的速度和怎样的规则进行扩展"②，理论上的考虑和经验观察都雄辩地印证了金融上层结构有助于资金的转移，因而加速了经济增长。但是，"经济学家面前更加严肃的问题是，我们至今没有成功地找到可靠的方法来测量金融的这种便利功能的范围和结果，以确定相对于经济中实际基础结构的金融上层结构的最优规模，并且有效地分辨出各种形式的金融结构对经济增长的贡献"。③ 这其实是接近本书要讨论的边界问题。只不过在《金融结构与金融发展》一书中，戈德史密斯关注的是各国金融发展以金融结构变化的形式体现出来的差异，而不是边界。这是当时金融发展的程度决定的。而对于发展中国家来说，关注的还仅仅是金融发展不足问题。

戈德史密斯还提出了关于金融发展和经济发展之间关系的困扰问题，他指出："在大多数国家，如果对数十年间进行考察，就会发现经济与金融的发展之间存在着大致平行的关系。随着总量的和人均的实际收入及财富的增加，金融上层结构的规模和复杂程度亦增大。在统计资料较充分的几个国家中我们甚至还发现，经济飞速增长的时期也是金融发展速度较高的时期。当然，历史上也有过例外的情形。但是，我们无法弄清楚这种联系究竟意味着什么：到底是金融因素促进了经济的发展呢，抑或金融发展是由其他因素引起的经济增长的一种

---

① ［美］雷蒙德·W. 戈德史密斯：《金融结构与金融发展》，周朔等译，上海人民出版社1994年版，第3页。

② 同上书，第389页。

③ 同上书，第397—398页。

反映"。① 这实质上是提出了金融发展和经济发展的关系究竟是怎样的问题。金融发展和经济发展的关系问题，必然包括金融发展的约束边界问题。

戈德史密斯时代将金融理论研究的职责表述为："金融理论的职责就在于找出决定一国金融结构、金融工具存量和金融交易流量的主要经济因素，并阐明这些因素怎样通过相互作用而促成金融发展"。② 在 21 世纪的今天，这样的表述就远远不够了。今天，金融理论研究的职责还包括能够引导人们正确预期未来金融发展方向，研究发展的约束边界，以提高金融资源的配置效率，有效地预防或避免金融危机的发生，以促进经济的可持续发展。

二　麦金农和肖的"金融抑制论"和"金融深化论"

1973 年，美国经济学家爱德华·S. 肖（Edward S. Shaw）和罗纳德·麦金农（Ronald McKinnon）分别出版了《经济发展中的金融深化》和《经济发展中的货币与资本》两本著作，两人从不同角度对发展中国家金融发展与经济增长的辩证关系做出了开创性的研究。在这两本书及以后的一些文献中，两人分别提出了"金融深化论"和"金融抑制论"。金融深化论和金融抑制论都是强调金融在经济发展中的作用，强调发展中国家应消除金融抑制走向金融深化，因此也可以将其统称为"金融深化论"。这一理论在详细分析了发展中国家货币金融的特殊性基础上，提出与传统金融理论迥然不同的政策主张，其实质就是主张发展中国家要实行金融自由化改革，以此来促进经济的快速发展。

关于金融抑制的思想：麦金农和肖都认为，传统的西方货币金融理论只适用于发达经济，而在发展中国家经济体中，货币金融有自己的特殊性。③ 第一，货币化程度低，货币政策作用受限制；第二，金融制度上存在二元结构，影响货币政策传导；第三，金融体制不平

---

① ［美］雷蒙德·W. 戈德史密斯：《金融结构与金融发展》，周朔等译，上海人民出版社 1994 年版，第 42 页。

② 同上书，第 44 页。

③ ［美］罗纳德·麦金农：《经济发展中的货币与资本》，卢骢译，上海人民出版社1997 年版，第 6—34 页。

衡；第四，金融市场落后，金融工具匮乏，融资渠道不畅；第五，政府过分干预，导致利率和汇率扭曲。人为压低利率和汇率、增发货币制造高的通货膨胀率，导致实际利率太低甚至为负。发展中国家货币金融体系的这些表现，一方面降低了金融过程的储蓄能力；另一方面促成了较低的实际利率水平下贷款需求的信贷配给，信贷配给导致腐败、资金配置不合理，从而导致投资不足，抑制经济发展，形成"金融抑制"。

关于金融深化的思想：麦金农和肖都认为，发展中国家要想促进经济发展，就必须认识到金融对经济的重要影响。要发挥金融对经济的促进作用，就应该放弃所奉行的"金融压抑"政策，实行"金融自由化"或者称为"金融深化"。金融自由化又包括利率自由化、汇率自由化、机构自由化。主张发展中国家放弃政府对金融体系和金融市场的过分行政干预，改革金融体制，促进金融机构自由竞争，使银行体系和金融市场真正发挥吸收和组织社会资金，引导资金投向的功能。麦金农从"导管效应"[①]角度出发，肖从金融中介角度出发，得出了相同结论，即金融深化的核心是放开利率管制，实质就是金融自由化。

金融深化论从反面给我们的启示是：金融发展要与经济发展状况相适应，金融发展是需要约束条件的。因为 20 世纪 70 年代后，许多发展中国家，比如南美洲的巴西、阿根廷等国家，亚洲的韩国、泰国等国家金融改革的初期对经济有所促进。但自 80 年代初开始，巴西、阿根廷等国家先后出现了金融恐慌和银行倒闭事件，造成严重的债务危机，最终影响到本国和其他国家的经济秩序和金融秩序。这些问题的出现使人们认识到，金融发展对经济发展具有促进作用是有条件的，如果不考虑经济发展的现实就盲目地推行金融自由化，会带来严重的后果，因此，金融自由化不可操之过急，需要渐进进行。麦金农本人也认识到这一点，他在《经济自由化的顺序——向市场经济过渡中的金融控制》（1991）一书中，结合转型国家经济改革状况，阐述

---

① ［美］罗纳德·麦金农：《经济发展中的货币与资本》，卢骢译，上海人民出版社 1997 年版，第 69 页。

了他对金融自由化改革的新见解。认为发展中国家必须根据经济改革的初始条件，选择改革的先后次序，认为经济市场化的次序包括以下三大步骤：第一步，财政控制优先于金融自由化，避免陷入严重债务危机；第二步，开放国内的资本市场；第三步，汇率自由化。首先是经常项目自由化，当国内利率均衡、通胀受到抑制，汇率稳定时，才能实现资本项目的自由化。这颇能启发我们去考虑金融发展的约束边界应该是动态的，是随着经济的发展和制度的完善动态推进的。

麦金农和肖的金融发展理论发展了传统货币金融理论。因为长期以来，发展中国家不顾本国国情盲目照搬传统的货币金融理论，盲目仿效发达国家的货币政策，造成金融压抑。金融深化理论从发展中国家特殊性出发，解释了发展中国家经济落后的一个长期被忽视的重要原因——金融制度不健全，从而创造了全新的发展理论框架，并结合发展中国家的具体实际提出了卓有成效的政策主张，这也正是为什么金融发展理论在短时间内被许多发展中国家接受，被奉为其金融改革的主要理论依据的原因。

总之，"金融深化论"给我们最大的启示就是金融发展是有约束条件的，否则，改革会带来适得其反的恶果。正如麦金农在《经济自由化的顺序——向市场经济过渡中的金融控制》（1991）一书序言指出的："对一个高度受抑制的经济实行市场化，犹如在雷区行进，你的下一步很可能就是你的最后一步。"[1]

特别值得借鉴的思想是麦金农指出的，实际利率 $d - p^*$ 是对积累（投资）进而对经济发展产生影响的最为关键的因素。$d - p^*$ 越高，储蓄转化投资就越旺盛，但 $d - p^*$ 不能高过实体经济产出的收益率，因为如果超出了实体经济产出可以获得的收益率，人们就会持续持有货币，放弃实际投资，导致经济萎缩的后果。这实质上和马克思指出的利息的本质是利润的一部分，利润是利息的最高界限的思想是一致的。意味着金融投资收益不可以过度高于实业投资收益，否则会产生投资过度倒向金融投资而偏离实业投资的"脱实向虚"的不良后果。

---

① ［美］罗纳德·麦金农：《经济自由化的顺序——向市场经济过渡中的金融控制》，周庭煜等译，上海人民出版社1997年版，第3页。

　　爱德华·肖和罗纳德·麦金农的金融深化理论隐含了一个极为重要的观点，即金融制度必须适应经济制度，脱离相应的经济制度，就无法评价金融制度的优劣，这对本书分析金融约束边界具有很大的政策启示。同时，罗纳德·麦金农的1991年出版的《经济自由化的顺序——向市场经济过渡中的金融控制》一书，他在对许多发展中国家实证研究的基础上，提出的金融自由化必须与市场基础相适应以及改革的分步走的渐进性等思想都具有相当的启发性。

　　当然，爱德华·肖和罗纳德·麦金农的金融深化理论也有许多不足之处，如早期的金融深化理论忽视发展中国家的经济结构，而过分强调金融深化的促进作用；过分强调金融的内生重要性，而轻视引进外资的重要性。金融深化就是金融自由的倾向，取消政府干预等理论，都有值得商榷的地方，这些理论后来尽管得到一定的修正，但毕竟是其整体理论的一个组成部分。金融深化理论的创立者本质上属于金融自由化的鼓吹者，而基本上没有提到过金融自由化的弊端。这一点正是我们构建金融边界理论所反对的。

三　斯蒂格利茨等新凯恩斯主义者的"金融约束论"

　　金融发展理论的另一个分析框架是金融约束论。进入20世纪90年代，金融发展理论研究成果不断推出，信息经济学也发展迅速，其研究成果被广泛应用，为金融发展理论的研究构筑了微观基础。1996年，以托马斯·赫尔曼（Hellmann）、凯文·穆尔多克（Murdoek）、约瑟夫·斯蒂格利茨（Stiglitz）为代表的新凯恩斯主义经济学家在反思金融自由化和政府干预的基础上，从信息不对称视角，提出了金融约束论。

　　金融约束论认为"金融深化论"难以实现。因为金融市场会由于存在信息不对称而出现失灵，因此，政府选择性干预十分必要。即政府通过制定一系列的金融政策，在金融部门和生产部门创造租金而不是直接补贴，以此刺激金融与生产部门的发展。主张将存贷款利率控制在一个较低水平（低于市场利率水平之下），减少银行经营风险；限制资产替代，以缓解发展中国家经济发展所需资金不足和流失问题；限制银行业竞争等。

　　尽管金融约束论在某些方面存在问题，比如金融约束的实施条件苛刻,实施时机和实施效果较难把握,实际执行中会因为种种原因而扭曲,扭曲的结果将使金融约束变为金融抑制。但给我们提供的如何处理政府和市场的关系,进一步研究政府干预边界以及管理金融的政策措施提供了有益的启示。

第三节　金融脆弱性理论研究及评述

一　费雪"过度负债"的债务—通货紧缩理论

艾文·费雪（Fisher，1933）是最早开始对金融脆弱性机制进行深入研究的经济学家,通过总结前人研究成果他认为,金融体系的脆弱性与宏观经济周期密切相关,尤其与债务的清偿紧密相关,是由过度负债产生债务—通货紧缩过程引起的。费雪指出银行体系脆弱性很大程度上源于经济基础的恶化,这是从经济周期角度来解释银行体系脆弱性的问题。

早期研究普遍认为,经济基本面的变化是银行体系脆弱性的根源,所以早期的理论十分强调经济对金融脆弱性的影响。后来的研究开始淡化经济周期的影响,认为即使经济周期没有到衰退阶段,金融脆弱性也会在外力或内在偶然事件的影响下激化成金融危机。特别是在金融市场膨胀发展之后,虚拟经济与实体经济渐渐脱节的背景下,金融脆弱性有一种自我增强的趋势。①

艾文·费雪基于经济的周期性,阐述了债务—通货紧缩理论。他认为,过度负债会引起通货紧缩,因为过度负债是经济周期由盛到衰的转折点。过度负债,是指相对实体经济的财富增长,如果到期债务过多,而流动性短缺,便无法清偿到期债务。过度负债源于企业上升阶段的投资加大,促使债务融资增多,信贷投放增加,货币供应量增加,推动物价上涨,市场需求旺盛,高涨的情绪将带来全社会过度负债。此时,如果某个信用环节出现问题,便会引发支付危机。由于偿

---

① 王玉、陈柳钦:《金融脆弱性理论的现代发展及文献评述》,《贵州社会科学》2006年第3期。

还到期债务的需要，当债务人不得不抛售手中资产时，资产价格下跌，企业净值大幅下降，经济陷入低迷。

走出负债—通货紧缩的办法应该是政府"有所作为"，即实施积极的经济政策，实行通货膨胀，推动价格上升。

简短的评价：费雪把经济衰退归咎于负债—通货紧缩值得推敲，因为只有在实体经济不景气：企业亏损无力偿还债务时，信用链条才会中断，过度负债才会引发通货紧缩。实行通货膨胀缓解负债—通货紧缩也是值得商榷的，因为如果宏观经济基本面没有向好，会导致滞胀的出现，20世纪70年代在西方国家发生的通货膨胀下的经济不景气，已经证明了这一点。

二 明斯基的"金融脆弱性假说"

明斯基（Minsky，1982）的"金融脆弱性假说"认为，如果企业融资主要通过银行贷款，可能造成金融的脆弱性。一般将企业融资类型分为三种：

第一种，套期融资企业，即企业根据自己未来的现金流获得银行贷款。这是最安全的融资模式。

第二种，投机融资企业，即企业未来的现金流一旦不足以偿还到期债务时，可以通过再融资，或者债务重组等方式履行承诺。但是，这是有风险的，一旦商品市场不景气，金融市场紧缩，利率高涨，资产价格下跌，也会使其处于违约的境地。

第三种，庞氏融资企业，即企业没有良好预期现金流，需要通过"借新还旧"维持运转。一旦这种形式不能维持，资金链条断裂，信用危机就会发生。这种模式提示我们：借新债还旧债与庞氏融资仅仅相差一步之遥，需要格外谨慎，适度把握。

三 克瑞格的"安全边界"假说

克瑞格（Kregel，1997）的安全边界假说是对明斯基金融脆弱性假说的进一步解释。安全边界是指利息收益指标，即借款人以利息收益保障的还贷能力。依照格雷哈姆和多德（Graham and Dodd，1934）的观点，银行往往首先评估借款人的未来的利息收益，然后进行贷款决策。但是，未来是不确定的，难以做到准确评估，需要借助借款人过去的信用记录帮助决策而不是未来现金流的预期，这称为摩根规则

（J. P. Morgan Rule）。正如凯恩斯（Keynes，1936）指出的，在不能准确预测未来的情形下，假定未来会重复过去，也是一个好的选择，因而，注重以前信贷记录的摩根规则具有一定合理性，但也带来了金融系统的脆弱性。

明斯基（1982）和克瑞安（1997）研究的都是信贷市场上的脆弱性，不同的是明斯基是从企业角度研究，而克瑞安是从银行角度研究。他们的研究成果，都蕴含着金融运行是有约束边界的，无论是企业融资还是银行信贷投资，需要注意安全边界的约束条件。

四　斯蒂格利茨等人的信息不对称理论

斯蒂格利茨等主要从信息不对称的角度分析金融机构之所以存在内部脆弱性的原因。他们认为，虽然信息不对称是金融机构产生的主要原因，是为了防止由于借款人和贷款人之间存在信息不对称产生的逆向选择和道德风险。但是金融机构的出现是否真正解决了信息不对称问题呢？恐怕要受到一定的条件制约。首先，储户要真正信任金融机构，不会发生挤兑；其次，金融机构真正能够有效地筛选和监督借款人。但是，这两个条件并不总是具备，这就意味着金融机构内部蕴藏着危机的可能。根据斯蒂格利茨和韦斯的研究，由于信息不对称，信贷市场上的逆向选择和不当激励总是存在，金融机构对借款人的筛选和监督并不能保证高效率，金融机构经常在繁荣时期失去理性，投资于一些收益较大的高风险项目，在经济形势发生逆转时，会给金融机构带来巨额损失。而这类信息一旦被储户捕捉到，必将对金融机构失去信心，产生挤兑现象，危及金融机构安全。

此外，不适当的存款保险制度和国家救援措施也会加剧金融体系的脆弱性。在信息不对称情况下，由于存款保险的存在，储户将放松对金融机构的监督，减轻了金融机构承担的风险，对贷款的发放将不够谨慎，诱发投资者从事冒险投资，追求高风险收益，导致道德风险下的过度金融。

金融脆弱性理论尽管存在这样那样的不足，但无论如何，该理论提示我们，由于投融资者存在的、面对的主观和客观原因所致，金融体系是存在内在和外在的风险的，因此，关注融资的边界约束对金融脆弱性的抑制具有理论与现实意义。

第四节　金融危机理论研究及评述

一　金德尔伯格"资产价格泡沫"理论

金德尔伯格（Kindlberger）在其著作《经济过热、经济恐慌及经济崩溃——金融危机史》中阐述了经济危机与金融危机的相互关系，认为金融危机一般经历过热、恐慌和崩溃三个阶段。

第一，经济过热阶段。经济的繁荣往往开始于某些盈利机会的出现。比如，有了某项新技术或者新发明，社会某些制度的变革，金融市场有了宽松融资条件，使人们有了对经济前景的乐观预期，推动企业不断扩大投资，个人也在乐观预期下增加投资选择，商业银行增加信贷投放。金融市场"从众行为"推动资产价格持续膨胀，导致金融资产过度交易及过度投资行为，资产价格暴涨，使金融规模超过实体经济规模，在市场行情异常狂热中出现过度投机，欺诈行为也不可避免地伴随其中。在一片乐观"繁荣"景象中，过度的投资与投机使经济过热不可避免。

第二，恐慌阶段。经济过热后不可避免地出现拐点，当经济过热导致资产价格回落的预期出现，金融市场先觉者开始离场，跟风者竞相抛售资产，机构开始倒闭，企业资金链断裂，商业银行出现信用危机，社会陷入恐慌之中。

第三，崩溃阶段。随着全社会的恐慌快速蔓延，资产价格快速下跌，居民收入迅速下降，经济陷入崩溃。

金德尔伯格与其他学者的不同之处在于，他从国际金融的视角分析了危机的机理，认为在国际市场上，进出口乘数的变动会影响一国国民收入的变化。在国际市场上流通的商品和金融资产，其价格在不同国家的不同表现，会引起套利行为导致国与国之间的商品和资产价格的变化，引起国际套利，也是导致国际金融危机的原因之一，并启发了许多学者也将研究金融危机的视野转向了国际，推动了国际金融危机的研究成果不断出现。

二 乔纳森·泰纳鲍姆的"倒金字塔"形结构理论

金融发展能够促进经济发展，这是金融发展理论的基本思想。但是，是否在任何限度内金融发展都可以促进经济发展？如何处理和摆正二者的关系？德国学者乔纳森·泰纳鲍姆做了专门研究。① 他将金融研究与金融与经济的相互关系的研究联系在一起，强调以物质经济为主导的必要性。即金融发展应该从属于实体经济发展，为实体经济发展服务。而"倒金字塔"② 形结构（如图 2 - 1 所示）最终必将导致金融危机。

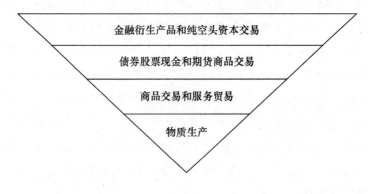

图 2 - 1 "倒金字塔"形结构

"倒金字塔"形结构可以定义为：金融资产总量远远超过实体经济总量的经济构成模式。乔纳森·泰纳鲍姆认为，"倒金字塔"形结构是引发经济危机的罪魁祸首。

乔纳森·泰纳鲍姆认为，"综观全世界，农业、工业和基础设施等物质生产都在下降，基础产品的人均产值也在下降，而虚拟资本却在迅速增长"③，实物生产与金融虚拟程度之间的巨大反差，正是金融危机前期潜伏的最典型特征。

为什么"倒金字塔"形结构必将导致金融危机呢？因为金融稳定

① 乔纳森·泰纳鲍姆：《世界金融与经济秩序的全面危机：金融艾滋病》，《经济学动态》1995 年第 11 期。
② 同上。
③ 同上。

最终是建立在货币资产可以转换为物质商品信念基础之上的。一旦这种信念动摇了，整个金融体系就土崩瓦解。充满金融气泡的"倒金字塔"形结构要避免厄运，就要不断膨胀，而这些虚拟的金融价值赖以生存的物质基础是"倒金字塔"最底层的物质生产和物质财富。但是在庞大的债务压力和虚假资本的侵蚀下，物质经济的发展已陷入萎缩或停滞状态，当世界物质经济再也无法维持整个金融体系时，金融体系的崩溃不可避免。而且由于这种金融体系是以"杠杆原理"建立起来的，其瓦解过程也会借助于杠杆的力量，产生一系列连锁反应或毁于一旦。所以，乔纳森·泰纳鲍姆称"倒金字塔"式结构所蕴含的金融危机为"金融艾滋病"。

乔纳森·泰纳鲍姆关于实物经济为主导的金融发展理论观点，给我们研究金融发展的边界理论提供了极大的启发，他的"倒金字塔"形结构理论是从经济与金融关系的角度对金融过度发展的批评，他强调的是在金融与经济的关系上，经济始终是起基础作用。近年来接连发生的墨西哥金融危机、东南亚金融危机、美国次贷危机等，都证明了他对金融发展问题的看法具有一定科学性。总之，他对"经济过程的双重性质"的研究以及"倒金字塔"形结构的分析，为正确理解金融发展和经济发展的关系，探寻金融发展的约束边界提供了理论基础和有益借鉴。

三　"三代金融危机理论"研究及评述

过度金融会导致金融脱离经济基本面的支持，因而也就超出了金融可以发展的合理限度，进而引发金融危机。关于这一过程的发生机理，理论界提出了若干理论，其中，较有代表性的、解释力较强的是"三代金融危机理论"。

（一）克鲁格曼的货币冲击理论

第一代金融危机理论——货币投机性冲击理论是克鲁格曼于1979年在萨兰特和亨德森的商品投机性冲击理论基础上建立起来的，弗拉德和加勃对其进行了完善。

理论基本思路是：在开放经济的小国和实行固定汇率制等一系列严格的前提假设下，因弥补财政赤字等需要，导致国内信贷扩张，外汇储备枯竭。当投机商找准一个临界点实行冲击时，固定汇率制便会崩溃，货币危机到来。

第一代金融危机理论的启示是：一国的经济基本面决定货币对外价值的稳定与否，决定货币危机是否会爆发，特别是模型中临界点的观点，为弥补财政赤字等而信用过度观点，对我们研究金融边界理论深有启发。

（二）奥伯斯特菲尔德的预期自致模型

奥伯斯特菲尔德的预期自致模型被理论界称为"第二代金融危机理论"。奥伯斯特菲尔德在分析历史上的金融危机案例时指出，克鲁格曼的第一代金融危机模型不能很好地解释 1992 年英国、意大利、西班牙、芬兰和瑞典的货币危机。因为这些国家之所以选择货币贬值，是因为坚持固定汇率的预期收益小于为其支付的代价。认为坚持固定汇率的成本往往与公众的预期是密切相关的。公众的贬值预期越强，维持固定汇率的成本越高，从而给国内的就业、政府预算和银行部门带来巨大压力。这些方面的压力达到一定水平，就会迫使政府决定贬值。因此，贬值预期具有自我实现的特征。与第一代危机理论不同，奥伯斯特菲尔德认为，发生货币危机不一定与宏观基本面有关，政府往往也不会一味机械地坚持固定汇率，而是会根据坚持固定汇率的成本和收益进行相机抉择。当人们普遍预期货币将贬值时，政府会发现坚持固定汇率的成本大于收益，从而决定放弃固定汇率；当人们普遍预期固定汇率将延续时，政府则会发现坚持固定汇率的成本小于收益，因此就不会实行贬值。打开克鲁格曼的假设前提，政府有多种手段维护其固定汇率制度。比如，政府可以在即期或远期外汇市场上买入外汇，提高本币利率，紧缩财政开支和货币供应量等。外汇储备本身也不构成一个约束，因为这些国家都是发达国家，可以很容易地从国际资本市场上借到支持其汇率所需要的外汇。因此，克鲁格曼的货币危机模型用以解释由国际收支危机引起货币危机的那些基本条件在这些危机案例之中并不存在。因此，奥伯斯特菲尔德的"自我实现的货币危机"理论对研究金融运行偏离实体经济的内在机理深有启发。

（三）克鲁格曼的第三代金融危机理论——道德风险

1997 年东南亚金融危机爆发，发展中国家在存款担保基础上过度借债问题暴露突出。第三代金融危机理论——克鲁格曼的道德风险模型就是在此背景下提出的。克鲁格曼的第三代金融危机理论的主要思想是：过度的金融扩张会导致金融危机，形成原理为道德风险。

第三代金融危机理论是这样得出的：在经济的过度开放、金融市场的过度开放条件下，企业和金融机构投资过度。在相信政府"担保"，相信国际机构救助前提下，外国金融机构迎合了企业和金融机构投资的愿望，最终导致资产泡沫，并以危机收场。这是典型的道德风险。克鲁格曼由此提出了金融过度概念，并指出：金融过度使金融体系的脆弱性加剧，还会导致泡沫破裂后的外资退出，导致汇率制度崩溃，因而金融危机得以发生。

根据道德危机模型得到的启示是：预防危机应该通过取消政府担保，防止国内企业从国外过度借债；而应对危机的举措是，可以考虑实行紧急资本管制，以此切断利率和汇率之间的联系；加强金融监管，市场适度开放。

第五节 白钦先金融发展理论中的金融边界思想及评述

在我国，对金融发展理论展开比较热烈的讨论与研究始于 20 世纪 90 年代。这时，中国金融业开始复苏并有了较快的发展。而此时，日本正经历着经济泡沫的破灭，拉美和东南亚各国出现了金融危机，因此，我国学者们对金融发展理论的研究，一开始就将重点瞄准了经济金融化、金融全球化和金融自由化的"金融三化"进程中隐含的风险，主要研究发展中国家在推进"金融三化"过程中金融危机爆发的原因和形成机制，先后提出了"经济过度金融化"、"金融过度自由化"和"金融过度开放"等观点，强调金融必须"适度"的观点和主张。

在分析金融危机的根源、防范金融过度、探寻金融可持续发展的路径中，白钦先教授提出了金融资源论、金融虚拟性等金融发展理论。

一　白钦先"金融资源论"中的金融边界思想

"金融资源论"是白钦先教授在揭示现代金融的本质特征及其金融所具有的战略性意义的基础上提出的新金融观。

白钦先教授认为，金融是一种资源，必须适度开发和利用。在金融资源论基础上，白钦先教授提出了金融可持续发展观，指出金融可持续发展观是"适应经济金融全球高度一体化和经济日益金融化这一重大挑战而提出的，以金融资源的本质属性为基础，研究国别和全球金融资源的开发利用、存量配置、流动、供给与需求、消耗与消费的初始条件，以及成本与收益、风险、后果与影响的一般规律，从而最终实现国别与全球经济金融现在与未来较长时间内的协调、稳定、健康、有效而持续发展的金融理论"。[①]

基于金融资源论，白钦先教授在分析 2007 年美国次贷危机的根本原因时，在多次撰文和演讲中提出："从更深的理论层次分析，这场危机本质上是理论危机，是经济金融基础理论危机"。[②] 危机"尖锐地提出：（1）金融到底是什么，（2）金融有无边界，（3）金融能否被人为地过度地不断虚拟、包装、扩张、滥砍滥伐而不受惩罚，这样三个基础性问题"。[③] 基于金融资源论的基础上，白钦先教授提出了金融适度发展观："即既能够满足人类不断增长的合理需求，而资源、能源与环境又可承载的发展观"。[④] 白钦先教授"金融资源论"和金融适度发展观，成为构建金融边界理论的基础。

二　白钦先"金融虚拟性与独立化倾向"的理论思想

20 世纪 70 年代以来，金融危机频发，白钦先教授开始关注金融与经济的关系问题。2003 年，白钦先教授在《国际金融研究》杂志上发表的《百年金融的历史性变迁》一文将"金融的一定程度的和日益明显的虚拟化与独立化倾向"作为巨变之一，他指出："随着经

---

① 白钦先：《白钦先经济金融文集》，中国金融出版社 1999 年版，第 110 页。
② 白钦先、谭庆华：《金融虚拟化与金融共谋共犯结构——对美国次贷危机的深层反思》，《东岳论丛》2010 年第 4 期。
③ 白钦先：《传承与创新：学术文章暨讲演》，中国金融出版社 2010 年版，第 303 页。
④ 白钦先：《中国金融学科建设发展（1978—2014）》，中国金融出版社 2014 年版，第 246 页。

济金融化的日益加深，以及资产证券化进程的加速，社会财富的存在形态发生了结构性的重要变化，财富的物质形态日趋淡化，财富或资产的虚拟化倾向日趋明显。现代金融，一方面以其日益丰富和深化的功能和精巧的杠杆系统推动或促进实质经济的正常运转和发展，并在形式上（当然也不是不包含内容的形式，但形式已重于内容了）仍然继续维系着与实质经济的关系；另一方面又在内容上，即在各种形式的金融资产价格的变动和财富的聚集与集中速度等方面表现出与实质经济日趋明显的分离或背离的倾向，从而现代金融与实质经济的关联度正在一天天弱化，或者说现代金融有一定程度的但是日益加速的独立化倾向。现代金融比传统金融结构更复杂、辐射面更广、效率更高、运转或流动速度更快、联动互动性更强、风险也更大。现代金融的相当程度的虚拟化或独立化倾向是一个非常重大的问题，人类对这一问题的研究还相当肤浅，甚至于重视也不够。现代金融的这一发展趋势或倾向，对于人类来讲到底意味着什么？它究竟是在推动、便利与加速经济的发展、结构的调整与分化、重组和升级，从而将现代经济金融推向更高的发展阶段，还是从根本上腐蚀、弱化、空壳化现代经济，甚至于是摧毁现代经济？一时还难以说得清楚，但必须逐渐说清楚。关键是一个'度'，这个度，需要给予定性与定量的描述"。[①]

白钦先教授在他主持的国家自然科学基金项目"虚拟经济与金融虚拟性"课题期间推出的系列成果中，对金融具有虚拟性的本质特征给予了深入研究。其中，关于金融虚拟性的概念，指出：金融虚拟性体现在金融运动超出了所代表的实体经济的合理界限，金融工具的市场价值超越了所代表的实体经济的价值。

正是金融具有虚拟性的特征和金融具有独立化的倾向，因此，金融可以偏离实体经济自我增强。白钦先教授指出的现代金融的相当程度的虚拟化或独立化倾向，或者说现代金融的这一发展趋势或倾向，关键在于发展的"度"，并且对这个度，需要给予定性与定量的描述的观点，可以视为金融边界的另外一种表达方法。为本书构建金融边界理论指明了方向。

---

① 白钦先：《百年金融的历史性变迁》，《国际金融研究》2003 年第 2 期。

三　白钦先"金融阈值"的理论思想

2009 年，白钦先教授在与他人合作《金融阈值视角下的金融危机——从美国次贷危机看被漠视的金融临界点》中，使用了"金融阈值"概念，文中在"金融阈值"视角下，分析了美国次贷危机是过度衍生和过度虚拟的金融资源危机的同时，再一次提出了虚拟经济与金融的本质是什么以及二者有无边界的问题。指出金融必须尊重极限，呼吁通过生态阈值的警醒和提示，应该认识金融发展和扩张同样有其不可逾越的金融阈值；并提出面对人类贪婪而自负的挑战，次货危机的爆发证实了金融临界点的客观存在。

第六节　德内拉·梅多斯等的"增长的极限"理论及评述

1972 年，由美国德内拉·梅多斯（Donella Meadows）等著的《增长的极限》第 1 版面世。该书的报告是针对全球生态约束的，但对金融边界研究具有启发意义。该书发出警告：人类将不得不付出更多的资本和人力去打破这些约束，这些约束是如此之多以至于我们的平均生活质量将在 21 世纪的某些时候出现下降。该书强调：如果早点采取行动，我们将在一定程度上减少因逼近（或超出）地球生态极限所造成的危害。

《增长的极限》第一次提出了地球的极限和人类社会发展的极限的观点，对人类社会不断追求增长的发展模式提出了质疑和警告。当时正是世界经济特别是西方社会经历了第二次世界大战以来经济增长的黄金时期，并达到了这一增长的顶峰，整个世界特别是西方社会弥漫着强烈的乐观情绪。《增长的极限》一书的问世不啻当头棒喝，指出：如果人类不能对自己的贪婪欲望和增长速度加以约束，最终的崩溃是不可避免的。在 1992 年修订版时作者指出，人类在许多方面已经超出了地球的承载能力之外，已经超越了极限，世界经济的发展已经处于不可持续状态。①

这不是危言耸听，世界确实出现了令人担忧的危险征兆，例如粮食短缺、气候变暖、20 世纪 70 年代后世界经济放慢了脚步或出现持续的经济衰退，等等。

《增长的极限》的作者在 2004 年版献词中指出，面对由于人类的贪婪可能在未来造成增长的终结，我们应该在全世界范围内进行反思，希望这种反思将促使人类社会做出选择并采取矫正行动以减少崩溃发生的可能。并强调指出，增长并不必然导致崩溃，但是，如果增长导致了"过度"、导致需求的扩张超出地球资源的源与汇所能维持的水平时，崩溃必然紧随而来。

该书主要目的是希望通过引起人们对地球生态"过度"现象的注意而使人们对增长是万能的观念产生置疑。他们提出的担心：目前的政策将因为不能有效地应对和处理生态极限而导致全球性的"过度"和崩溃。他们也肯定地说：目前人类的经济活动已经超过了一些重要的极限，这种"过度"在未来的几十年中将会大大强化。② 对于实践中的过度和崩溃，该书举了全球过度和崩溃的一个生动例子，即 2000 年全球股票市场上的"dot - com"泡沫。股票价格从 1992 年起到 2000 年 3 月一路直线上升，达到一个事后证明是完全无法维持的高峰。从这一峰值，股票价格整整下降了 3 年，直到 2003 年 3 月达到谷底。就跟人类超过了资源和排放的极限将发生的情况一样，在股票价格长期向上走的过程中几乎没有出现任何困难。相反，每当股指达到一个新高点时，都会激发出更多的狂热。最值得一提的是，即使是股票价格已经达到了无法维持的恐怖高点——事后看来在 1998 年时就已经发生——之后，在达到峰值很长时间并且进入崩溃几年之后，投资者才开始承认出现了"泡沫"——这是他们用以描述"过度"的词汇。一旦进入崩溃，没有人能阻止这种下滑。在股价崩溃已经持续了 3 年后，许多人还对它是否结束持怀疑态度。投资者信心完全被

---

① ［美］德内拉·梅多斯等:《增长的极限》，李涛、王智勇译，机械工业出版社 2006 年版，第 7、14 页。

② 同上书，第 12—13、16 页。

侵蚀掉了。

《增长的极限》的作者指出，预测增长终结，当时被认为是危言耸听，现在已经成为普遍关心的重要话题。

第七节　其他学者的相关研究及评述

王广谦（1997）在《经济发展中金融的贡献与效率》一书基于历史演进的视角，对经济发展中金融的贡献与效率进行了具有启发性的研究，提出了金融对经济发展的作用的"适应性"、"主导性"和"先导性""三个阶段"理论。进而提出了"金融运作能力的大小"的金融效率范畴。同时提出了衡量效率的数值和指标，如通货—经济比率等，对我们研究金融边界问题提供了借鉴。

王振山（2000）在《金融效率论——金融资源优化配置的理论与实践》中也体现了金融边界的思想范畴。该书在基于金融资源论基础上，用竞争性市场帕累托最优，表达了金融效率的观点，提出金融最优化理论的"金融效率论"，为研究金融边界问题提供了借鉴。

刘骏民（1998）在《从虚拟资本到虚拟经济》一书中，也体现了金融边界的思想范畴。重要体现了对现代虚拟资本孕育、形成，如何孕育了虚拟经济，虚拟经济过度膨胀，以及货币的虚拟化，为泡沫经济，经济危机埋下了种子等观点。

姜旭朝（2003）在其博士学位论文《金融独立性以及边界理论与实证研究》中提到了金融边界的概念，虽然他是基于金融独立性与金融异化的分类需要而设计的，但对进一步全面、系统、深入地研究金融边界理论深有启发。

主父海英（2010）在其博士学位论文《金融负外部性研究》中，关于金融阈值的理论论述，也金融边界理论研究提供了借鉴。

张敖（2011）在博士论文《金融负外部性的约束：危机视角》中基于危机视角，对金融负外部性的约束进行了论述，也为金融边界理论研究提供了借鉴。

除此之外，从中国知网可以搜索到 110 篇左右有关经济金融边界研究的论文，包括经济学的边界、民间借贷的边界、创新的边界、成本的边界、银行规模边界、监管的边界等，虽然这些论文表现为零星的、从某一个角度涉及了所谓的"边界"问题研究，系统性不够，但这些研究思想和文献，和前述的马克思等的经典理论一起，都对研究金融边界理论形成启迪。

第三章　基于实体经济基础地位的
"金融边界"范畴的提出

　　金融边界理论课题是基于金融与实体经济的相互关系提出的，同时也是基于现代金融本质提出的。基于此，本章首先梳理了以往国内外理论界对金融范畴的理解和界定，进而在对金融与实体经济相互关系的认识和重新阐述的基础上，即金融产生于实体经济发展的需要，金融又偏离甚至凌驾于实体经济之上自我发展，但最终由于金融的本质决定，金融必须回归实体经济。在这一认识基础上，提出了金融边界的理论范畴，并对其内涵给予界定。

第一节　金融范畴的界定

　　黄达教授曾指出："一门学科，其最高理论成就往往就凝结在对于本学科的核心范畴如何界定、如何定义之中。"[1] 到目前为止，国内外理论界对金融范畴的界定还没有统一认识。这是因为：第一，金融是历史的产物，经历了一个由低级到高级，由简单到复杂的动态发展过程，金融在经济发展中的功能、全貌有一个逐步显示、逐步完善的过程，金融本质的内在规定性有一个逐步被认识的过程。第二，不同的经济体制背景下以及市场经济发展的不同程度下，金融在经济中的主要功能体现的不同，因而人们对其认识也不同。第三，不同的研究视角使人们关注的金融的某一方面不同，因而对金融范畴有了不同的

---

　　[1]　黄达：《由讨论金融与金融学引出的"方法论"思考》，《经济评论》2001年第3期。

界定。就目前来看，理论界存在着几种对金融范畴所下的定义，均从不同视角对金融活动、金融业务、金融性质等特征进行了某种程度的揭示和描述。我们首先对这些定义进行梳理和分析，为全面地、科学地认识金融的本质奠定基础。

一　对现有金融范畴的梳理和评价

（一）国内对金融范畴的认识

在我国，对什么是金融，有一个明显的认识过程。这和金融在经济发展中的作用不断提升是分不开的。

1. 金融是"资金的融通"

据黄达教授考证[1]，在我国《辞源》（1915）、（1937）中，关于金融条目的释文是："今谓金钱之融通状态曰金融"。新中国成立后，1979 年首次公开发行的《辞海》中，金融条目释文修订为："货币资金的融通。一般指与货币流通与银行信用有关的一切活动，主要通过银行的各种业务来实现。如货币的发行、流通和回笼，存款的吸收和提取，贷款的发放和收回，国内外汇兑的往来，以及资本主义制度下贴现市场和证券市场的活动等，均属于金融的范畴"。黄达教授指出："这一变化了的概括，可以说与今天日常所使用的口径基本一致"。[2]

在国内为数众多的教材或工具书中，也经常会看到把金融定义为资金融通，或进一步解释为"与货币流通和银行信用有关的一切活动"等观点。

金融即"资金融通"这一定义，更多体现了金融发展的早期特点。在简单金融发展状态下是合适的，因为金融还没有发展到具有现代经济条件下的复杂状态，无可非议。但是，在资本市场得到巨大发展，直接融资占有较大比例，金融投资成为广泛的投资渠道，金融发挥着资源配置、风险管理与风险交易、宏观经济调控与微观经济调节、信息传递、公司治理、引导消费和财富再分配等功能得到巨大发挥的情况下，再把金融定义为资金融通，是有些偏颇的，或者说显得过于局限和狭隘，因而是不完整的，也是不完善的。

---

① 黄达：《金融、金融学及其学科建设》，《当代经济科学》2001 年第 4 期。
② 同上。

有学者指出，"金融在字面上由'金'和'融'组成，'金'可理解为'金银'（货币资金）；'融'即融通，货币资金的融通成为金融一词最为简洁的表述"。① 但是，这样的理解，正像曾康霖教授所评价的那样："金融通常解释为货币资金的融通，这样的解释表明它在货币盈余者与短缺者之间调剂货币资金余缺，但这样的解释似乎没有能前进多少，有'望文生义'之嫌"。②

2. 金融是"货币信用交易行为的集合"

改革开放以来，金融有了巨大发展，功能有了提升，国内学者对金融的概括给予了较为宽泛和综合的理解，反映了金融的广泛作用。如黄达教授在新形势下，对"金融"这一概念进行重新归纳和认识，他指出："凡是既涉及货币，又涉及信用，以及货币与信用结合为一体的形式生成、运作的所有交易行为的集合；从另一个角度看，即凡是涉及货币供给、银行与非银行信用，以及证券交易为操作特征的投资、商业保险以及类似形式进行运作的所有交易行为的集合。"③ 黄达教授概括的定义既反映了金融的微观运作，也在一定程度和角度上反映了金融的宏观特点，比如他指出的"生成、运作的所有交易行为"，和"涉及货币供给、银行与非银行信用，以及证券交易为操作特征的投资、商业保险以及类似形式"。所以，黄达教授重新对金融范畴进行的宽泛和综合的概括，反映了当代金融业务和金融业的发展特点。

3. 金融是"货币信用活动及与之相关的经济活动的总称"

《中国金融百科全书》对金融是这样表述的：金融是"货币流通和信用活动以及与之相关的经济活动的总称。"④ 这一概念出自工具书，应该是较为权威的，不过定义中"与之相关的经济活动的总称"的概括，使金融范围太宽泛。这里的"相关"，到底相关到什么程度，不是很明确。

---

① 范从来：《金融、金融学及其研究内容的拓展》，《中国经济问题》2004 年第 5 期。
② 曾康霖、虞群娥：《论金融理论的创新》，《金融理论与实践》2001 年第 6 期。
③ 黄达：《金融——词义、学科、形势、方法及其他》，中国金融出版社 2001 年版，第 44 页。
④ 黄达等：《中国金融百科全书》，经济管理出版社 1990 年版，第 198 页。

4. 金融是一个产业、是一个"集合体"

"金融产业"概念在学术文献中经常出现,有相当数量的学者认为"金融是一个产业",如秦池江提出了"金融产业化"的理论,该理论的前提就是认为金融是一个产业。这一理论实际是在很大程度上主张借鉴一般的产业理论,同时,也结合金融业的特殊性来发展金融。从产业划分的角度,金融产业一般被笼统地划分在"第三产业"(也就是服务业)中,这一产业的最大特征在于"非生产性",只提供服务,不提供有形产品。也有学者将金融定义为具有同一属性的部门或企业,是一个集合体。曾康霖教授指出:"金融业是按照一定标准划分的同一属性的部门和企业,成为国民经济中的一个'集合体',自然就是国民经济中的产业。同样,金融学也要研究这一产业的内部结构,这一产业的发展趋势,这一产业与其他产业的关系,这一产业在推动经济发展和社会进步中怎样发挥作用。""小平同志说:'金融是现代经济的核心,金融搞好了一着棋活,全盘皆活。'对这句话的理解,要把握三个层次:(一)金融业是国民经济中的一类产业;(二)金融业在社会经济中是先导产业、风险产业和知识密集型产业;(三)金融业在社会经济中既能发生正面效应,又能发生负面效应"。①

金融如果是产业,那么,是否与工业、农业具有等同地位?有怎样的产业特征和发展规律?不仅值得商榷,还值得进一步讨论。正像秦池江教授自己说的那样:"金融业是一种产业,似乎没有多少争论;但金融业是不是一种独立的产业,金融产业有什么样的产业特征,还有待进一步讨论。承认金融是一种产业,如何运用和发展这种产业,则有一系列问题还没有解决"。②

无论如何,把金融视为一个普通产业而同其他产业相提并论,这种观点似乎有失偏颇,因为它忽视了金融活动除了需要具有实体形态的专门的金融机构运作外,还具有金融资产价值运动的虚拟性的特征,而这种虚拟性特征是与实体经济的构成要素和运行规律明显不

---

① 曾康霖:《论金融核心的定位及其效应》,《经济界》1999 年第 3 期。
② 秦池江:《论金融产业与金融产业政策》,《财贸经济》1995 年第 9 期。

同的。

5. 金融是以"货币索取权形式存在的资产的流通"

这是从金融的本质属性来认识金融的，是金融产权论。曾康霖教授认为："怎样给金融定义，需要从实际出发。现代金融从表现形式上说有：货币的借贷、兑换、买卖，款项的支付，票据的流通，证券的买卖，衍生工具的交换，实物的租赁，事物的保险，贵金属的交换等，尽管不同的形式有各自的特点，但它们都是一种资产，其价值都要以货币计量，其增值状况都以利息为尺度。并且，它们的活动形成了一个市场，进入市场的主体，既有企业又有个人，还有政府，活动的目的绝不仅是调剂货币资金的余缺，而是为了求得资产的流动性、安全性和营利性的最佳组合。所以，现代金融是以货币或货币索取权形式存在的资产的流通。这样定义金融，强调金融是市场行为，是人们资产的变换，是以利息为尺度的权利与义务的承诺。"[①] 白钦先教授具有同样的看法，认为："金融是人类社会财富的索取权，是货币化的社会资财"。[②]

认为金融是索取权代表，是对金融本质认识的一种升华。这种对金融本质的认识，指向是金融工具、金融资产或狭义金融产品的范围，即这一本质认识是不包括金融实体、金融运行和金融基础设施的，也就是说，不包括金融体系的全部。因为金融机构等金融实体不可能是一种索取权，它们是为实现金融运作并实现索取权提供基础支撑的。但是，无论如何，把金融定义为一种索取权，是对金融本质规定性的深刻揭示，是认识的巨大进步，尽管它仅仅局限于金融资产或者称其为金融工具视角，而没有金融资产或者金融工具便没有了金融活动，这已经进入了问题的实质。

6. 金融是稀缺的、战略性资源

白钦先教授提出了金融资源论。白钦先教授指出："金融是人类社会财富的索取权，是货币化的社会资财；金融是以货币形态表现的、具有'存量'形态的既联系现在与过去，也联系现在与未来的金

---

① 曾康霖、虞群娥：《论金融理论的创新》，《金融理论与实践》2001 年第 6 期。
② 白钦先等：《金融可持续发展研究导论》，中国金融出版社 2001 年版，第 126 页。

融存量的投入、消耗过程及相应的体制转变；金融是一种资源，是有限或稀缺的资源，是社会战略性资源。"[①] 金融资源论是从金融本质属性来认识金融的。在"金融"的外延上进行了大胆扩展，如除了认为金融是一种索取权外，还把金融体制、金融功能等都包括在金融资源范围内。指出：金融资源包括（1）基础性核心金融资源，即货币及货币资金资本[②]；（2）实体性中间金融资源[③]，即金融组织与金融工具、相应的制度与法规等；（3）整体功能性高层金融资源[④]，即金融活动各要素有机结合发挥的功效。白钦先教授认为金融资源同样存在着稀缺性，并指出，作为特殊资源，金融配置自身的同时也配置其他一切资源。

金融资源论要比金融产权论前进了一大步，因为金融资源论不仅承认和吸收了金融产权论的内容，还扩大了金融的外延，尤其是强调金融体制、金融功能也是资源，"即金融资源不仅包括资本或资金，而且包括与资本或资金紧密相关的其他金融要素，还包括资本或资金与其他相关金融要素相互作用、相互影响的功能"。[⑤] 金融本质的概括意义深刻，特别是其中关于金融功能作为金融资源中的整体功能性高层资源的理论难能可贵。总之，金融资源论，在对金融本质的认识上，除了认为金融最为本质和最为核心的内容是金融工具的价值流通与转让，或者说金融工具在市场上的价值交易与运动，因为离开了这一基本点，肯定是无法认识金融的；同时也承认了金融还包括其他一些非工具性的内容。因此，金融资源论是完整的金融本质论。

（二）国外对金融范畴的认识

在国外的主要发达国家，对金融的认识主要是从资本市场微观主体行为着眼的。随着金融在现代经济发展中的作用越来越大，从世界范围的角度，对金融的认识越来越趋向于在整体性上的把握。

研究表明，在西方学术界对"金融"一词的解释也是有争议的。

---

①　白钦先等：《金融可持续发展研究导论》，中国金融出版社 2001 年版，第 126 页。

②　同上书，第 72 页。

③　同上书，第 73 页。

④　同上书，第 74 页。

⑤　同上书，第 71 页。

从已有的文献来看，西方对"金融"一词的解释主要有三种口径。

1. 金融泛指货币收支活动

在"Oxford Webster"这类字典和一些百科全书中对 Finance 的解释是：monetary affairs，management of money，pecuniary resources……；前面加 public，是指财政，加 company、加 corporation、加 business，是指公司财务，等等。① 显然，在这种定义中，凡是与货币资金有关的活动都可用"金融"表示。这种对金融的界定相当宽泛，不仅包括我们所说的银行与非银行金融中介机构所发生的货币资金的收支活动，而且还包括国家财政、企业财务（公司理财）和个人货币收支。而财政、财务和个人收支，在我们这里是明确不能算作金融一部分的。此外，国外的 Finance 也有"Finance 学"或 Financial Economics 的含义。②

2. 金融是不确定环境中资源的跨时间配置

美国经济学家兹维·博迪（Zvi Bodie）和罗伯特·C. 莫顿（Robert C. Merton）在合著的《金融学》中，把金融学概括为"研究人们在不确定的环境中如何进行资源的时间配置的学科"③，这里的资源主要指家庭、企业等主体拥有的财产或财富。在这里，金融成为风险管理与财富保有形式的配置与决策工具和方式。

对此概念，中国学者曾康霖教授这样评价："不确定性是否在资源的其他配置中不会发生？我们认为其他资源的配置同样存在着不确定性，因为同样受市场'看不见的手'导向；在资源的其他配置中是否不存在成本收益比较的时间预测？我们认为同样存在，因为其他资源在不同的时间、空间中有不同的价值。所以，看起来这样给金融定义，也有界限不清楚、含义不精确和不规范的地方"。④

耶鲁大学陈志武教授对金融作为资源的跨期配置表达更明确，他指出："到今天，按照我的定义，金融的核心是跨时间、跨空间的价

---

① 黄达：《金融、金融学及其学科建设》，《当代经济科学》2001 年第 4 期。

② 同上。

③ ［美］兹维·博迪、罗伯特·C. 莫顿：《金融学》，欧阳颖等译，中国人民大学出版社 2000 年版，第 4 页。

④ 曾康霖、虞群娥：《论金融理论的创新》，《金融理论与实践》2001 年第 6 期。

值交换，所有涉及价值或者收入在不同时间、不同空间之间进行配置的交易都是金融交易，金融学就是研究跨时间、跨空间的价值交换为什么会出现、如何发生、怎样发展，等等。"① 陈志武教授的金融定义中，在指出金融是跨时间的价值交换这一点与博迪和莫顿的定义有相同之处。在指出金融学是研究价值的跨时空交换为什么会出现、如何发生、怎样发展等方面，要比博迪和莫顿的定义宽泛，但从微观的价值交换的角度定义金融的倾向比较明显。

3. 金融是"资本市场的运行，资本资产的供给与定价"

在《新帕尔格雷夫经济学大辞典》中"Finance"被定义为：The primary focus of finance is the working of the capital market and the supply and the pricing of capital assets。中文译本是"金融学最主要的研究对象是资本市场的运行，以及资本资产的供给和价格确定"。② 该辞典还指出"金融"的基本内容有四个方面，即有效率的市场；风险与收益；替代和套利；期权定价；公司金融。③ 显然，这仅仅是从金融运行微观角度界定的，而忽视了金融的宏观表现和效应，具有显著的微观金融特征。这和我国在更大程度侧重于从宏观角度来界定金融，差别是明显的。金融理论应当是囊括所有金融现象的一个完整而独立的体系，建立包括宏观、微观相统一的金融理论是十分必要和必需的。倘若只关注金融市场，金融理论难免会以偏概全、挂一漏万，从而忽略了许多其他金融要素之间的相互联系。

（三）简短评价

从我国看，现有对金融范畴的认识，一是有些定义更多地体现了金融发展的早期特点。二是黄达教授概括的定义也主要是反映了我国金融业发展的特点。三是《中国金融百科全书》中概括的金融定义太笼统。四是整体和宏观倾向。五是有的学者从行业区别的角度来看金融，比如认为金融是产业。六是金融现象论。七是金融本质论。特别是白钦先教授的金融资源论，对金融的本质的研究具有开创性的和高

---

① 陈志武：《金融的逻辑》，国际文化出版公司 2009 年版，第 2—3 页。

② 《新帕尔格雷夫经济学大辞典》第二卷，经济科学出版社 1992 年版，第 345 页。

③ 同上书，第 345 页。

度概括性的，非常值得关注和重视。

白钦先的金融资源论是在继承中外金融理论范畴的研究成果基础上提出的新金融观，是 21 世纪金融理论界创新性研究成果，该理论对现代经济发展对金融资源开发利用等科学合理配置具有指导意义和实践意义，对防范因为金融过度开发和利用有可能导致的金融危机具有指导意义，对国家和国际范围的制定金融可持续发展战略和决策提供了理论基础。

从国外对金融的范畴的理解来看，一是更能体现市场经济特别是资本市场比较发达条件下金融的业务特点。二是微观倾向，更能体现微观主体投资行为选择。三是只是反映部分业务特点。四是有的也从高度综合和抽象的角度来认识金融，尽管是微观倾向，比如博迪和莫顿。

国内国外比较来看，国内更多地侧重于宏观，国外更多侧重于微观。两者都是金融在各自特定的历史环境和经济发展阶段实践的产物，因此都有合理的因素。这些分歧也很难在短期内达成统一。至于是否可以从某个角度把这两个方面统一起来，还需要深入研究。

二　金融范畴再认识

金融究竟是什么？或者说金融究竟包括哪些内容？长期以来，在理论界一直存在争论。通过上面的分析可以看到，不同的人由于认识问题时站的角度不同、所处的环境不同以及历史阶段不同，会对金融产生不同的认识。这足以反映出金融本身的复杂性和金融对经济与社会的广泛的渗透性。所以，不能简单认为哪一些界定是正确的，哪一些界定是错误的，只能说明它们只是从某个侧面对金融进行了一定程度的概括，有的概括得片面些，有的概括得全面些。

（一）金融是一个历史的、多视角的、动态的、开放性的概念

金融是一个历史的、多视角的、动态的、开放性的概念。金融定义应该是建立在历史演进的基础上，既反映金融活动的现象，又反映金融活动本质的动态的、多视角的、开放意义上的定义。从这个意义上说，在我们构建金融边界理论之前，概括出一个较完整的反映金融全貌的定义，是必须首先完成的。白钦先教授指出：现代金融本身已经发展"成为包括银行金融、非银行金融、商业性金融与政策性金

融、证券与保险、期货与期权、直接金融与间接金融、长期金融与短期金融、全球金融与国别金融、宏观金融与微观金融、理论金融与实务金融、国内金融与国际金融、金融理论与政策、金融安全与金融主权、金融风险与金融危机、金融文化与教育、金融观念与金融意识等众多因素，并直接涉及经济与社会、财富与资源、财政与税务、政治与军事、内政与外交、国家主权与安全、科学与技术、实质经济与虚拟经济复杂的巨系统"。① 所以，现代金融几乎渗透到社会与经济的每一个方面，与社会发展和经济活动产生了复杂的个体与综合的关系。

上述对金融的不同角度的概括包含了不同的认识与内容。我们暂且不论这些争论的是与非，因为无论如何我们可以得出这样一个重要结论：金融本身的发展经历了一个从简单到复杂的过程，伴随着事物内容的变化，其理论意义上的内在规定性亦发生变化。有的学者甚至认为，"货币和金融的产生几乎是同步的"②，倘若建立在这种认识上的话，那么金融是一个从简单到复杂、由低级到高级的发展过程的论断则是毫无疑问的。还有学者也提出了类似观点，认为，"货币过程本身就是一种金融过程，所以，金融制度的成熟和完善就是货币制度的成熟和完善。人们对金融过程不断加深的认识是在对货币过程的长期观察的基础上完成的，对金融机制日趋完善的认识也是从不断发展的货币政策中汲取经验才得以实现的"。③

这就是为什么我们找不到一个放之四海而皆准的有关金融概念的原因。但是随着社会的发展，随着人类智慧的提高以及理论分析水平的提高，人们可能在更综合、更本质的层次上对金融有了深刻的认识。

我们在经典作家那里也无法找到一个早已设定好的有关金融的概念，因为金融本身是在发展着的。特别是随着近代生产力的高速发展，金融也获得了突飞猛进的发展，金融的内在规定性也有不同。出现这种情况的原因是与当时社会经济以及金融的发展程度有重要关系

---

① 白钦先：《百年金融的历史性变迁》，《国际金融研究》2003 年第 2 期。

② 窦晴身：《对"戈德史密斯之谜"的反思》，《经济学家》2001 年第 5 期。

③ 孙杰：《货币与金融——金融制度的国际比较》，社会科学文献出版社 1998 年版，第 11 页。

的，任何理论都不会无中生有地产生，尤其是有关人们经济生活方面的理论更是如此。在马克思的理论中，我们也找不到直接以"金融"命名的理论，因为"在马克思那个时代，还没有提出金融这一概念"①。但是，到了列宁时期，金融已经有了相当程度的发展，列宁也敏锐地看到了金融这一特殊的经济现象，及其对社会发展的深远意义。以功利主义和效用价值论为指导的现代西方经济学虽然对金融的各种现象进行了深入研究，也得出了许多有意义的结论和见解，但是就整体而言，他们的研究仍然非常零碎和不成体系。不从整体上和本质上把握金融就永远也不会得到科学的结论，被冠以"现代金融理论"的体系也只是所谓的资产定价模型以及相关的理论研究而已。这些理论在微观上有一定的使用价值，但是，在把握宏观问题上却具有很大的局限性，这反过来又使其在微观应用中弊端纷呈，因发明期权定价理论而获得1997年诺贝尔经济学奖的布莱克等人经营的长期资本管理公司的失败就是这一结论的最好注脚。不从整体上和本质上认识金融，得到的任何理论都是短命和缺乏科学性的，无论是定性研究还是定量研究都是如此。但是，在现代金融快速发展的背景下，我们仍需要对金融这一问题进行整体上和本质上的把握，因为这是建立科学的金融理论的前提。

（二）研究金融活动需要考虑的基本金融要素

要全面准确地概括出金融的定义，不仅需要将金融放在历史的进程中，用动态的、多视角的、开放性眼光，从现象到本质地概括之，还要掌握金融活动得以进行的基本要素，以把握金融范畴的外延。

仅从服务于本书研究的需要而简单概括一下金融活动得以进行的基本要素：

一是金融工具。金融工具是一切金融交易活动的客体，或者说金融活动的载体。包括货币和货币性有价证券和信用关系契约，如银行存单、票据、债券、股票以及各种衍生金融工具的标准合约等具有流动性的、可流通转让的有价证券。一般释义为信用关系的书面证明、债权债务的契约文书等。

---

① 曾康霖：《略论马克思关于金融作用于经济的理论》，《金融研究》2000年第7期。

金融工具又称金融资产、金融商品。金融工具与金融资产是一个问题的两个方面。金融工具是金融资产在市场交易中的表现形式，而金融资产则是从财富保有、存量角度对金融工具的考虑结果。也有学者认为，金融工具是从发行者或债务方的角度对金融流量的称呼，而金融资产是在债权方或财富保有角度对金融存量的称呼。

资产是任何具有交易价值的财产，或者说是建立在所有权关系基础上的，能够为所有者或投资者带来即期或远期收益的财产或权益。金融工具是从交易的角度而言，金融资产是从价值保有的角度而言。是一个问题的两个方面。本书若无特别指出，金融工具将被认为等同于金融资产、金融商品。

二是金融机构。包括市场型机构和管理型机构，其中前者是主体。市场型机构又称为经营性金融机构，包括银行及非银行金融机构；管理型机构又称为金融管理机构，包括货币管理当局和金融监管当局。从狭义上讲，主要指经营性金融机构，它们是具体开展金融工具交易活动的市场主体。

三是金融市场。开展金融工具交易活动形成的有形与无形的市场称为金融市场。金融市场囊括了金融工具——交易的客体，金融机构——开展交易活动的重要主体。广义的主体还包括个人、非金融机构的企业、社会组织和政府。开放经济条件下金融市场的主体还包括他国的金融机构、个人、企业、社会组织和政府。

"金融市场"也有广义和狭义之分，广义的金融市场是指金融商品交易的一切关系的综合，而在狭义上一般指资本市场，或者称其为证券市场。需要指出的是，"金融市场不是一个空间概念，而是货币和其他金融商品的供求体系。金融机构作为金融市场的主体应当是这一体系供求关系的孕育者、承担者和推动者。讨论金融机构与金融市场的关系，也就是考察市场主体与供求关系体系的关系。它们的关系是相互支撑的、互动的、互补的和相互替代的"。[①]

四是金融管理与调控，即管理性的金融机构依据国家宏观经济目

---

① 曾康霖：《金融机构的性质、理论支撑与市场的关系》，《财贸经济》2003 年第 7 期。

标，制定货币政策、执行货币政策、依法对金融机构与市场进行宏观调控和监督管理的活动。

鉴于金融市场微观主体对金融工具的运作需要运行规则，即依法运行等环境。微观主体存有突破金融法律的限制，进行金融创新以追求更大利益的冲动，因此需要管理。政府为实现宏观经济目标，有必要对基础货币的投放，利率的调整以及对微观主体依法经营进行管理等，因此形成了金融管理与调控的内容。

五是金融功能与效应。这是金融活动的归宿，即基于金融功能的发挥，是否达到了所追求的最终目标。金融功效体现在金融功能相对社会和经济发展对金融需求的最优化的发挥，从这个意义上说，金融功效和金融效率具有同等意义的概念。"金融功能的发展与金融的发展、经济的发展具有极大的相关性、协同性和一致性，是质性金融发展的直接结果和观测器。"[①] 白钦先、谭庆华（2006）把金融功能划分为四个具有递进关系的层次：（1）基础功能，即服务功能和中介功能。（2）核心功能，即资源配置功能。资源配置之所以成为核心功能，是因为金融的这一功能在金融功能体系中，能够直接引导价值运动，实现资源的有效配置。即资源配置功能主要通过金融体系的运作进行储蓄动员和项目选择从而达到资源配置的目的。根据白钦先、谭庆华（2006）的分析，把资源配置看作核心功能的理论依据是：第一，从经济学金融学最基本的意义上来说资源配置是中心议题。例如，萨缪尔森就把经济学定义为"研究在不同的选择之间如何配置资源的学科"，莫顿和博迪则把金融学定义为"研究人们在不确定的环境中如何进行资源的时间配置的学科"。第二，从经济运行的本质过程来看，经济首先是价值的生产和流动过程，金融在便利价值流动的基础上进一步便利价值的生产，并直接引导价值流动促进价值生产，而价值生产直接依赖于资源配置。第三，随着经济货币化的不断提高以及经济金融化的日益增进，最近一二十年金融逐步成为经济的核心，成为社会资源配置的主导与主体。第四，后续功能的扩展和提升从广义上来说都是为了提高资源配置效率，或者说是服务于资源配置

---

① 白钦先、谭庆华：《论金融功能演进与金融发展》，《金融研究》2006 年第 7 期。

功能的。（3）扩展功能，包括经济调节，风险规避。（4）衍生功能，包括风险交易、信息传递、公司治理、引导消费、区域协调、财富再分配。也可以概括为微观风险管理和宏观调节两类。风险管理主要包括风险交易、信息传递、公司治理等，而宏观调节主要包括财富再分配、引导消费、区域协调等。[①]

金融活动应该实现的目标，即金融功效或金融效率问题。这需要对金融功能加以研究，使其正向功能得以最大限度地发挥，防范和抑制金融负向功能的泛滥。正向功能得以最大限度地发挥，超过这个限度，金融负向功能便会抬头，得以泛滥。这个最大限度的边缘，即是金融边界。

（三）金融范畴外延

根据上述分析的金融活动包括的基本要素，本书理解的金融范畴外延比较广泛，包括金融活动的客体——货币和货币性金融工具及其价值运动；金融活动的广义主体——金融机构和参与投融资活动的社会组织和个人（包括国内与国外）；由金融客体和主体构成的金融市场活动；金融管理机构与监管、调控措施与政策；金融功能的发挥以及实现金融活动要达到的社会功效。总之，是指包括金融上层结构和金融基础与设施在内的与实体经济对应的范畴。其中，金融上层结构是指金融工具及其金融工具交易中的价值运动。金融"上层"这一说法借用了戈德史密斯在他的《金融结构与金融发展》一书中的提法，他说："在任何现代经济社会中，金融工具的上层结构总是与国民财富的基础结构共同存在、相互关联的。国民财富是经济中的实物资产，它既包括大自然的赐予（如荒地、林草、矿产、水源），也包括人类的劳动产品"[②]，他还说："从金融上层结构、金融交易以及国民财富、国民总收入基础结构两方面在数量规模和质量特点的变化中，我们就可以看出各国金融发展的差异。"[③] 金融的上层结构正是金融活动的本质体现，所有金融活动都是围绕金融工具及其价值运动展开

---

① 白钦先、谭庆华：《论金融功能演进与金融发展》，《金融研究》2006 年第 7 期。
② ［美］雷蒙德·W. 戈德史密斯：《金融结构与金融发展》，周朔等译，上海人民出版社 1994 年版，第 1—2 页。
③ 同上书，第 3 页。

的，其结果直接体现在金融功效上。金融基础即金融工具及其价值运动以外的金融要素。

也就是说，如果将金融从结构角度分层，可分为金融基础和金融上层两个部分。金融上层即金融工具及其交易；金融基础即金融基础与设施，包括制定和实施货币政策，金融监管和立法等，以及信息技术网络等支撑。

金融基础与设施，是金融活动的制度环境和技术支撑等保证条件。金融基础与设施是作为金融活动的支持系统出现的。从系统论的观点出发，金融基础与设施相当于金融活动的制度环境与技术支撑，是金融发挥功能作用的制度基础和技术设施，所以应该列入金融的内涵之中。世界银行的报告中指出："运行良好的金融体系需要金融基础设施的支撑"①，该报告还认为："金融基础设施：是指包括规则和体制在内的一个基本框架，居民和企业在此框架内进行规划、谈判和实施金融交易。因此，它包括法律和监督结构（包括规则与合同的履行机制）、监管资源及其操作、信息结构（例如，会计与审计规则及其实践、信贷管理、评级机构、公共登记机构等）、流动性便利、支付和证券清算系统以及交易系统（例如，证券交易和挂牌上市服务、交易规则、通信和信息平台等）。"②

（四）金融资源论对金融本质的认识

研究金融资产及其价值运动，构建金融边界理论，离不开对金融本质的认识，本书对金融本质的认识，归属于金融资源论范畴。

范畴是对事物的本质规定。金融范畴的本质规定是什么？白钦先的"金融资源论"符合揭示事物的本质规定性的范畴界定的要求，即揭示了金融是服务于实体经济的资源和资源配置机制的本质规定性。白钦先的"金融资源论"将金融视为相对自然资源的社会性资源，内涵如下③：

第一，基础性核心金融资源，即广义的货币资本或资金，是金融

① 世界银行：《金融与增长：动荡条件下的政策选择》，经济科学出版社 2001 年版，第 34 页。

② 同上书，第 79 页。

③ 白钦先等：《金融可持续发展研究导论》，中国金融出版社 2001 年版，第 72 页。

资源的最基本层次。货币资本或资金，是金融资源的微观层次，或者基础层次。在特定时期和范围内，货币资本或资金，其存量与质量，受客观经济环境和条件的严格限制，货币资金或资本短缺，会严重制约社会与经济的发展，但是，在特定时期和范围内，货币资本或资金，超过经济发展的需要，也会产生严重问题。

第二，实体性中间金融资源。实体性中间金融资源是金融资源的中间层次，包括金融组织体系和金融工具体系两大类，大体与戈德史密斯所称的金融结构一致。金融组织体系包括各种银行机构、非银行金融机构、各种金融市场以及各种规范金融活动的法律、法规等；金融工具体系包括所有传统和创新金融工具。一方面，金融组织体系为货币资本或资金借贷和运动提供了外部环境，金融工具是货币资本或资金借贷和运动的载体；另一方面，只有借助于金融组织体系和金融工具体系，金融的各种功能才可能得以实现。因此，金融组织体系与金融工具体系构成了金融资源的实体性中间金融资源。要发挥对经济发展的积极推动作用，实体性中间金融资源需保持一个合理的结构。

第三，整体功能性高层金融资源。金融资源的最高层次，是货币资金运动与金融体系、金融体系各组成部分之间相互作用、相互影响的结果。一国一定时期的货币资本或资金存量和现存金融组织体系和金融工具体系是金融资源的"硬件"方面，金融总体功能则是金融资源的"软件"。因此，金融资源能否有效发挥促进经济发展的作用不但有赖于一定的货币资金存量：完整健康的金融组织体系和金融工具体系，而且有赖于建立在货币资金存量与金融组织体系和金融工具体系基础之上的金融总体功能的发挥。

从这里看出，白钦先的"金融资源论"强调了"金融工具体系"、"金融机构体系和金融市场以及各种规范金融活动的法律、法规等金融基础设施"以及"金融工具运动发挥的功能与实体经济的关联和实效"三个方面。

从选题研究的意义上，本书研究的对象——金融资产价值偏离实体经济产出的约束边界（简称金融边界），实际上主要是针对金融资源中的"一国一定时期的货币资本或资金存量"、"金融工具体系"以及"金融工具的运动和运动发挥的作用或效果"来说的，金融组织体系在研究中起辅助作用。

（五）本书使用的金融范畴

金融是一个历史范畴。从早期以货币产生为起点，货币作为交易媒介、价值尺度发展到具有价值储藏、支付手段的功能，再发展到货币资金的借贷，货币成为社会生产必不可少的要素，货币投入到实体经济中去，产生经济利润，因而货币转化成为资本。以货币的借贷为特征的金融活动，成为货币这种生产性要素的配置活动，因此，金融活动的内核——货币，成为一种资源，是生产性的资源。货币资源是生产性的，一开始就和实体经济相联系。由于货币是一般等价物，必须服从于经济发行的发行纪律约束，才能足值地实现它的购买能力和财富的索取权。经济发行是有限的，有限的货币资源成为争夺的对象。因而赋予了货币的稀缺性的特征。这种稀缺性是在经济发行的约束条件下产生的，放开这一约束条件，便不再稀缺，因而也失去了货币的购买能力和索取权，货币不成其为原本意义上的货币，不再是一般等价物，货币自身就失去了存在的意义。社会将回到物物交换的时代。

在经济发行约束条件下，促成货币资源配置的有效运行成为一种需要。这需要一系列的制度安排。这种制度安排就称其为金融安排。一个经济体是否有金融安排，金融安排是否健全、金融功能的发挥是否有效率，也就成为其经济发展的制度保障资源，它是一个广义上的货币资源配置上的资源范畴。本书在使用金融资源概念时，有时是指狭义的货币或货币性金融资产资源，有时是指广义的金融资源，这在行文阐述时便会指向很明确。

本书是基于金融体系论、金融资源论和金融产权论界定金融的范畴和认识金融本质的。

第一，金融是个系统工程。研究金融活动必须考虑的基本要素构成了金融范畴的全部内涵，包括金融上层结构和金融基础与设施在内的与实体经济相对应的范畴，可以用金融体系论或系统论来概括。由于没有货币和货币性金融工具及其市场配置中的价值运动，一切金融活动便无从谈起。因此，货币和货币性金融工具及其市场配置中的价值运动是金融的"内核"，金融基础与设施是服务于货币和货币性金融工具及其市场配置中的价值运动的金融"外围"要素。金融"外围"与"内核"相互作用，其结果直接体现在金融功效上。因此，在金融范畴的界定上，广义的金融是指金融是一个体系。狭义的金融专指货币和货币性金融工具及其市场配置中的价值运动。

第二，金融的本质是服务于实体经济的资源和资源配置机制。

第三，金融核心资源的本质是财富索取权的价值表现。金融是一种资源，既是生产性的资源，又是对生产的成果——商品和劳务具有索取权的资源。总之，是联系生产、交换、分配和消费全过程的资源。白钦先教授指出，金融是资源，但具有特殊性，即金融资源在配置自身的同时也配置了其他一切资源。这一点，主要是指狭义的金融——金融的"内核"，或者"上层"——货币和货币性金融资产及其市场配置中的价值运动。因为金融最为本质和最为核心的内容是货币和货币性金融工具的价值流通与转让，或者说是货币和货币性金融工具在市场上的价值交易与运动，离开了这一基本点，肯定是无法认识金融的。也正是这一点，金融资源与金融产权结合在一起，共同揭示了金融的资源本质和索取权本质。即在本质规定性上：金融核心资源是对未来收益的索取权（包括本金偿付）的价值表现。金融是特殊资源，配置了自身的同时也配置了其他一切资源（实质仍然是索取权的价值表现），谁持有货币或货币性金融资产，谁就持有了财富，或持有了能够创造财富的资源。曾康霖教授指出"现代金融是以货币或货币索取权形式存在的资产的流通。这样定义金融，强调金融是市场行为，是人们资产的变换，是以利息为尺度的权利与义务的承诺"（曾康霖、虞群娥，2001）。[1] 白钦先、崔满红教授（1999，2001）也指出：金融是人类社会财富的索取权，是货币化的社会资财。因此，本书认为，货币直接就是一般等价物，国际储备货币是在世界范围内索取资源的一般等价物。货币性金融资产一旦折现，亦成为一般等价物。所谓金融资产正是建立在所有权关系基础上，能够为所有者或持有者带来即期或远期收益的财产或权益，比如债券和股票等。金融资产对自身带来的未来收益有要求权，即金融资产在运动中具有价值增

---

[1]　曾康霖、虞群娥：《论金融理论的创新》，《金融理论与实践》2001 年第 6 期。

值的能力。因此，金融资源论与金融产权论一起，构成了金融本质论。这是我们对狭义金融范畴的理解，狭义的金融范畴其金融资源的配置和对其他资源索取权的实现，离不开广义的金融范畴中的配置机制的作用。这是构建金融边界理论的理论基础。

综上所述，基于金融体系论、金融资源论和金融本质论完整意义上的金融范畴的界定可表述为：金融是行为主体在市场制度安排和宏观调控机制的作用下，对作为财富索取权的价值表现和对其他资源具有配置功能的特殊资源——货币和货币性信用工具，通过货币借贷、信用工具的流通转让和价值形态的转换等形式，对社会生产和生活进行资源配置和财富管理的信用活动，其目的是以此推动经济增长、货币和货币性信用工具自身价值增值、协调社会生产和生活持续、健康、稳定发展。本书理解的完整意义上的金融内涵及其相互关系如图3-1所示。

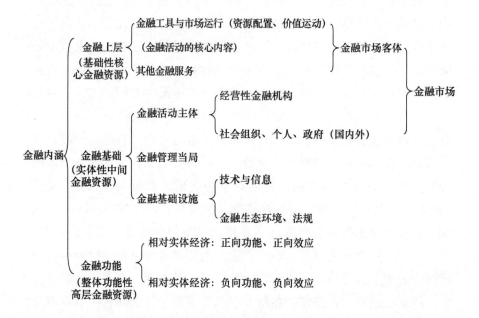

图3-1 金融内涵

第二节　金融与实体经济的关系：基于
金融本源与归宿的认识

金融边界理论是关于金融可以偏离实体经济有多远的约束边界的理论。这需要切实搞清楚金融在实体经济中所处的地位是怎样的，金融从哪里来又向何处去？才能回答金融可不可以偏离实体经济，以及可以偏离实体经济有多远的金融发展约束边界问题。

一　金融与实体经济的关系：金融产生于实体经济，回归于实体经济

金融从产生起，就注定了和它的母体——实体经济的矛盾地位。但无论金融生长多么强大，无论它怎样与起初面目全非，无论它怎样凌驾于实体经济之上，无论它怎样向实体经济发号施令，甚至偏离实体经济独自发展，最终，金融是依赖实体经济的，金融是为实体经济服务的。实体经济不仅是金融发展的基础，而且始终是经济发展的核心要求，是人类社会发展的最终目的，金融无论发展到哪里，最终是要回归实体经济原形的，这一点，才是金融活动可持续发展的根源所在。

在金融与经济关系上，本书观点是：第一，金融产生于实体经济发展的内在需要，没有实体经济便没有金融。因此，实体经济对金融起基础性作用。第二，从地位分层的角度说，实体经济是基础，金融活动是上层。处于上层地位的金融，对实体经济的发展具有反作用，这种反作用从资源配置的角度看，已经成为现代经济发展的核心资源和配置机制，成为经济发展的第一推动力。第三，作为金融内核的金融资产，无论是以货币形式表示还是以非货币形式表示，人们保有它不是目的，而是手段。目的是使用货币换取商品和劳务，满足人们的使用价值。所以，金融最终要回归于实体经济。从一时期静态来看，货币应该是足值的商品和劳务的购买能力的价值表现，以货币形式表现的金融资产价值应该和实体经济产出的价值保持等量。

二　金融本源——产生于实体经济发展的内在需要

金融不是人类社会一开始就产生的。金融是一个历史范畴，它是商品经济发展到一定阶段的产物。而作为一种有意识的金融制度安排更是经济进一步发展的产物。

当社会有了分工，产品有了剩余，便利交换的需要以及供给与需求的不同步，产生了货币和信用——最早期的金融。当生产性企业从事简单再生产的需要，对生产性资源配置的需要，产生了信用借贷需求，专门从事信用借贷的企业——早期的间接融资机构——商业银行得以产生。当社会经济的进一步发展，企业生产不断扩大，对资金需求仅仅依靠简单的银行信贷间接融资不能得到满足，在社会产权制度不断完善基础上，企业所有权和经营权的分离得以实现，产生了股份公司，股票等金融工具的发行促进了直接融资的金融市场的产生和发展。在货币、信贷、金融机构、金融市场产生和发展的过程中，伴随着市场对金融服务的竞争，早期简单的商业银行演变成现代的"金融百货公司"，金融业务不断发展和扩大，金融工具和金融方式不断创新。随着经济发展，时代的进步，社会生活和经济生产对金融服务的需求越来越多，促进了现代化金融业和金融市场的形成。在现代，社会分工的全球化，经济的全球化促进了金融的全球化，国际金融不断发展壮大。所有这些，都体现了经济对金融的基础性作用，有学者称这是金融对经济的"适应性"。①

金融对经济的"适应性"，即经济对金融的基础性作用可以从以下方面来分析。

(一) 金融的起源——货币产生于商品交换的需要

从金融的内核——货币发展史看，货币从实物货币（其中包括实物货币的高级形态贵金属本位币），到可兑现的信用货币，再到不可兑现的信用货币（包括无形的电子货币），每一步发展都是由于经济发展的需要而产生，也由于经济发展的需要而更替的。历史上曾经用来充当货币的各种实物商品，都与当时当地的社会经济生产和生活环境紧密相关。历史发展到 20 世纪 70 年代，由于现代经济的巨大规模，贵金属开采的有限，贵金属本位币的价值量与经济贸易成比例的

---

① 王广谦：《经济发展中金融的贡献与效率》，中国人民大学出版社 1997 年版，第 12、20 页。

等价关系不能维持，所以各国最终放弃金本位的"黄金的桎梏"，而采用了无须贵金属做准备的不可兑现的信用货币（以下简称信用货币）供应机制。信用货币是纯粹的价值符号，自身没有内在价值，却被政府赋权，虚拟为具有给定的价值量，能够交换等值的实物商品和劳务。然而，这种虚拟的信用货币不可以无限发行，它的发行底线是经济发展的可能性。这就是各国货币发行制度"经济发行"的特定含义。这就是为什么在中央银行的资产负债表上，投放的基础货币是对社会公众的负债，因为政府要承诺向社会提供等量的实物商品和劳务。否则，这种信用货币将不再有"信用"，而被打回"原形"，废纸一张。用经济学术语表示，就是：纸币的发行，超过市场流通中商品交易对货币的需要量，通货膨胀便会发生。而在严重的通货膨胀下，社会将回到物物交换的时代，货币金融将不复存在。

（二）经济发展的需要使金融功能得以提升和扩展

从金融对经济融资功能看，无论从金融产品抑或是融资形式来分析，金融的每一步发展都是建立在经济的需要上。社会需要什么样的金融服务，金融就供给什么服务。这一点从金融工具的创新和融资模式的创新，以及金融功能的提升与扩展得到充分的说明。伴随经济发展对融资功能的需要，金融工具不断创新，不仅是经济发展演化出了现金形式的信用货币，非现金形式的货币性工具不断涌现，商业票据、债券、股票，以及在此基础上衍生的各种金融工具，资产的证券化等，都是满足经济发展对融资的需要，提高融资效率而产生的。而且，从金融方式与制度的角度分析，从早期的以银行为主的间接融资方式和相应建立起来的银行管理体制，到逐渐发展起来的，在现代市场融资方式中不可或缺的直接融资方式的出现，以及集银行、证券、保险、信托、租赁等为一体的大金融体制的建立，都是源于现代经济发展的需要。金融功能从早期的简单的信用中介，到资源配置，再到宏观经济调控和风险管理，从国内延伸到国外，都是由于经济发展的需要才提升和扩展的。正如白钦先教授指出的："在特定的历史时期某些金融功能是潜在的，只是当社会的经济技术水平发展到一定程度才有了对那些功能的需求，也才有了那些功能发挥作用的历史舞台，那些金融功能也才逐步由潜在变为现实。当然，金融功能演进的现实基础是金融体系由萌芽到成型到复杂化的发展，以及商品经济的发展特别是市场经济的普遍持续高度发展"。①

伴随经济发展，金融功能不断提升，不断拓展。白钦先教授指出："所谓功能，简单地理解，就是功效、效用、效应、效能或作用。金融功能具有客观性、稳定性、层次性和稀缺性四大基本特征。它比其他金融要素例如机构与工具等更难能、更难成、更难得，从而更稀缺，它比其他金融要素更具稳定性，更适于长期观察与整体把握，它比其他金融要素更具客观性，更少受人的主观意志影响与控制。从某种意义上讲，它是一个相对稳定的量或一种状态，它会自动剔除一切可计量的与不可计量的、已知的与未知的影响因素，它是扣除了一切成本、消耗、摩擦、不适应、不协调、不吻合、不耦合以后的'净剩余'、'净结果'，因而它具有更大的客观性，从而从功能的角度较之其他角度观察与研究金融发展与经济发展问题就更具优越性和准确性。"② 白钦先教授在历史考察视角下，论证了金融功能不断扩展和提升的演进过程，即从基础功能，到核心功能，到扩展功能再到衍生功能，显示出一种递进关系，即在前面功能的基础上当经济金融发展到一定程度，后面功能的重要性才逐步显现。在简单的商品经济时代，金融体系开始萌芽，基础功能得以显现。在商品经济扩大的时期，金融体系逐渐形成，主导功能得以显现。伴随着经济金融化、金融全球化和金融自由化的发展，金融体系日益复杂化，出现了衍生功能。根据历史的考察，可以给出以货币为起点的金融功能演进路线图，如图3－2所示。

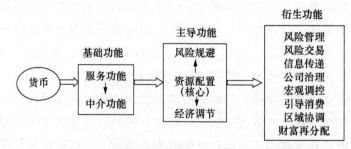

图3－2　伴随经济发展的金融功能演进路线

---

① 白钦先、谭庆华：《论金融功能演进与金融发展》，《金融研究》2006 年第 7 期。
② 同上。

（三）经济发展的需要使金融市场得以产生

从金融市场发展与演进来看，金融市场的发展不论从规模还是种类，都与经济发展是分不开的，都受到经济发展的决定。封建社会的分散的、落后的小农经济和自然经济形态，其商品市场是分散的、落后的，所以古代的融资场所也是分散的、落后的。近代社会随着资本主义经济的发展，民族市场的形成，金融市场也逐渐形成，主要表现在一个国家，或者一个国家的主要经济区域会形成一个平均的金融产品价格，金融产品的收益率也会趋于一致。而且有一个共同的规律就是金融产品的价格不能高于平均利润率，因为产业资本决定借贷资本，尽管影响借贷资本价格形成的因素也受市场供给与需求影响，但影响供给和需求的因素说到底还是来自对市场经济的判断。非理性判断造成的暂时的偏离最终会回到平均水平，因此，产业资本收益率决定借贷资本利率水平的本质不会改变。正是国际贸易的发展，带动了国际金融市场的形成。国际贸易形式的不断变化，也带动了国际金融工具的创新和市场运行机制的创新与发展。

总之，从本源看，金融的产生、存在与发展依赖于两个必要条件：一是经济的货币化和信用化；二是市场经济价值交换制度。正如货币的产生源于社会的分工和交换制度一样，没有经济发展需要便没有金融的产生与发展，离开了经济，金融便成为无源之水，无本之木。

三 金融对实体经济的反作用

金融对经济的反作用是在金融适应经济发展需要而产生的同时就产生了。就像货币的产生提高了商品交换的效率一样，金融对经济的反作用，和金融的产生相伴而来。金融对经济的反作用，可以从金融功能的历史演进谈起。鉴于本书研究的主题是金融发展的约束边界，为服从主题研究的需要，在这里，仅作简单的概括。

（一）金融对实体经济的主动性作用

为适应经济发展，金融的功能不断发挥，当金融活动的内核——货币的形态演变成可兑现的信用货币，银行信贷开始对实体经济提供资金支持的时候，金融成为促进经济发展的重要推动力，金融的作用就从"适用性的力量"变为"主动性的力量"①，这是金融对经济的能动性作用，或者称为金融对经济的"主动性"。②

（二）金融对实体经济的主导性作用

第二次世界大战以后世界经济的起飞，布雷顿森林体系的崩溃，信用货币与黄金脱钩，不可兑现的或者说完整意义上的信用货币制度的建立，使银行对信用货币的创造突破了原有贵金属数量限制，意味着"信用货币可以在生产潜力允许的条件下先于生产而出现在经济生活中并带动经济的发展。这时，金融对经济的推动作用便从'主动性的'转变为'先导性的'"。③ 这是金融发展史上质的飞跃。正是在这个意义上，"金融与经济的主要矛盾从货币供给不足转移到货币供给可能过度增长上来，因此，以调节货币供给为中心的金融政策成为国际经济发展中最为重要的政策之一"。④ 现代经济中，作为特殊资源，金融在配置自身的同时，也实现了对其他资源的配置。正是在这个意义上，金融成为经济社会发展中最主要的资源配置方式，并成为现代经济的核心。

在现代社会经济生活中，由于金融的巨大发展，金融已经成为一个巨大的综合性产业，一个最重要的社会资源分配机制，金融与经济的关系，更多地表现为金融的主导性，即金融资源对经济社会的控制力的加强。这与以往传统社会的金融作用有很大的不同。这表现在金融的正向功能和负向功能方面。

（三）金融凌驾于实体经济之上自我发展

第一，从现代信用货币供应机制对经济的控制看。这可以从国内和国际货币市场两个方面分析。

从国内货币市场来看，由于现代信用货币供应机制完全脱离金属货币商品的束缚，所以，现代国家完全可以操纵信用货币，来实现宏观经济政策目标。更为重要的是，现代金融创新，市场的力量产生大

---

① 王广谦：《经济发展中金融的贡献与效率》，中国人民大学出版社 1997 年版，第 30 页。

② 同上书，第 21、30 页。

③ 同上书，第 36 页。

④ 同上书，第 43 页。

量的金融工具，代替信用货币，或者成为信用货币的一部分，在这种情形下，金融甚至有摆脱国家的控制的倾向，形成经济金融化的趋势。

从国际货币市场来看，世界货币供应机制更多地受到美元的操纵，美元的强势地位难以在短期改变，所以，美元的盛衰甚至影响世界经济的盛衰。

第二，全球经济受控于全球金融资本的意志。发达国家的金融资本不但左右各国的政治，而且左右各国的经济生活。金融资本根据自己的谋利原则，驱动资本流向最有利于自己的产业、领域，在这里，决定资本流向的不单单是，甚至不是经济的合理性，而是金融资本的意志。战争、暗杀、颠覆、阴谋，甚至金融危机都不过是金融资本的手段而已。世界经济资源争夺战是通过金融资源争夺的无硝烟的战争进行的。世界历史就像陈雨露讲的那样"世界是部金融史"（陈雨露，2013）。

第三，金融对经济的主导性作用还表现在金融可以凌驾于实体经济之上而独自发展，发展的极端后果导致金融危机的发生。2007年美国次贷危机就是在资产证券化融资模式下，金融衍生工具像脱缰野马无所羁绊造成的。在脱离实体经济依托的情况下，金融资产价格泡沫破裂，金融资产价格下跌就像溃堤的洪水，一发不可收拾，金融危机随之到来。

四　金融回归实体经济的内在规定性

无论金融偏离实体经济独自发展到哪里，终归要回归实体经济本源的。这是金融的内在规定性决定的。

金融的内核——货币，是金融的起源，又是金融的归宿。综观一切经济行为，其价值均用货币衡量，人们以货币形式保有收入所得，或者是用货币购买能够增值的非货币性金融资产。人们保有金融资产不是目的，目的是希望金融资产能够带来更多的货币，因为金融资产追求的是未来的现金流，未来的现金流是要折现的，现实的货币才能实现人们现实的购买力，即人们保有金融资产的目的，是追求金融的索取权的实现。所以，金融回归实体经济，是金融逃不过的归宿。正是在这个意义上，金融脱离实体经济独自前行，无论走多远，总是要回头的。

问题是，金融脱离实体经济走得太远，就像断了线的风筝，恐怕一去不复返了，因为这时，金融资产价值膨胀已经远远超过实体经济的真正价值，金融资产价值过度膨胀，出现资产价值泡沫，使折现的信用链条中断，信用危机导致金融危机到来。这就是马克思在《资本论》中阐述的："在信用收缩或完全停止的紧迫时期，货币将会突然作为唯一的支付手段和真正的价值存在，绝对地和商品相对立。因此，商品会全面跌价，并且难于甚至不可能转化为货币，就是说，难于甚至不可能转化为它们自己的纯粹幻想的形式。但是，另一方面，信用货币本身只有在它的名义价值额上绝对代表现实货币时，才是货币。"① 所以，危机发生时，面对价值迅速膨胀的金融资产，人们开始怀疑其已偏离真实的市场价值，便会产生抛售金融资产，渴望将其迅速转换成货币形式来保有。当人们纷纷采取这样行动时，恰恰加速了金融资产市场价值的下跌速度，这种情况的发生又进一步刺激了人们抛售金融资产追逐流动性的动机和欲望。最终在恶性循环中形成金融资产的抛售狂潮。金融危机发生的逻辑就是这样。这就是本书要研究的金融资产价值膨胀是有约束边界的。否则，金融无所依托之际，便是金融危机到来之时。

以上的论述也可以这样表述：金融发展受经济发展的可能性制约，这是金融资源对经济需求的配置，以及金融又反过来实现对经济的索取权的本性决定的。金融资源的内核——货币，是新一轮经济活动的开始必备的资源配置要素，又是经济活动结果的价值表现。金融资产的变现和取得的过程，它是金融活动的起点和目的。金融资产和实体资产关系是：金融资产要求实体化——是保有金融资产的目的；实体资产要求金融化，即资产信贷化、资产证券化——保有金融资产的手段，即通过追求资产盘活，以证券化形式在市场中流通转让，追求资产的流动性，即对变现的追求。这是周而复始的手段、目的的回归。实体经济金融化，金融化再回归货币化，货币化再回归实体经济，这种转化链条周而复始螺旋上升不间断，金融经济和实体经济才

---

① 《资本论》第三卷，人民出版社 1975 年版，第 585 页。

能可持续发展。金融与实体经济关系如图 3 - 3 所示。

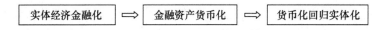

图 3 - 3 金融与实体经济关系

从实体经济金融化的目的出发，金融与实体资产的关系可以如图 3 - 4 所示。

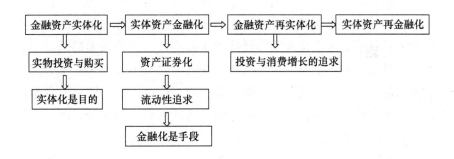

图 3 - 4 金融与实体资产关系

总之，金融服务于经济发展的需要会出现三种情况：一是金融发展程度适合经济发展需要；二是金融发展的程度滞后于经济发展的需要；三是金融发展的程度超前于经济发展的需要。超前经济发展的需要又有两种情况：一是适度超前；二是过度超前。

第三节 "金融边界"的客观存在性

金融边界理论要研究的核心是金融与实体经济关系。这一核心所要解决的关键问题是：第一，金融适应实体经济发展的需要，可以增进实体经济的效率，有利于社会财富的创造。第二，金融过度偏离实体经济发展的需要，会干扰、阻碍实体经济的运行，产生经济泡沫，导致金融危机、经济危机乃至社会危机。因此，我们首先关注的是金融偏离实体经济是否具有约束边界。

一　金融边界理论研究中具体指向的金融对象

黄达教授曾指出："讨论问题时,事前交代一下,自己所使用的口径,或冷静分析一下对方所使用的口径就可以了。实质性的探讨并不会由于这类问题而受到梗阻。"① 曾康霖教授也表达了类似观点,他曾说:"怎样给金融定义,需要从实际出发"。②

本书主要从两个角度切入,一个是金融支持经济增长的角度,金融资产价值膨胀不能过度超过实体经济增长对货币性金融资产提供的价值量的需求;另一个是从货币作为社会财富的索取权的角度,以货币形态(包括有价证券等非货币形态金融资产折现后)表现的金融资产价值总量不能过度偏离实体经济的实际产出以价值表示的总量。过度与不过度,有个触及的边界问题。在这个意义上,本书主要研究金融活动的内核——金融资产价值总量问题。所以,本书使用的金融范畴,指本书理解的完整意义上的金融范畴的最核心的部分,即与实体经济联系的最紧密的部分——金融资产及其价值运动。

金融资产以及价值运动不是孤立的,它的运行依赖于金融活动的外壳——金融运行的管理与制度安排等,因此,研究中涉及除了金融的内核——金融资产及其价值运动以外的金融管理与调控等内容,因为,没有金融运行的管理与制度安排等金融基础与实施这个外壳的建设,金融内核的健康发育和成长也是不可能的。

基于本书研究的金融边界的主题所主要指向的对象——金融资产及其价值运动,从这个内核出发,在深刻理解金融的本质的前提下,探寻金融与实体经济的关系,并从宏观上找出金融发展可以偏离实体经济有多远的金融发展约束边界,并基于边界的视角提出金融管理与调控的合理建议。

二　"金融边界"的客观存在性

(一) 金融的本质属性决定了"金融边界"的客观存在性

从金融本质论视角分析,"金融边界"具有客观存在性。金融本

---

① 黄达:《金融——词义、学科、形势、方法及其他》,中国金融出版社 2001 年版,第 11 页。

② 曾康霖等:《论金融理论的创新》,《金融理论与实践》2001 年第 6 期。

质论是建立在实体经济决定论基础上，即金融是为实体经济服务的。金融是作为资源本身和对其他资源的配置机制服务于实体经济的。金融不是目的，金融是机制、是手段、是工具。金融活动通过对金融资源的合理配置促进实体经济产出的增长，实体经济产出的增长才是人类社会追求的目的。金融资产是金融资源配置的标的物。金融资产的所有者对金融资产能够带来的未来的收益具有要求权，这种要求权的实现取决于实体经济的实际产出所带来的价值增值。同时，货币和货币性金融资产作为财富资源本身和对其他生产、生活资源具有的配置能力是在一定条件下才能实现的，即在特定时期或时点上，在币值稳定的前提下，货币和货币性金融资产其价值总量要与实体经济产品和劳务价值总量相匹配。即在特定时期或时点上，货币和货币性金融资产价值表现在总量上，受实体经济产出价值总量决定，具有受实体经济产出价值总量边界约束的特征，突破了总量边界约束，不仅货币和货币性金融资产的资源配置能力在宏观上得不到充分实现，金融资产的所有者对金融资产能够带来的未来的收益具有的要求权，在微观层面上也得不到足值的实现。

货币和货币性金融资源对其他生产、生活资源具有的配置能力，是通过对商品和劳务的购买能力体现出来的。购买能力包含对货币和货币性金融资产价值稳定的要求，即金融资产的价值受实体经济的产出价值决定，货币经济发行。

金融本质论，不仅反映了金融资产价值受实体经济产出价值决定的特征，同时反映了货币性金融资产通过折现转化为货币，能够实现对其他生产和生活资源的购买能力。因为货币是国家依法经济发行，向社会公众承诺持币者能够购买到足值的商品和劳务。商品和劳务，我们也可以用社会创造的财富来表示。因此，可以将货币和货币性金融资产表述为社会财富的索取权的价值表现。所以，建立在金融与实体经济的关系基础上的金融本质论是指金融不仅是作为社会财富增长的重要资源，而且是配置其他社会生产、生活资源的特殊资源，是配置其他社会生产、生活资源的机制、手段、工具；对金融资源的追求，不是人类社会追求的最终目的，在金融资源合理配置下实体经济产出的增长，才是人类社会追求的最终目的。换句话说，拥有人类社会持续存在和发展的社会简单再生产和扩大再生产所必需的实物资源、技术资源和人力资源，以及人类日常生活必需的物质和精神等资源，才是金融资源配置的目的。虽然在一定时期和一定程度上，金融资源配置可以凌驾于实体经济之上制约实体经济的发展，但最终还是受实体经济发展的需要决定的。相对实体经济发展的需要，金融资源配置不足和过度，都会影响实体经济持续、健康、稳定发展。

因此，金融相对实体经济发展有个约束边界，边界之内是不足，边界之外是过度，边界之上才是适度的或最优的。

（二）金融资源配置过程决定了金融边界的客观存在性

现代生产与消费的经济社会发展过程中，金融发挥资源配置作用的过程决定了金融边界的客观存在性。

现代社会经济发展中，实体经济的产出是从货币资源配置出发的，经过生产过程的产出或经营服务环节，其产品或服务在社会中交换出去进入消费领域，然后以货币价值增值形态回归社会再生产的出发点。即现代社会再生产的持续进行，是货币与产出价值不断转换的过程：货币资源配置→其他资源配置→生产加工或经营→产品和服务的社会交换并消费→增值了的货币价值的回归→货币资源再配置……增值了的货币价值的再回归，等等。这种形式循环往复螺旋上升，促使社会生产、生活可持续进行。出发形态的货币是以资源配置的价值形态表现的，货币配置了自身的同时也配置了其他社会生产资源；回归形态的货币是以实体经济产出（GDP）的实物形态价值计算，并以收入形式，收入又用货币表示的形态出现的。现代社会经济发展就是以这种从货币出发又以货币结束，即货币资产实物化，实物资产货币化这种循环往复螺旋上升的形式运行的。一方面，体现了金融在现代经济中的核心地位，即金融对实体经济的资源配置作用，货币和货币性金融资产是社会生产不可或缺的资源；另一方面，反映了货币和货币性金融资产是社会财富（实物 GDP）的索取权的价值表现的本质。货币索取权行使体现在足值的实物商品和劳务购买能力上，否则是货币发行者的信用违约。在这个意义上，从一国一时期封闭经济静态考虑，以货币形态表现的金融价值总量要与实体经济的实际产出以价值表示的总量相等或相匹配。① 如果将整个世界看作是一个经济体，立足于一时期静态分析，结论也是适用的。

从金融资源配置拉动实体经济增长的动态角度，现代经济发展从货币出发又回归货币的周而复始循环线路图如图 3-5 所示。

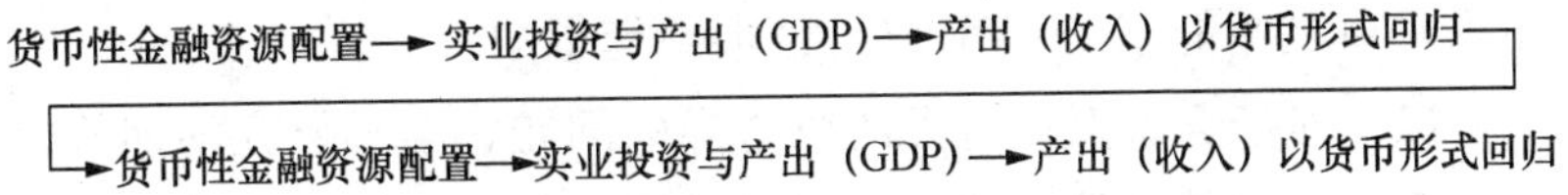

货币性金融资源配置——→实业投资与产出（GDP）——→产出（收入）以货币形式回归——┐
┌←——┘
└——→货币性金融资源配置——→实业投资与产出（GDP）——→产出（收入）以货币形式回归

图 3-5 现代经济从货币出发又回归货币流程

从金融资产作为财富索取权的静态角度，即价值回归来看，以货币形态表现的金融资产价值总量，要与实体经济产出以货币不变价格表示的价值总量相等，如图 3-6 所示。

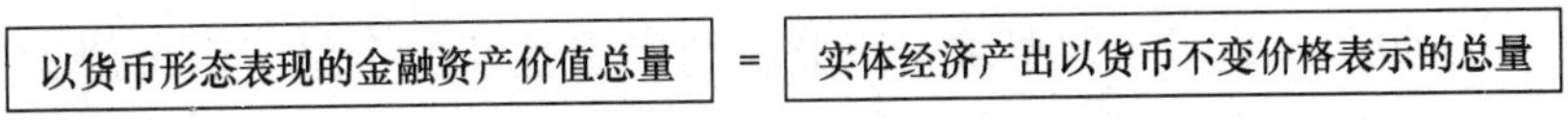

以货币形态表现的金融资产价值总量 ＝ 实体经济产出以货币不变价格表示的总量

图 3-6 金融资产价值总量与实体经济产出价值总量等式

因此，金融资源配置偏离实体经济运行是有客观约束边界的，突破金融资源配置的约束边界，不仅金融支持实体经济发展的效率受到影响，而且货币索取权也不能得到足值的实现。信用危机导致的金融危机，直至经济危机就会到来。

所以，金融边界理论的研究，是沿着两条线进行的：一条线是，相对实体经济产出的需要。作为金融资源内核的货币供给（包括非货币性金融资产变现），相对实体经济产出的需要，有无约束边界。如果有，边界在哪里。另一条线是，相对实体经济产出购买的需要，作为金融资源内核的货币（包括非货币性金融资产变现转化而来的货币），是财富的索取权代表，货币索取权行使体现在足值的实物商品

---

① 为了便于分析，假定货币流通速度不变，没有跨期配置的封闭经济，当期储蓄等于当期投资。

和劳务购买能力上。在这个意义上，以货币形态表现的金融价值总量要与实体经济的实际产出以价值表示的总量相等。当然，鉴于经济活动的复杂性，这需要加上约束条件。

两条线指向一个问题：即以货币形态表现的金融价值总量要与实体经济的实际产出以价值表示的总量相等。因为动态的产出要达到的产出水平也是用静态的 GDP 以价值形态衡量的。

所以，对于金融发展有无约束边界的问题，本书研究的回答是肯定的。即相对实体经济发展，金融发展是有约束边界的。

需要指出的是，金融建立在信用性基础上，金融资产以价值形式表现，其价值决定具有预期性，因此，超经济预期可能使金融资产价值偏离甚至脱离实体经济自我运行。从这个意义上，金融资产价值运动似乎具有无限性，因为理论上，建立在价值预期基础上的金融交易可以是无限的，金融边界亦似乎具有无限性。但是，在经济与社会生活给定的时点或时期，货币有实现购买力的要求，货币性金融资产也有变现和实现购买力的要求，因此，超经济预期的金融资产价值运动是要回归实体经济的，因此，实践中，金融资产价值运动是有限的，必须以实体经济发展为依托、为支撑，而金融无所依托之际，恰恰是金融危机到来之时。所以，金融存在约束边界。

三 "金融边界"内涵

从金融本质论视角分析和从金融资源配置的实践过程分析，得出金融存在约束边界。那么，金融边界在哪里？这需要加以进一步的逻辑推理和实验论证才能回答，本书将在后面的第七章给出推理和论证。在此，本书首先给出金融边界的内涵，即金融边界质的规定性和量的规定性。

（一）"金融边界"质与量的规定性

作为与实体经济相对应的范畴，金融边界内涵包含质的规定性和量的规定性两个方面，是质与量的统一。

金融边界质的规定性是指金融发展或金融资源配置的适度性，即金融资源配置要以能够满足实体经济发展对金融资源最大限度的需求为约束边界，过和不及都会对实体经济造成损害。质的规定性表现为金融发展或金融资源配置拉动实体经济增长的金融最优效率。

　　金融边界量的规定性是指货币和货币性金融工具的价值以及价值运动的约束边界，这一约束边界受实体经济产出的潜在的可能性边界约束。表现为针对实际的 GDP，匹配适度超前的金融资源配置（用货币价值表示），即一定在潜在 GDP 或实体经济可承受的通货膨胀率的限度内。量的规定性要求货币性金融资产价值总量（包括非货币金融资产折现）要与实体经济产品和服务（GDP）价值总量相匹配。

　　金融边界的内涵还可以从静态和动态两方面理解：静态看，金融边界是指货币和货币性金融工具的市场价值总量适度超越于其对应的实体经济价值总量的约束边界；动态看，金融边界是指由于货币和货币性金融工具市场价值交易中具有偏离甚至脱离实体经济自我运动的特性，这种自我运动导致的金融工具价值总量的膨胀过度偏离实体经济将不能实现价值的回归，即金融资产价值贴现的要求，因此具有价值膨胀约束边界。

　　金融边界质的规定性可以通过量的规定性体现出来。金融资源配置对实体经济的拉动，即支持实体经济发展的最优效率，表现在货币供给总量的适度上。

　　从宏观经济复杂性考虑，鉴于经济金融活动的不确定、不稳定和难以预期的因素会使诸多相关关系极强的因素之间并非只能形成一个精确的数量比例，且鉴于统计困难，也为了便于货币政策等金融管理与调控的操作，较为贴近现实的思路，是把一定时期金融资产相对实体经济价值总量所要求的确定量近似看作是具有一定宽度的值域。

　　所以，金融边界及其存在的客观性，实质是通过对建立在金融本质论基础上的两条路径分析得到的。一条路径是，金融支持经济增长的角度，金融资源配置不能过度超过实体经济增长对货币和货币性金融资产的量的需求，即资源配置效率边界。金融资源配置过度与不足都是无效率的，表现在利率引导储蓄向投资转化的货币供给总量上。另一条路径是，从货币作为社会财富的索取权的价值表现角度，以货币形态（包括有价证券等非货币金融资产折现后）表现的金融价值总量不能过度偏离实体经济的实际产出以价值表示的总量。过度与不过度，有个触及的边界问题。即存在金融资产价值总量边界。两条路径指向的是同一个问题：即以货币形态表现的金融资产价值总量要与实体经济的实际产出以价值表示的总量相等或匹配。因为动态的增长要达到的产出水平也是用静态的 GDP 以价值形态衡量的。

（二）金融边界内涵的进一步说明

正像关于金融边界理论命题提出原因中指出的，面对金融资产价值总量和金融运行日益偏离实体经济，有一个问题必须回答，即金融偏离实体经济运行有无约束边界。如果有，边界在哪里。

本书观点是，在金融与实体经济的关系上，实体经济始终是处于决定地位和基础地位，是人类经济社会发展的核心所在。金融产生于实体经济发展的需要，处于被决定地位，处于社会经济结构的上层。但金融不是被动地机械地受经济基础决定，而是具有强烈的反作用，甚至可以偏离实体经济自我发展，这是由金融的本质属性决定的，这一本质属性即金融资产价值具有的虚拟性，以及由虚拟性决定的金融资产定价和市场运行的预期性，预期是不确定的，乐观估计就会推动金融资产价值膨胀而偏离均衡价值。金融的这一本质属性使金融可以偏离实体经济自我发展，成为内在的规定性与趋势。同时，扩张的财政货币政策也能增加货币供给，产生信贷市场的流动性过剩，这是金融偏离实体经济发展的外在动力。① 但是，同样也是金融本质属性决定的，金融可以偏离实体经济自我发展的这种趋势，必须具有一定实体经济的最终支撑，否则，这种趋势将不可持续。这种本质属性就是作为金融资源内核的金融资产，是对未来收益的要求权，对等收益价值总量之下的对其实物的索取权。金融资产价值虚拟尽管在理论上是可以无限的，但是，正像我们偏爱货币并不是偏爱货币本身一样，我们偏爱的是货币能够购买我们需要的商品——具体的使用价值。有价值的东西一定是有用的东西，但金融资产价值本身不能满足我们的使用价值，不能吃、不能用，它最终的价值在于变现后的购买能力，即索取权。这样，如果金融资产价值虚拟远远超过实体经济产出的数倍，其变现的要求便不能实现，因为此时，金融资产已经不能转让出去，其自身的价值已经大大缩水，甚至一钱不值。因此，本书的回答

---

① 外在动力因素不仅仅是扩大的财政货币政策，还有诸多其他因素，后面章节专门论述。

是：金融偏离实体经济自我发展是有一个客观约束边界的。

金融边界理论命题所研究的对象实质是金融资产价值可以膨胀的程度问题。具体内容指向是，金融工具的价值虚拟和金融工具的价值运行会偏离实体经济的产出和潜在产出水平（或总量），一旦偏离达到一定的临界点，金融资产价值泡沫产生，导致经济泡沫和泡沫经济，最终导致金融危机和经济危机。因此，金融发展客观上存在约束边界。

本书对金融内涵的理解是从金融资源论、金融索取权本质和金融体系论出发的。金融的"内核"或"上层"是金融工具，或者称为金融资产、金融商品。其他金融要素是"外围"，是基础。一切金融活动都围绕金融工具进行。从金融资源（金融资产、金融商品）的价值和使用价值分析，金融商品的价值是创造该商品时依法赋予它的标识价值，即金融工具的面值（合约价值），是真实商品和劳务的价值表现，用金融资产的面值或估值表示。它是作为现实的和未来的商品和劳务的索取权的价值形态存在的。金融商品的使用价值是作为它在即时和未来的某一个时期能够交换到实物商品和服务表现出来的，即它的变现性和购买能力。就像需要货币，不是因为需要货币本身，而是因为货币能够交换到需要的商品和劳务。持有货币是手段，实现货币的购买能力，交换到需要的商品和劳务才是目的。金融资产的价值储藏也是一样，我们保有金融资产，是手段，金融资产即时和在未来的某一个时期能够变现，并购买到我们需要的商品和劳务，才是目的。因此，金融资产价值一定要有实物和劳务做准备，即 GDP 和潜在的 GDP 做准备。所以，金融资产价值膨胀是有一个约束边界的，即实体经济产出的可能性和潜在的可能性。

金融的"内核"或"上层"是金融工具，或者称为金融资产、金融商品，是资源，其他金融要素是"外围"，是基础，是资源配置的机制，这一机制也是资源，因为没有这一机制或机制不健全，实体经济发展就没有效率或提高不了效率。核心资源配置到哪里，实物和劳务的价值索取权就伴随到哪里。核心资源配置到实体投资领域，变现后便实现生产要素的购买，货币转化成资本，实现生产和扩大再生产、技术创新和产品创新等，支持实体经济的发展。同样，核心资源配置到消费领域，变现后实现商品和劳务的购买，消费的扩大。核心资源配置到外贸领域，变现后实现出口创汇的扩大。核心资源的配置成为拉动实体经济增长"三驾马车"的第一推动力和持续推动力。

从静态来看，金融工具的价值相对实体经济的发展是预期的，虚拟的，它有偏离实体经济真实产出用价值表示的量的可能。① 事实上，金融工具作为权益凭证时，它所代表的实体价值与该金融工具的市场价值之间呈现出不一致的现象，后者超过前者已经是金融工具的一种常态。② 所以，从静态的角度看，金融边界就是金融工具的市场价值超越于其作为权益凭证所代表的实体价值的约束边界。

动态金融工具的价值是建立在静态的、预期的价值基础上，在金融运行或交易中变化、膨胀或收缩的量，它依然具有偏离实体经济真实产出或潜在产出用价值表示的量的可能。③ 因为，金融活动作为人类经济活动的重要方面，始终是以动态的形式存在的，并且相对于实体经济而言，金融在高速运转着，是实体经济所不能比拟的。从金融产生的那天起它就是为服务于经济而存在，这一点现在仍然没有改变。但是由于金融自身的发展，导致了其在为经济服务的同时，也服务于自身；其在为经济而运行的同时，也在为自身而运行。金融原本是服务于实体经济的，但现在却对实体经济发号施令。从商品货币、金属货币到纸币、电子货币；从货币家族到票据家族；从股票债券到期货期权；从初级金融工具到以此为基础派生出的金融衍生工具，衍生工具的再衍生，等等，以金融工具创新为标志的金融发展，使经济金融化程度不断提高，金融渗透在经济社会所有领域，成了整个世界的主宰。金融运行已经严重偏离了实体经济的发展。因此，金融工具的价值运行甚至看不到实体经济的影子，金融自我发展，价值自我膨胀呈现出无限性和无止境的趋势。

理论上的无限和现实中的有限是辩证的统一。金融资产价值无论膨胀到哪里，最终是要贴现的，这又回到了金融资产自身表示的价值

---

① 这里的虚拟，是预期价值表现的含义，并不是有学者说的虚无。

② 徐爱田、白钦先：《金融虚拟性研究》，中国金融出版社 2008 年版，第 63 页。

③ 本书研究的金融边界，主要是指向金融过度发展方面，因而常常用金融资产价值膨胀表示价值运行。

与其代表的实体经济价值不一致问题上来，如果不一致，远远超过实体经济价值，金融资产便完成不了贴现，实现不了流通转让，金融有价证券成为废纸一张。带来的后果便是资产泡沫，经济泡沫，进而有可能导致金融危机和经济危机。

或者从总体上说，金融作为虚拟经济，偏离实体经济，应该有多远？即泡沫有多厚？才不至于发生金融危机，这便是本书要阐述的金融边界。

尽管金融发展偏离实体经济带有必然的趋势，有很强的内生性，但这种趋势必须具有实体经济的最终支撑，因此，金融发展偏离实体经济的程度必须得到有效的约束，这一约束边界就是经济发展的可能性和经济发展的必要性。否则，失去约束和有效监管的金融，其资产价值相对实体经济过度膨胀，会给经济带来麻烦和困难，严重的会产生金融危机，引起经济危机，将会造成经济体系和经济结构的崩溃。因此，金融发展有一个适度性和可控性问题。适度的前面是不足，适度的后面是过度。适度便成为金融发展的最优边界或最优约束边界。金融发展的最优约束边界一定是经济发展的潜在的或可能的边界。现代经济发展到哪里，一定就有金融发展到哪里，反之，金融发展到哪里，未必经济发展到哪里。金融无所依托之际，正是金融危机到来之时。因此，金融超前发展，存在一个"度"的问题。金融只有适度发展，才能成为经济发展的第一推动力和持续推动力。

防止金融发展触及约束边界必须外力抑制，因为金融资产价值虚拟的特性使其具有自性发展的内在要求，直到触及实体经济的约束边界才能停止，所谓"不撞南墙不回头"，这是以金融市场崩溃和实体经济遭到沉重打击为代价的。

姜旭朝（2003）曾指出[①]：从理论上讲，金融边界是一个界限，也就是讲，在某一点上，某一个国家，金融发展与经济发展肯定存在一个最佳比例和一个最适指标，在这一点上金融发展相对于对应的个别经济而言是最充分的，超过这一点金融就会走向异化，走上自我发

---

① 姜旭朝：《金融独立性及其边界理论与实证研究》，博士学位论文，厦门大学，2003 年。

展的膨胀的不归路，金融异化最终导致金融危机。但是，社会经济生活的复杂性，不可能绝对界定出一个点，用来衡量金融的适度，所以用一个区间代替某一点可能更合适一些。金融异化是一个过程，而这个过程可以在任何国家和不同情况下发生，这个过程实际上就是金融危机。

　　总之，金融边界理论是关于金融可以偏离实体经济有多远的金融发展约束条件理论，是金融与经济的关系的理论，是金融产生于经济发展的需要，又在多大程度上偏离经济、反作用于经济、最优服务于经济的理论，是金融正向功能发挥到最佳状态，即金融资源配置最优效率的理论。因此，从金融哲学的高度来认识金融与经济之间的辩证关系，研究金融的边界，并以此形成正确的指导思想，进一步设计金融发展的有效和合理的空间，具有重要的理论和实践意义。

　　四　金融资产价值总量边界是具有核心意义的"金融边界"指标

　　金融边界是一个系统概念，因为金融是一个复杂的巨系统。因此，金融边界具有层次性。研究金融边界不仅包括金融上层，即金融资产价值膨胀以及金融工具价值运行的边界，还包括金融基础，即金融机构发展的规模（扩张）总量边界，或者说金融产业边界；金融市场的边界；金融监管的边界；各类金融活动相互关系的边界，比如商业性金融和政策性金融的边界、正规金融和非正规金融的边界，等等。

　　本书研究金融边界使用的金融范畴，指的是完整意义上的金融范畴的最核心的部分，即与实体经济联系最紧密的部分——金融资产及其价值运动。并且将从货币性金融资产价值总量与实体经济产出的货币价值总量适度匹配视角，构建金融边界理论模型。这一研究视角，抓住了金融边界层次中的最核心层次。因为，金融作为与实体经济相对应的范畴，金融相对实体经济的边界，一定反映在价值指标上，这也和实体经济的总量用货币价值表示是一致的。即金融资产价值相对实体经济产出的量的比例关系。它意味着金融作为资源，金融资源又作为财富索取权的价值表现，金融资产折现后，实体经济产出量与货币购买需求量要相匹配，即在一定时期或时点上，在货币币值稳定的前提下，货币量与产出量要相等，这时，实体经济才能持续稳健发展。也就是说，金融相对实体经济的边界，最核心的一点反映在金融资产配置的价值指标上。金融资产配置问题也是金融的核心问题，所有的其他金融活动都是为金融资产的配置服务的，包括金融产业或机构规模在内的金融基础及其设施等，均是为金融资产配置服务的，金融作为资源，就是对金融资产特别是货币金融资产的合理配置，以服务于实体经济的发展。因此，金融资产价值总量边界是具有核心意义的“金融边界”指标。

第四章 金融偏离实体经济自我发展的内在逻辑与外在动力

第三章在界定金融范畴、明确金融本质基础上，基于金融与实体经济关系中的上层地位和金融的本源与最终的归宿的视角，提出了金融发展具有约束边界的理论观点，给出了金融边界的内涵。面对现代金融发展具有明显的偏离实体经济、凌驾于实体经济之上独自发展的"脱实向虚"的趋势，本章主要分析金融为何能够偏离实体经济自我发展，其内在逻辑和外在动力是什么？为进一步回答金融可以偏离实体经济有多远，并构建金融发展约束边界理论模型打下基础。

第一节 金融偏离实体经济自我发展的内在逻辑

金融可以偏离实体经济自我发展，金融资产价值膨胀可以偏离其代表的实体经济的价值，其中一定具有强大的支撑力量。这一强大的支撑力量一方面来自金融自身的内在逻辑，即内在规定性；另一方面来自外在的力量推动。内在的规定性就是金融工具自身所具有的特殊属性，包括金融的信用性和金融的虚拟性，以及在金融的信用性和虚拟性基础上产生的金融资产定价和金融资产价值运动的预期性、金融资产在逐利与套利中的投机性、金融的风险性与创新性、金融资产的价值形态特征与金融的跨时空配置性等与实体经济具有明显区别的特性。

一 金融的信用性和金融资产价值的虚拟性

金融的信用性和金融资产价值的虚拟性是金融所具有的其他特征

的基础。本节首先探讨它们的基本内涵，然后分析金融如何体现出信用性和虚拟性，以及金融以其信用性和虚拟性特性是如何推动金融偏离实体经济自我发展的。

（一）金融的信用性和金融资产价值的虚拟性内涵

信用是金融的基石，金融赖以存在的基础是信用，所有金融活动都是在信用的基础上运行的。一般意义上的信用意味事先的承诺和事后的兑现，意味着如期履约。金融上的信用意味着建立在借贷关系上的债务人如期对债权人的借贷资金连本带利地偿还。债权人之所以相信债务人能够信守承诺，即守信，是因为债权人相信债务人能够通过合法的投资渠道获取利润，进而使自己能够从中获得约定的收益。比如，相信债务人能够将信贷资金投入到生产中去，产生实际利润，使借贷资金实质性地增值。也就是马克思所讲的利息是职能资本家从产业资本家那里分得的利润的一部分。所以，信用的根基是实体经济的实际产出。

但是，金融与生俱来的信用特征成为金融得以存在和发展的基石的同时，也成为金融偏离实体经济自我发展的最根本的原因。同时，金融信守信用，也是金融可以向前发展的边界约束。金融的信用性反映了金融守信和失信的不同结果。信用是金融活动得以存在和发展的基础。一旦金融市场信用链条中断，信用危机的"多米诺骨牌效应"随之出现，整个市场便会深陷信用风险之中，信用大厦就会坍塌，金融危机随之到来。信用成为金融发展的约束条件。信用在，金融在，信用缺失，金融崩溃，从这个意义上说，信用是金融产生的起点，也是金融发展的最终边界。至于信用性之所以成为金融偏离实体经济自我发展的最根本的原因，在我们探讨了金融的虚拟性之后，再将两者结合在一起共同分析。

应该说，金融资产价值的虚拟性是建立在金融的信用性基础上的。金融建立在信用的基础上，因此可以价值虚拟。因为有信用，金融工具的持有者不必在意该工具本身的价值是否等于该工具所代表的实体价值。因为持有人相信，持有该工具，就能在市场中交换来与该工具名义价值相等的实物商品或劳务，即持有工具不是目的，持有该工具能够换来实物商品和劳务才是目的，也就是实现该工具具有足值的购买能力才是目的。所以，金融价值之所以可以虚拟，因为金融具有信用性。建立在信用基础上的金融，具有虚拟性的特征。正是金融资产价值的虚拟性，使金融资产价值可以偏离实体经济在自运行中自我增值。

金融本身具有虚拟性，并且金融工具形式不同，其虚拟性程度也不同，这是由金融的信用性决定的。不同金融工具其信用性也有强弱之分，信用性强的，虚拟性弱；信用性弱的，虚拟性强，其背后各自与实体经济联系的强弱相关联。白钦先（2005）曾撰文揭示出不同金融工具与实体经济的这种关联而表现出的虚拟性的强弱。他将货币型金融工具和非货币型金融工具划分为两大类。货币型金融工具与实体经济联系密切，非货币型金融工具需要转化为货币型金融工具和实体经济相联系。其虚拟的强弱如图4-1所示。[1]

图4-1 金融工具虚拟强弱图示

通过图示的演进关系我们可以看出，伴随着金融工具的演进和创新，金融的虚拟性表现出了由弱转强、由低到高的发展趋势和规律。

金融信用性和金融虚拟性促使金融资产价值可以偏离其代表的实体经济的价值，这种偏离状态可以用图4-2表示。图中，金融资产的市场价值用价格曲线 P_m 表示；金融资产代表的实体经济的价值用价值曲线 P_r 表示。两条曲线重合表示金融资产价值与实体经济产出的等值，即价值回归。

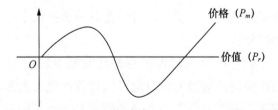

图4-2 金融资产价值偏离其代表的实体经济的价值

---

① 白钦先：《对金融结构、金融功能演进与金融发展理论的研究历程》，《经济评论》2005年第3期。

金融的信用性是怎样成为金融偏离实体经济自我发展的最根本的原因的呢？建立在信用性基础上的金融资产价值的虚拟性又是怎样助推了金融与实体经济的偏离的呢？我们可以从金融产生于实体经济又偏离实体经济的历史演进，即金融工具的产生、演进、被接受以及金融工具在市场中运行的本源来分析。

（二）金融工具是具有价值虚拟性的信用工具

金融从实体经济脱胎出来，就已经孕育了与实体经济偏离或分离的种子。这个种子就是金融的信用性。正是金融的信用性，才使金融资产价值具有虚拟性。

可以从货币的产生及其形态的演进，借贷资本信用创造，股票、债券、衍生金融工具的价值和金融市场价值交易对实体经济的依赖与偏离来分析金融资产价值的虚拟性特征。

1. 货币的产生及其形态的演进分析

威尔·罗杰斯曾说过，人类有史以来已经有三项伟大发明：火、轮子和中央银行。毫无疑问，货币的发明，可与轮子媲美。货币的作用怎么强调也不过分。货币的出现，是实体经济开始走向货币经济、金融经济的里程碑。

作为世界最早出现的金融工具，货币是金融的萌芽和最原始的形态。没有货币便没有金融，因为货币是金融的内核，一切金融活动围绕着货币资源配置而展开，一切金融活动开始于货币又终止于货币，这种形式循环往复，持续发展。因此，在金融要素中，货币是核心。一部货币史，就是金融史，一部货币发展史亦是经济发展史。陈雨露曾讲过，世界是部金融史。而研究金融是怎样依赖于实体经济又偏离实体经济的历史演进，自然要从货币的产生与发展开始。

作为历史范畴，货币产生以来，在不同的历史发展阶段以不同的形态表现出来，并伴随支付体系的变化不断地发展变化着。但归纳起来，它的演变形态（指充当货币的材料）可以分为实物货币、可兑现的纸币和不可兑现的信用货币三大类。金融和实体经济的最初融合和偏离是由货币的出现开始的。

货币出现之前，人类社会的商品交换是物物交换。由于物物交换需要满足交易双方"需求的双重巧合"和"时间的双重巧合"，交换才能得以成功，因此，迂回周折、交易成本高昂的物物交换，只适合生产能力低下，产品有限和狭窄的交换范围，是简单商品经济的产物。随着商品经济的扩大，人们在经常和频繁的交换中发现了被普遍接受的、最易于和其他任何物品相交换的"特殊物品"，该物品经常地被用来充当一般等价物，成为交易双方换取自己所需的其他物品的媒介和手段。这种"特殊物品"就从交换中逐渐地被分离出来，固定地充当一般等价物，称其为实物货币，货币由此产生。

（1）实物货币名义价值和代表的实际价值的融合与偏离

关于实物货币，戴相龙和黄达主编的《中华金融辞库》是这样定义的：实物货币是"货币的原始形式。相对固定地充当一般等价物的具有价值和使用价值的有形物品。除了贵金属、信用货币、纸币之外，其他的固定起一般等价物作用的商品都是实物货币，如贝壳、兽皮、农具和布帛等"。[①] 所以，实物货币是指用实物商品充当货币，作为一般等价物。由于金属货币具有区别于一般实物货币的特殊意义，所以，可以认为，实物货币的最初形态是指金属以外的各种充当一般等价物的实物。这也许正是戴相龙和黄达老师给实物货币下定义中没有将金属货币包括其中的原因，但是，这并不影响我们对要研究的问题的分析。

从理论上说，最初的实物货币是足值的，是价值和使用价值的统一体。即实物货币本身的价值和作为货币的价值是相等的，在相对狭小的范围里，实物货币能够换来价值相等的实物商品，实物商品也能换来价值相等的实物货币，两者是一一对等的关系。但在实践上，实物货币所代表的价值到底是否与其自身的实体价值相同，是有疑问的。蒙代尔曾经认为，在实物货币条件下，货币的购买力是由什么决定的还不是很清楚。[②] 按照马克思的理论，货币的购买力是由其价值决定，价值是凝结在商品中的一般的人类劳动。而有些实物货币的价值无从体现，因此，早期的实物货币在某种程度上具有价值符号的意义，或者说是某种承诺——信用的产物。也就是说这里包含着，实物

---

① 戴相龙、黄达：《中华金融辞库》，中国金融出版社1998年版，第53页。
② 徐爱田、白钦先：《金融虚拟性研究》，中国金融出版社2008年版，第106页。

货币之所以从其他一般商品中分离出来充当货币，可能也与人们约定俗成有重要的关系，在这种情况下，实物货币代表的价值可以超过自身内在价值，这里已经明显地包含了超出等价物的关系，而仅仅是一方可以代表另一方价值的虚拟的关系，这就为货币自身的价值可以脱离其所代表的实物的价值埋下了伏笔，为纯粹的货币符号的产生播下了生长的种子。这就是信用和虚拟性的最初魔力。

随着交换的发展，具体实物货币的不便分割性、不耐磨损性和不便携带性等局限性，使实物货币越来越集中在金、银等贵金属商品上。金属货币从形态上来看基本上存在两种形式，一种是"自然形态的金属块"，即直接使用未经过任何加工的金属块作为货币；另一种是"铸币"，即利用经过加工铸造的金属作为货币。其中，铸币是典型的也是流通时间较长的金属货币的先进形式。① 金属货币初期，均以金属重量大小来表示商品的价值。由于金属磨损后，本身的价值已经不足值，但仍然可以在流通中充当商品交换的媒介，这时，金属便成为价值的代表物了。马克思说过："流通过程的自然倾向是要把铸币的金存在变为金假象，或把铸币变为它的法定金属含量的象征。"② "金的铸币存在同它的价值实体完全分离了。"③

在金属货币的演进过程中，可以看到，人们持有货币，是为了实现购买力。货币本身使用什么材料做成，即货币本位是什么？是否有内在价值？已经不是人们关注的重点。重点是能够用货币交换到其他商品的能力上，即货币的信用上。货币的内在价值已经不重要了，重要的是使用价值，货币使用价值就是实现它的购买力。这就为货币脱去作为价值和使用价值的统一体的外壳，成为纯粹的价值符号埋下了伏笔。所以，金属货币作为价值符号出现，反映了其具有的信用性是第一位的，其价值是可以虚拟的。

（2）信用货币名义价值与代表的实际价值的融合与偏离

不足值的实物货币给我们的启示是：作为价值的代表物，货币即

---

① 戴相龙、黄达：《中华金融辞库》，中国金融出版社 1998 年版，第 54 页。
② 《资本论》第一卷，人民出版社 1975 年版，第 145 页。
③ 同上书，第 146 页。

使在其自身实体价值与其代表的实际价值分离情况下，也同样可以行使其职能，而且，货币越是突破其自身实体价值约束，货币的供给弹性就变得越大，就越容易适应于商品经济的发展，同时也从根本上节省了那种仅仅作为交易媒介的社会资源的占用。所以，实体货币向虚体货币进化，是人类社会进步的客观要求的体现。也就是说，货币名义价值脱离实际价值，既是货币自身发展的内在要求，也是社会发展的客观需要，它绝不是偶然的或某种特殊的社会制度决定的。正如货币主义者米尔顿·弗里德曼所讲："从整个社会的观点来看，商品本位的基本缺点是它需要使用真正的资源来增加货币存量。"① 也正是在这个意义上，金属货币的出现成为进入信用货币时代的前奏曲。正是金属铸币占领流通，又不断地使自身的价值实体与自己所代表的社会价值抽象分离出来，才使现代信用货币的出现成为可能。这一点是金属货币向现代信用货币——纸币包括电子货币过渡的必然桥梁。比如当货币供应量受到金、银等贵金属产量的限制，接着人们逐渐发现金属铸币在流通中会发生磨损和减重，但仍然不影响按照面值流通使用，于是渐渐出现了作为代用货币的纸币。

作为代用货币的纸币，又称可兑现的信用货币、表征货币、银行券。代用、表征是指代替金属货币充当交易媒介和流通手段，表现金属的价值。可兑现是指纸币可以按照自身代表的价值量兑换金、银等贵金属。也就是发行纸币的钱庄、商号和后来的政府、银行承诺纸币可以兑换贵金属硬币，或者是规定数量的贵金属块。此时，纸币是信誉的代表，是可兑现的代用货币、表征货币或信用货币。代表金属货币使用的纸币或银行券已经以价值符号形式表现。只不过是这种价值符号能够在市面上流通作为交易媒介，是因为其背后有承诺的规定数量的贵金属金银作保证，持币人有权随时向发行者将纸币兑换为金银货币或金银条块。

可见，流通中使用的可兑换的纸币，其数量严格受金、银数量的约束，或者说最初的银行券是由 100% 贵金属做准备的，在这种银行

---

① ［美］米尔顿·弗里德曼：《资本主义与自由》，张瑞玉译，商务印书馆 1988 年版，第 40 页。

券的背后是以十足的贵金属作为担保的。这里面存在两方面的问题：一是可兑现的纸币的发行数量仍然受贵金属开采量的限制，只不过是解决了携带、分割等周转不便和保存不便的问题，是提高货币使用效率问题。二是如果可兑现的信用货币的发行者不守信用，超过库存贵金属担保的数量而过多地发行，使可兑现的信用货币持有人不能兑换完全的贵金属，这种信用货币存在贬值的风险，会造成流通秩序的混乱。可兑现的信用货币的这一特性说明，只有具有十足的贵金属做准备，可兑现的信用货币所代表的价值才是稳定的。从这个意义上说，这种货币形态并没有从根本上改变金属货币的天然缺陷，货币发行在数量上受制于贵金属的数量，这一矛盾仍然没有克服。

解决问题的办法是由历史发展的需要做出选择。代用货币解决了金属货币流通所产生的一些不便问题，尽管是以价值符号形式出现，但和实物商品保持着成比例的联系。但是，由于代用货币的发行数量取决于贵金属准备量，贵金属开采供给的不足使它不能满足经济发展对增加货币量的需求，金本位制的崩溃不可避免，取而代之的是具有无限供给弹性的不可兑现的信用货币。

可兑现的信用货币的启示是：可兑现的信用货币本身是没有内在价值的，人们接受它意味着相信了它的兑换性。因此，可以得出结论，只要具有价值量相等的实物商品相兑换的承诺，没有内在价值的价值符号，也可以用来担当和行使货币的职能，不可兑现的信用货币由此产生。

作为价值符号的信用货币的出现，摆脱了货币具有内在价值的羁绊，从而摆脱了币材的局限，为增加货币的供给满足商品经济发展的需要创造了条件。信用货币的出现，也因此使金融成为可以脱离实体经济独自向前的里程碑。

不可兑现的信用货币（简称信用货币）即法律规定该货币形式作为流通中的货币，但是不再承诺兑换为贵金属铸币或者贵金属块。实际上，信用货币已经成为一种纯粹的价值符号，它的发行已经没有任何实物准备做牵扯，蕴含着无限量发行的可能。

信用货币是目前世界上几乎所有国家都采用的货币形态。信用货币是新货币形态不断克服旧货币形态的缺陷而产生的，更是金属货币制度崩溃的直接后果。信用货币之所以能够流通，为人们所普遍接受，其原因在于人们需要货币，并不在于货币本身，而是在于货币能够购买到的东西。也就是说，信用货币虽然不像实物货币那样本身具有一定的内在价值，但作为货币的信用货币，它代表了一定的购买力。这种购买力是发行信用货币的政府或银行的承诺。这个承诺就是实体经济要提供价值量相等的实际产出。否则，信用货币便成为废纸一张，一文不值。

在 20 世纪 70 年代，以布雷顿森林体系崩溃为标志，世界各国都走向了完全的不可兑现的信用货币时代，此时贵金属与纸币相对接的钩子被彻底地抛弃了。纸币也就从此开始了完全的价值符号时代，各国货币，更准确地说是各国不可兑现的纸币之间的兑换率从此也就完全失去了稳定之锚——代表的实物商品的量这个最基本的依据。真正意义上的浮动汇率时代启程了，各国货币之间比率的确定也因此日趋复杂化，而且呈现出变动不居的特征，这大大增加了国际范围内资源流动的风险。在这种情况下，货币总量价值膨胀的最突出表现就是物价出现剧烈上涨，这与以前纯粹的金属货币或者可兑换的信用货币时代有着明显的差别。货币的信用性和价值的虚拟性转化成各国政府对货币发行纪律的坚守责任、金融道德与资源索取的公平的约束。

2. 借贷资本对实体经济的依赖与偏离：从货币分析到金融分析

按照马克思的表达，借贷资本是以货币资本形式存在的生息资本。近代银行制度建立，为货币资本转化为借贷资本创造了条件，货币的功能不仅仅限于交易媒介和价值尺度，其作为生产性的资源属性明显地表现出来。生产性的货币借贷行为，成为货币经济理论中关于货币抑或金融在经济中的作用的分析中，从货币分析到金融分析的里程碑。货币非中性进而金融非中性在借贷资本的出现中有了有力证明。借贷资本对实体经济的依赖与偏离，用现代金融行为的存款货币信用创造的语言表述，就是在中央银行注入基础货币，在法定存款准备金不等于100%，现金漏损不等于100%的前提下，商业银行具有信用创造的能力。这种信用创造表面上看来是价值虚拟，其实是以未来的实际产出和借款人的信用作担保的。但由于未来的不确定性，这种表面上的价值虚拟就转化为现实的价值虚拟，金融资产价值与实际产出价值出现了偏离。

3. 股票对实体经济的依赖与偏离

随着商品经济的日益发达，生产企业规模扩大，对产业资本的需求日益增大，股份公司正是以其能够集中大量社会资本为特征而应运产生。大约在 15 世纪末到 20 世纪初是近代股份制形成的时期，从 20 世纪初开始到现在，是现代股份制兴起的时期。股份公司对资本的筹集是依赖发行股票进行的。股份公司的存在是以信用关系的普遍发展为前提条件的，股票投资也是以信用关系的普遍发展为前提的。股票一级市场的认购承销，二级市场的流通转让，都是信用关系的表现。

股票对实体经济的依赖表现在：股票发行的基础，是企业现实资本的价值和企业未来利润的创造。因为股票的持有者是对公司财产的相应份额的所有者，对其持有的股票资产带来的未来收益具有索取权，尽管是剩余索取权。因此，股票的发行是由既有的实际产出和未来的实际产出支撑的。因此，股票在一级市场发行，与实体经济紧密相连，其筹集到的资金，直接投入于企业的生产过程与生产规模的扩大。

股票与实体经济的偏离表现在：股票作为未来收益的索取权证书，可以在二级市场流通转让。转让价格不仅决定于股票所代表的实际资产的价值，也取决于市场的供给和需求，以及对股票价格未来走势的判断等主客观因素。特别是对于股票价格走势的市场预期，可以受多种因素决定，比如经济基本面，政策取向，市场信心，投资者情绪等因素。一旦市场情绪高昂，会推动股票价格高于其代表的实际价值；一旦市场情绪低落，股票价格会低于其代表的实际价值。正是因为股票市场的价格对其价值的偏离，才有二级市场的投资与投机活动，才有市场的活力。所以，股票价格适度的偏离实体经济是合理的，市场的套利行为会使均值回归。

4. 债券对实体经济的依赖与偏离

作为实体经济的主体，公司主要的筹资方式之一是发行公司债券。同样，作为一个国家，政府筹资用于财政开支的需要，主要的方式也是发行债券。债券包括国债和外债。无论是公司债券还是国家债券，其债券特征与运行原理是一样的。在以下的分析中，统称债券。

　　债券是一种金融契约，是发行人向持有人承诺，按约定的利率、约定的时间支付利息，并到期偿付本金（票面金额）的债务凭证（对债券持有人来说，是债权凭证）。债券作为一种债权债务凭证，与其他有价证券一样，也是一种虚拟资本，而非真实资本，它是经济运行中实际运用的真实资本的索取权证书。

　　债券与实体经济的联系表现在：债券的发行和向持有者偿还支付的承诺，是以未来收入作保证的。债券发行者不能按期支付本金或利息，则构成法律上的违约。因此，债券需要提供实物资产或代表实物资产的财产或权益作保障。

　　对于公司债券来说，在发行人的一般信用之上，不动产（抵押）或动产都可以被质押来提供保障。我们可以用不同的债券种类来说明。比如，抵押债券（mortgage bond）赋予债券持有者对被抵押资产的留置权。留置权是一项法律权利，通过出售被押财产来满足对债券持有者的偿付。尽管在实践中，取消抵押品赎回权，卖出抵押财产是很少见的。如果发生违约，通常会对发行者进行债务重组，期间对债券持有者的债务结算做出安排。虽然如此，留置权还是很重要，因为它是抵押债券持有者在与其他债权人进行谈判，决定重组条款时的一个重要砝码。一些公司没有固定资产或其他不动产，因此无法向债券持有者提供抵押品留置权作为保障。相反，这些公司拥有其他公司的证券，是持股公司。股份被拥有的公司是子公司。为满足债券持有者要求保障的愿望，持股公司将其拥有的股票、票据、债券或任何类型的金融资产进行质押。这些资产被称为担保品（collateral）（或动产），用这种资产保障的债券称为担保信托债券（collateral trust bonds）。当然，优于抵押留置权的法律求偿权的保障办法，应该是发行债券是为具体的、有好的财务业绩回报的实业投资项目筹资，以保障债券的不发生违约。信用债券（debenture bond）没有以指定的财产质押为保障，但并不意味着这种债券对发行者的财产或其收入没有求偿权。信用债券持有者对发行人所有未用于对其进行抵押的资产具有一般债权人的求偿权。同时，信用债券持有者对那些已抵押资产保障证券所需的部分也有求偿权。次级信用债券（subordinated debenture bond）对资产的求偿权次序低于保障债券、低于信用债券，并常常低于一些一般债权人。所发行公司证券类型决定了发行者的成本。对给定的公司，抵押债券的成本低于信用债券，信用债券的成本低于次级信用债券。这里的成本是指票面利率。担保债券（guaranieed bond）是由另一实体担保的债务责任。担保债券的安全性取决于担保者履行担保条款的财务能力，以及发行人的财务能力。担保条款可能要求担保者保证利息的支付和/或本金的支付。必须指出，在发行人产生足够的现金流来支付其债务的能力严重削弱的情况下，即使是优先的法律地位也不能保证债券持有者避免财务损失。

以上说明了债券发行对实体经济的依赖。

投资者如何选择优质债券，信用评级发挥着重要作用。信用评级考虑的因素是多方面的，其中最重要的是债券发行者良好的财务记录和进一步的市场预期。

而债券价格是如何偏离实体经济的呢？主要表现在债券在二级市场上转让时，受经济周期和市场利率的影响，债券的买卖价格发生变化。债券的价格和利率成反比，如果市场上利率上升，债券价格下降；反之亦然。

虽然是固定收益有价证券，公司债券在二级市场交易时，其原理和二级市场股票交易相类似，即交易价格受多种因素影响：宏观经济走势，通货膨胀情况，其他可替代资产价格走势，供给和需求状况等因素影响。总之，市场交易价格在和利率成反比的条件下，是预期或虚拟的，因为，未来市场利率也是预期的。预期可以和市场真实价格相吻合，也可以和市场真实价格相偏离。

5. 金融衍生工具可能成为"断了线的风筝"与实体经济"失联"

金融衍生工具是指在原生金融工具，比如股票、债券、存单、票据等基础上派生出的金融工具，以买卖金融合约形式出现。

金融衍生工具的发展经历了一个由简单到复杂的演变过程。首先是一般的衍生工具，比如期货、期权等；在此基础上，发展出混合的、复杂的衍生工具，以及更为复杂的衍生工具，例如期货期权，互换期权，复合期权等。

作为基础工具衍生物，衍生工具的价值是由其基础工具价值决定的，这是它和实体经济的间接联系。但是，由于衍生链条在理论上可以无限延伸，因此，又很难从衍生工具身上找到实体经济的影子，由于其在市场交易中价值是高度虚拟的，并且其产品是用高难技术工程设计的，所以，我们可以形象比喻：金融衍生工具其远离实体经济的程度如果稍加疏忽，其难以掌控程度就像是"断了线的风筝"，恐怕会远离实体经济而一去不复返。

综上所述，金融工具本身就是信用工具。如果没有信用，一张纸质符号便不会代表与其自身实体价值不相称的实体经济的价值量；如果没有信用，金融工具就不会存在，从而金融也不会存在，也就无所谓金融工具的运动；如果没有信用，一切筹集资金的活动便会停止，因为资金的贷出方对未来没有把握。所以，如果没有信用，现代金融乃至整个现代经济就会被摧毁。在现实社会中，如果一张纸质符号（或其他符号）代表的价值量超越其自身实体的价值量且没有信用因素，那么这本身就是一种欺骗。金融工具自身的存在必然以信用作为最基本的支撑，否则就是欺骗。金融与欺骗只差毫厘，突破了信用界限，金融行为就转化为欺骗行为。"庞氏融资"就是再"经典"不过的案例。

信用不仅支撑着最基本的金融工具——货币，而且还创造出了更多金融工具，通过这些工具，金融的职能得以发挥。在现代市场经济中，金融体系的主要功能有两个，一是信用中介，二是信用创造。二者的结果都是形成金融工具。"信用中介的作用只是把购买力从供给方向需求方转移。这里的购买力是现实的购买力，有相应的已经生产出的商品和劳务作保证，因此被称为'正常信用'。然而，金融体系不只发挥中介职能，更从事着信用创造，即支付手段的创造。这种购买力并没有现实的商品或劳务对应，提供保证的只是企业家的承诺；利用这些额外创造的支付手段，进行生产要素的新组合，在将来生产出与预支的购买力相对应的产品。这种信用，熊彼特称之为'非常信用'。不过，假如企业家投资未能带来与这种信用相适应的产品，就会产生信用膨胀、进而通货膨胀与金融泡沫。"①

金融的信用性和金融的虚拟性不仅是金融偏离实体经济独立运动

---

① 刘云鹏：《金融体系与泡沫经济》，《经济导刊》1999 年第 5 期。

的基础，而且是一切金融活动的基础，这些活动包括金融资产定价、金融资产市场交易并推动金融资产价值运动、金融产品创新、金融业务创新、金融行为创新等。

金融资产价值虚拟在促进金融市场运行的同时也提升了金融风险。因此，"没有一定程度的虚拟，可以说就既没有现代经济，也没有现代金融；现代金融假如还像传统金融那样同实质经济保持相当高的关联度，甚而几乎是一对一的对应关系，就功能而论仍是简单的中介功能的话，那就根本不会有现代金融及其功能的扩展与提升"。① 随着经济金融化的日益加深，以及资产证券化进程的加速，社会财富的存在形态也发生了结构性变化，财富的物质形态日趋淡化，财富或资产的虚拟化倾向日趋明显。

现代金融，一方面以其日益丰富和深化的功能和精巧的杠杆系统来推动或促进实质经济的正常运转和发展，并在形式上仍然继续维系着与实体经济的关系；另一方面又在内容上，即在各种形式的金融资产价格的变动和财富的聚集与集中速度等方面表现出与实质经济日趋明显的分离或背离的倾向。从而现代金融与实质经济的关联度正在一天天弱化，或者说现代金融有一定程度且日益加速的独立化倾向。

正如白钦先教授所指出的那样："现代金融的相当程度的虚拟化或独立化倾向是一个非常重大的问题，人类对这一问题的研究还相当肤浅，甚至于重视不够。现代金融的这一发展趋势或倾向，对于人类来讲到底意味着什么？它究竟是在推动、便利与加速经济的发展、结构的调整与分化、重组和升级，从而将现代经济金融推向更高的发展阶段，还是从根本上腐蚀、弱化、空壳化现代经济，甚至于摧毁现代经济？一时还难以说得清楚，但必须逐渐说清楚。关键是一个'度'，这个度，需要给予定性与定量的描述"②，而这一问题正构成了本书要集中研究的对象。本书正是要力求解释金融价值自我膨胀是有"度"的约束的，即金融偏离实体经济自我发展是有约束边界的，以及如何加强金融管理与调控。

---

① 白钦先：《百年金融的历史性变迁》，《国际金融研究》2003 年第 2 期。
② 同上。

6. 金融市场价值交易对实体经济的依赖与偏离

首先，金融市场价值交易具有脱离实体经济独立运行的本质特征。与商品市场实物交易不同，金融市场交易有自己独特的运动规律。金融市场交易的工具是以价值形式表示的信用产品，比如货币资金的借贷，有价证券的买卖，衍生金融工具的买卖等。这些信用产品在质上是相同的，即都是价值的表现形式，追求的都是信用工具能够带来的未来的现金流。作为信用工具的金融工具或者称其为金融资产，是收益资本化的典型形式。又由于金融资产价值具有虚拟性，因此，只要持有金融资产，就意味着在市场均衡利率水平下，未来可以得到期望的现金流。人们可以在金融市场上根据自己预期和期望值，买卖手中的金融资产。因此，收益的资本化，使金融市场的金融工具的交易不仅可以脱离实体经济自行进行，而且其交易的价格可以偏离实体经济的真实价值。这正是由于金融资产本质属性决定的。正源于此，金融市场的金融商品交易与实体经济中的实物商品交易具有不同的特征，金融商品价值交易形式上可以不受所代表的实物商品的价值约束，因此，金融市场金融商品交易具有流动性强的特点，而且交易额几乎不受规模限制，可以在法律和标准化合规交易允许的情况下以买卖双方能够接受的价格进行交易，而且不需要实物商品市场所要求的必经的许多繁杂的程序，以及业务人员需要具有广泛的专门业务或者行业技术与知识。

在现代经济条件下，金融市场投资成为主要的财富保值、增值和避险渠道，有着最广泛的投资主体，从在校大学生到退休人员，金融市场几乎囊括所有的具有金融意识的人群。金融市场主体之多、客体的流动性之强，交易规模之大、交易价值总量之高，交易市场时空之广泛，不仅是实体经济商品市场所不可比拟的，而且各种交易特征对实体经济进一步发展所造成的影响和冲击，也是实物商品市场不可比拟的。正是由于金融市场价值交易的这种独特性，才使金融市场价格波动呈现出极其不稳定的状态，这种不稳定状态反过来又刺激了投资者频繁进出市场寻找投资机会追逐期望收益，因此，金融市场价格波动性成为金融市场存在与发展的生命力所在。

金融商品价值交易形式上可以不受所代表的实物商品的价值约

束，使金融市场自循环可以进行，是因为，在大多数情况下，金融市场投资者追逐的是中短期收益，尤其是短期收益，这使得金融市场投资者很少去关心实体经济的收益情况，而专门地关注金融资产的价格涨落，从而最终导致整个金融市场金融工具的交易呈现出一种自循环状态。

其次，金融市场价值交易对实体经济的依赖。从长期看，金融市场价值交易追逐的收益是要依赖实体经济产出的支撑的，这种长期"长"到哪里？本书认为，这种长期的"长"是相对的，相对一个较长的前期，此时恐怕就是"长期"，而此时相对前期的"长期"，作为下一个时期的开始，又称为即期或短期。这就是每当金融过度时，金融资产价值泡沫何时破灭、金融危机何时到来所具有的不可预期性。因此，金融资产价值每时每刻都面对所谓"长期"收益的折现的要求，当金融资产价值折现时，对实体经济的依赖性就体现出来了。如果比照市场收益率能够正常折现，意味着实体经济正常发展着，尽管可能有波动，但没有达到出现危机的程度。如果金融资产实现不了变现，即金融市场上没有后手购买该资产，出现大规模的抛售金融资产，意味着实体经济已经不能支撑该资产的价值，由于金融资产的同质性，金融市场的传染效应就将导致信用危机的到来，直至可能引发金融危机。所以，时时防范，适度金融才可以维持金融市场的健康发展。

金融市场金融商品价值交易具有对实体经济的依赖性和分离性，进而形成自循环交易系统，与金融工具的资源属性分不开。

第一，金融工具流动代表实体经济资源的流动，而实体经济资源又是社会物质再生产的源泉。作为交易的金融工具，其不同交易去向标志着不同的资源配置方式和配置方向，所以，从这个角度讲金融是现代经济的核心，金融具有生产性的特征。这种生产性的特征是金融通过为实体经济提供一种促进生产发展和经济增长的机制，如促进商品交换的价值运动、节约生产成本、扩大生产规模、获取经济信息和促进技术革新等实现的。世界银行报告就认为，金融是通过提高全要素生产率来促进经济增长的，"大量计量经济学证据表明，金融对长期经济增长的贡献主要是通过提高经济全要素生产率，而不是资本积累率来实现的。"① 提高全要素生产率对经济增长的促进作用，与提高资本积累对经济增长的促进作用不同，后者具有人均资本积累增加导致边际产出下降的趋势，而前者则没有这样的局限性。

第二，金融的资源属性具有财富再分配的特征。金融资源的配置机制也是利益再分配的机制。即在不增加额外剩余的情况下，金融资源通过市场交易配置具有"零和博弈"的性质，这一配置方式具有"非生产性"特征。

金融资源生产性的配置方式和非生产性配置方式是对立统一体。现代经济中这两种方式总是交织在一起实现的，两者交换发挥作用，有时生产性的配置方式更为明显，例如一级市场股票、债券筹资。而有时非生产性的配置方式更为明显，例如二级市场的股票交易、期权等衍生金融的交易等，则具有明显的"零和博弈"特征。

总之，金融市场金融工具的交易与实体经济实物市场商品交易具有不同的特征，表现在以下几个方面。

第一，金融市场商品交易形成了一个相对独立的运动体系。这一体系以经营货币性金融资产为连接点，连接着证券业、银行业和保险业等金融行业，金融行业内部及内部之间具有不同种类的金融工具交易，例如对相互提供的金融商品的持有，保险资金投资证券、证券资产获得保险担保、银行存款保险、信贷担保，等等；不同资产形式的转化，例如基础证券衍生的金融工具，衍生的再衍生。因此，金融行业内部和内部之间提供的金融商品存在既相互独立又相互联系的通道，类似实体经济中产业链中的"上游产品"、"中游产品"以及"下游产品"之间的相互关系。但是，金融市场价值交易具有与实体经济商品市场交易的不同特点，即它的产品的信用性特征、价值虚拟性特征和具有高度的流动性特征等。这也是金融运行能够偏离实体经济的本质原因之一。

第二，金融工具交易体系与实体经济体系有着各种各样的联系通道，这些通道要么是直接的、要么是间接的抑或是迂回曲折的。而货

---

① 世界银行：《金融与增长：动荡条件下的政策选择》，经济科学出版社 2001 年版，第 7 页。

币性金融资产是所有经济体系中最直接的通道。在一定时期或某一个时点上，一个经济体中货币数量是给定的，这给定的货币数量分别支撑着实体经济和金融市场。在两个市场中，对货币的需求是此消彼长的关系。因此，这里面存在着如果金融市场自循环过度，金融严重"脱实向虚"，实体经济将产生"贫血"，经济发展将出现停滞不前。

第三，金融市场价值交易还通过货币以外的基础性金融工具与实体经济联系着，如股票、债券等。股票是股份公司的融资证明，企业的经营情况会不同程度地反映在股票的市场价值运动中，当然，股票市场价值的运动还包含着许多非实体经济的因素；债券作为政府或企业的融资证明，一个经济体的运行状况也会不同程度地反映在债券的市场价值变动之中。

因此，金融市场价值交易偏离实体经济自行发展，是金融的信用性和金融工具价值虚拟性的重要表现。可以说，没有金融工具的价值虚拟性便不会有金融相对于实体经济的独立运动。金融越发展，其相对独立性就会越明显，金融发展史已经证明了这一结论。

总之，金融市场价值交易具有与实体经济实物商品交易不同的运动规律，其原因在于金融市场价值交易的基本元素——金融工具，与实体经济商品交易中的基本元素——实体商品有着本质的不同。金融工具具有虚拟性，实物商品则不具有虚拟性；金融工具具有价值转换的高度的流动性，实物商品交易表现为商品的实际转移，因此流动性相对较弱。当然，还有价值决定机制的不同，这在下面的阐述中说明。

所以，无论从金融市场价值交易的静态分析还是动态分析，金融资产的信用性和金融资产价值虚拟性的特征，推动了金融市场自循环发展，也成为金融发展偏离实体经济的最根本的内在原因。

二　金融资产定价及价值运动的预期性

金融资产预期性的定价原则及其依据价值预期产生的金融市场价值交易与价值运动，是金融资产价值可以偏离实体经济真实产出的内在原因。

（一）金融资产的一般定价原则

金融资产与实物资产的定价不同，其遵循的原则是，资产的价值决定于该资产在持有期内未来现金流的折现值（present value）。由于在市场交换中，价值用价格表示，因此，金融资产的真实价格通常可以表示如下：

$$P = \frac{CF_1}{(1+r)^1} + \frac{CF_2}{(1+r)^2} + \frac{CF_3}{(1+r)^3} + \cdots + \frac{CF_N}{(1+r)^N}$$

其中：P 为金融资产价格；CF_t 为第 t 年的现金流（$t = 1, \cdots, N$）；N 为金融资产的期限；r 为预期的折现率。

显然，资产价格与折现率呈反向关系：折现率上升，价格就会下降；折现率下降，价格就会上升。

金融资产市场价格是波动的。金融资产的一些特性对价格和资产价值的影响发挥着作用。首先，必须明确的是，金融资产的价格随着预期的合适的贴现率 r 的变化而变化。具体来说，价格变化的方向与预期合适的贴现率变化的方向相反。影响资产价格波动的因素有期限、贴现率、市场投资平均收益率或可替代的其他资产投资收益率等。

进而，当把金融资产可以看作是"一揽子"现金流时，在处理每1 期的现金流时，应该把它看作只有 1 期现金流的独立资产，每 1 期的现金流都有它自己的贴现率，这个贴现率取决于现金流在任何时候可以获得。从而，金融资产定价的一般公式可以表示为：

$$P = \frac{CF_1}{(1+r_1)^1} + \frac{CF_2}{(1+r_2)^2} + \frac{CF_3}{(1+r_3)^3} + \cdots + \frac{CF_N}{(1+r_N)^N}$$

其中，r 是 t 阶段的合适的折现率。

（二）金融市场代表性的信用工具的定价方式

金融市场上的信用工具一般有普通贷款；定期定额支付贷款，一般为抵押贷款；息票债券；股票等。

为了阐述金融资产定价及价值运动的预期性特征，对以上几种信用工具的市场价格，即贴现值计算做简单介绍。

1. 普通贷款

普通贷款市场价值计算公式为：

$$PV = \frac{CF}{(1+i)^n}$$

其中，PV 为贴现；CF 为未来支付的现金流；i 为贴现因子，或称为利率，或称为到期收益率，根据不同的投资行为对收益的要求具有不同的表达。其中，到期收益率就是使债务工具所有未来回报的现值与其今天的市场价值相等的利率。

2. 定期定额支付贷款

定期定额支付贷款市场价值计算公式为：

$$LV = \frac{FP}{(1+i)^1} + \frac{FP}{(1+i)^2} + \frac{FP}{(1+i)^3} + \cdots + \frac{FP}{(1+i)^n}$$

其中，LV 为贷款金额；FP 为每年固定的偿付额；n 为到期前贷款年限；i 为到期收益率。

3. 息票债券

息票债券市场价值计算公式为：

$$P = \frac{C}{(1+i)^1} + \frac{C}{(1+i)^2} + \frac{C}{(1+i)^3} + \cdots + \frac{C}{(1+i)^n} + \frac{F}{(1+i)^n}$$

其中，P 为债券的现值；C 为每年的息票利息；F 为债券的面值；n 为距离到期日的年数。

4. 股票

与公司金融的基本原则同理，普通股的价值也可以用其未来所有现金流量今天的价值来衡量。在股票投资中，股东获取的收益包括股利、出售价格或者两者之和。

要推导股票估值理论，首先从最简单的情况入手，即首先推导股票单阶段估值模型（one-Period valuation model），然后再推广到多阶段估值模型。

（1）股票单阶段估值模型

股票单阶段估值模型是指：投资者持有股票获利后出售该股票。确定股票现值，仍然利用折现值公式即可。只是股票估值模型中，折现因子为股票的回报率，不再是利率。股票单阶段估值模型的现金流是指一次股利支付，以及最终的出售价格。当这些现金流量被折现为现值时，下面的公式可以计算出股票的现价：

$$P_0 = \frac{Div_1}{1+k_e} + \frac{P_1}{1+k_e}$$

其中，P_0 为股票的现价，下标为 0 是指时点为 0，即现期；Div_1 为第 1 年末收到的股利；k_e 为股票投资的要求回报率；P_1 为第 1 阶段末的股票价格，是预期的股票售价。

由于不同的投资者对未来的风险和现金流量具有不同的估计，所以，股票对不同的投资者会有不同的价值预期。

（2）推广的股利估值模型

利用现值概念，在任意多个阶段上，即成为推广的多阶段估值模型，可以被表述为：

$$P_0 = \frac{D_1}{(1+k_e)^1} + \frac{D_2}{(1+k_e)^2} + \cdots + \frac{D_n}{(1+k_e)^n} + \frac{P_n}{(1+k_e)^n}$$

该公式意味着股票现在价值可以被简化为所有未来股利流的现值。以下是重写的推广的股利估值模型（generalized dividend model），其中，没有最终售价：

$$P_0 = \sum_{t=1}^{\infty} \frac{D_t}{(1+k_e)^t}$$

推广的股利估值模型意味着，股票价值仅仅取决于未来股利的现值。推广的股利估值模型要求计算不确定的未来股利流现值，这个过程至少可以说是十分困难的。就是说对未来股利流的现值的预期是非常困难的，因而预期出来是有偏差的，所以，不同的预期影响股票的今天的市场价值。

在分析上述资产价格定价原则时，最为关键的因素是预期的贴现率，对于股票来说，是未来股利流的现值。预期的贴现率可以等于市场利率等于到期收益率，也可以不等。如果投资者折现时其贴现率低于市场利率或市场到期收益率，可获得高的资产价格和价值，否则刚好相反。对于预期未来股利流的现值原理也是一样的。

预期与现实总是有差距的，因此，金融资产预期性的定价原则及其依据价值预期产生的金融市场价值交易与价值运动，是金融资产价值可以偏离实体经济真实产出的内在原因。

（三）对经典金融理论的质疑：金融市场的非有效预期

建立在理性预期理论基础上的有效市场假说或者有效资本市场理论认为：金融市场的预期等于所有可得信息的最优预测。即金融资产价格基于有效市场预期是合理的。然而，金融市场并非像经典金融理论分析的那样是有效的，恰恰相反，这个市场总是处于非理性之中，因此，金融市场资产定价总是出现偏离实体经济的真实情况，即均值不能回归。

有效市场假定基于的假设条件是，在金融市场中，证券价格反映了所有可得信息。事实上，金融市场的投资者持有某一证券的回报率等于证券资本利得（证券价格变动）与现金收入的总和，除以证券最初的购买价格，即：

$$R = \frac{P_{r+1} - P_t + C}{P_t}$$

其中，R 为从时点 t 到时点 $t+1$ 持有某一证券的回报率；P_{t+1} 为持有期末即时点 $t+1$ 上证券的价格；P_t 为持有期初即时点 t 上证券的价格；C 为从时点 t 到时点 $t+1$ 的现金收入（息票利息或者股利收入）。

我们要考察的是持有期初即时点 t 对回报率的预期。假定此时现价 P_t 与现金收入 C 是已知的，在回报率公式中，唯一不确定的变量为下一期价格 P_{t+1}。[①] 如果持有期末证券的预期价格为 P_{t+1}，我们对其形成预期，因此预期回报率就可以写作

$$R^e = \frac{P_{t+1}^e - P_t + C}{P_t}$$

有效市场假定同样认为，对未来价格的预期等于基于所有现有可得信息所做的最优预测。换句话讲，市场对未来价格的预期是合乎理性的。同时也意味着证券的预期回报率等于对回报率的最优预测，因此，有

$$P_{t+1}^e = P_{t+1}^{of} \Rightarrow R^e \Rightarrow R^{of}$$

这也意味着证券的预期回报率等于对回报率的最优预测，即

$$R^e = R^{of}$$

遗憾的是，R^e 与 R^{of} 都是未知的，因此理性预期公式自身并不能

———————————

① 在有些情况下，C 在开始时也是未知的，但这并不影响我们的分析。在这种情况下，我们可以假定不仅预期价格，C 的预期都是基于所有可得信息的最优预测。

说明金融市场行为的信息。

再对债券市场的供求进行分析，可以说明证券的预期回报率（如果考察对象为债券，那么就是利率）有向其均衡回报率运动的趋势，在均衡回报率水平上，需求数量等于供给数量。证券的预期回报率 R^e，等于其均衡回报率 R^*，而均衡回报率是证券供求相等时的回报率。也就是说

$$R^e = R^*$$

影响证券均衡回报率的因素是风险、流动性和市场利率等。

利用均衡条件，在理性预期公式 $R^e = R^{of}$ 中，将 R^e 替换为 R^*，可以推导出有效市场中描述定价行为的公式。即

$$R^{of} = R^*$$

这个公式说明，金融市场中的现价水平应当使得根据所有可得信息对证券回报率所做的最优预测等于证券的均衡回报率。金融经济学家表达的方式更为简单：在金融市场中，证券的价格反映了所有可得信息。

所谓有效市场的高级版本是对市场的进一步分析。金融经济学家不仅将金融市场看作预期是理性，即预期等于基于所有可得信息的最优预测，并认为市场价格反映了经济基本面，价格反映了有价证券的内在价值，即直接影响证券未来收入流的事项。这种有关市场效率的观点在金融学术界有重要意义。第一，它意味着在有效的资本市场中，不同投资之间没有优劣之分，因为证券的价格是正确的。第二，它意味着证券的价格反映了有关该证券内在价值的所有可得信息。第三，它意味着金融部门与非金融企业的经理可以利用证券价格正确评估其资本成本，即投资的融资成本，并且证券价格可以帮助他们做出某项投资是否值得的决策。市场效率的高级版本成为很多金融学分析中的基本原则。

但是，所谓有效市场真的有效吗？历次股票市场崩盘能够回答这个问题。

我们仅以 1987 年"黑色星期一"与 2000 年科技股崩盘做一说明。

1987 年 10 月 19 日，史上称为"黑色星期一"，当天，道琼斯工

业平均指数下跌超过 20%，创造美国历史上单日下跌幅度之最。高科技公司股票从 2000 年 3 月的高位上崩盘，导致主要由高科技股组成的纳斯达克指数从 2000 年 3 月的 5000 点下跌到 2001 年与 2002 年的 1500 点左右，下跌幅度超过 60%。这两次崩盘事件使得很多经济学家开始怀疑有效市场和理性预期的正确性。他们不相信在理性市场上会出现如此大幅度的股价变动。那么，这些崩盘事件在多大程度怀疑理性预期与有效市场假定的真实性呢？事实上，理性预期理论并没有排除股价的大幅波动。如果一些新信息能够引起市场彻底改变之前对公司未来价值的乐观预测，就可能导致股票价格的大幅变动。然而，经济学家很难从经济基本面找到能够解释"黑色星期一"和高科技股崩盘的因素。这些崩盘事件的一个重要启示是，市场基本面以外的因素也会对股票价格产生影响。因此，一些经济学家开始质疑有效市场假定的高级版本，即资产价格真实反映了该证券的基础（内在）价值。他们将股票价格的决定很大程度归结为市场心理因素和市场的制度结构。然而，这些观点与理性预期理论或有效市场假定的基本原理（即市场参与者消除了未被利用的盈利机会）并不矛盾。即使股票价格并不仅仅反映市场基本面，仍然不意味着理性预期是错误的。只要市场崩盘是不可预知的，理性预期理论的基本原理就是正确的。

一些经济学家提出了理性泡沫（rational bubble）理论来解释股票市场的崩溃。泡沫（bubble）是指资产价格偏离其基本市场价值的状态。在理性泡沫中，投资者理性预期到资产价格高于其基础价值，但他们仍然会继续持有，于是，泡沫出现。他们之所以这样做，是因为他们相信其他人会在未来更高的价格上购买该资产。在理性泡沫中，资产价格可以在很长时间内偏离其基础价值，因为泡沫的破灭是不可预知的，因此并不存在未被利用的盈利机会。

有经济学家则相信 1987 年"黑色星期一"与 2000 年高科技股崩盘意味着，市场中存在着未被利用的盈利机会，理性预期理论与有效市场假定根本就是错误的。就像米什金教授指出的那样："资本市场是否有效或预期是否理性，论战仍在进行着。"①

以理性人假设为前提的经典金融理论对金融市场非理性行为无法解释的困窘，表明了经典金融理论的局限性。在对学科进行审视和反思过程中，发端于 20 世纪 50 年代，并在 80 年代以后迅速发展起来的"行为金融学"成为学术界关注点，并开始动摇经典金融理论的权威地位。行为金融学是运用心理学、行为学和社会学等研究成果与研究方式分析金融活动中人们决策行为的一门新兴理论学科。该学科以真实市场中"正常的"投资者为理论基石代替经典金融理论"理性人"原则。其基本观点是：第一，投资者不是完美理性人，而是普通的正常人，有限理性。由于投资者在信息处理时存在认知偏差，因而对市场的未来不可能做出无偏差估计。第二，投资者不具有同质期望性。投资者由于个体认知方式及情感判断的不同，导致偏好与行为方式不同，因而对未来的估计也有所不同。第三，投资者不是风险回避型的，而是损失回避型的。投资者面临确定性收益时表现为风险回避，而面临确定性损失时则表现为风险追求。第四，投资者在不同选择环境下面对不同资产的效用判断是不一致的，其风险偏好倾向于多样化，并且随着选择"框架"的改变而改变。总之，投资者风险偏好偏离经典金融理论的理性预设。② 行为金融学在回答市场非理性时的具体表达是：投资者损失厌恶，因此，即使票价下跌时也很少发生卖空交易，投资判断过度自信，这都可以解释证券市场庞大的交易规模。过度自信还与社会传染（狂热的"羊群效应"）为股票市场泡沫现象提供了一种解释。这和我们研究的金融资产定价及价值运动的预期性成为金融偏离实体经济的内在原因是一致的。

三　金融资产的逐利性、套利性和投机性

金融资产具有逐利性。人们交易金融工具，就是追逐金融资产价值的增值。而金额资产价值的预期性必然导致金融市场的套利性，套利性不可避免地和投机性联系在一起。正常的投机就是投资，只不过

---

① ［美］弗雷德里克·S. 米什金：《货币金融学》第 9 版，郑艳文、荆国勇译，中国人民大学出版社 2010 年版，第 154 页。

② 参见杨秀萍、王素霞《行为金融学的投资者风险偏好探析》，《四川大学学报》（哲学社会科学版）2006 年第 1 期。

以投资的形式出现。市场上有套利可图，才采取投资行为，即投机行为，在投机中发现套利机会。因此，按照游戏规则运行的投机行为、套利行为和投资行为是同一行为，在语言表达上亦是同义语。但过度投机就会助推金融资产价值膨胀，偏离其所代表的实体经济价值。历史上，过度投机中，往往伴随着信用诈骗。事实上，坚守信用和"庞齐融资"仅差一步之遥。

历次金融危机都可以证明由于金融资产的过度逐利、过度套利和过度投机导致的资产价格过度高涨，导致资产价值泡沫，出现信用危机和金融危机。

以作为具有高度虚拟性的衍生金融工具为例，其资产投机性是不可避免的，对金融衍生产品的投资实际上就是一种投机活动。这种投机活动几乎完全脱离了实体经济的范畴，完全独立于生产循环的各个过程。显然，除商业借贷之外的金融资产交易活动，包括货币投机活动，具有的不可抗拒的优势就是高度的"自由交易"，也就是说，它们摆脱了产业资本的束缚，在金融市场交易过程中，可以有无限次的循环过程。因为，在远离实体经济约束条件下，其对预期收益率的追求带有鲜明的博弈色彩。由于衍生金融工具是基于基础性金融工具派生的，在金融创新无所羁绊的前提下，其派生的规模要远远大于基础资产的规模，其价格也远远偏离基础金融资产的价格。

从理论上讲，金融资产价值虚拟如果仅仅凭借实际经济支撑不足以使其存在。当然，事物的发展有一个从量变到质变的过程。最初小规模的金融资产的价值虚拟存在，实体经济完全可以支撑，当发展到巨大规模的金融资产时，实体经济无法支撑，唯一的出路，就是自我膨胀。尽管没有实体经济支撑的价值自我膨胀是短命的，但它曾经存在。如初级市场股票发行价格是受实体经济增长支撑的，但是，当二级市场交易时，市盈率超过基本的指标之后，股票价格膨胀的逻辑似乎就靠资金供给的大小和人们的"博傻"情绪的市场"虚假繁荣"支撑着，即便是成熟的美国股市亦是如此。事实上，在2000年左右，当科技股新经济呼唤市场的时候，纳斯达克（NASDQ）已经疯狂了，此时决定市场价格和走势的是资金的供给和人们的狂热投机与贪婪。因为"增值刺激增值的投机事件显然发生在市场内部，最终的崩溃也发生在市场内部"，加尔布雷斯指出"当然，用立法来剥夺人们对金融的轻信和狂热，在现实上是行不通的"（加尔布雷斯，1994）。在那一刻，似乎金融市场，特别是股票市场价格永远摆脱了经济的束缚和支撑。然而，金融资产价格回归的要求，使投资者如梦方醒，脱离实际经济束缚的"牛市"只是昙花一现，此时手中的资产就像断了线的风筝，价值已经一去不复返。

四　金融活动的风险性与创新性

金融市场由于价值的虚拟和预期，其不确定性导致的风险巨大，避险风险的需求导致创新动力增强，以追求流动性的回归。因此，金融工具创新，特别是衍生金融工具的创新，以及创新的市场交易方式，是使金融偏离实体经济独自运行的另一个内在原因。2007 年美国次贷危机，就是金融衍生工具无度创新，导致的金融衍生链条不断增大，资产收益定价离开住房市场真实价值越来越远，最后在利率成本上调和房地产市场崩溃中，陷入次贷危机之中，足以证明了金融市场追逐流动性导致的无度创新，是金融偏离实体经济的又一个内在原因。

五　金融资产的价值形态特征与跨时空配置

金融资产以价值形式表现，不同于实物产品，因此，可以跨越时间和空间配置，也是金融偏离实体经济的另一个内在原因。

金融资产的跨时间配置即跨期配置是金融资产具有储藏价值和预期收益性质决定的。我们以两部门为例，收入等于消费加上储蓄（$Y = C + S$），当收入给定，消费者偏好决定，如果减少当期消费，便会增加储蓄，储蓄的目的是为了增加未来的消费，均衡条件下，储蓄 = 投资，即增加未来的投资。从静态来看，当期产出大于当期消费需求，以货币表示的商品价格就会下降。收入是以货币价值表示的，从现实购买力角度来说，表现为当期货币性金融资产价值与实际产出的偏离。从动态来看，如果未来时期投资增加，产出也增加，消费者前期储蓄转化为投资的收益亦增加，假定其他条件不变，金融资产价值量与实际产出量相等。但如果产出增加，消费者消费需求不变，或由于成本提高等原因使产出减少，消费者收益增加，实现购买力能力上升，金融资产价值量与实际产出量就会出现偏差。总之，一个人、一个企业、一个政府、一个社会的当下需求和未来需求能够相互转化、补充、平衡，是因为有了货币的跨期配置，或者金融资产具有折现的能力——流动性而能够实现跨期配置。

货币的跨期配置也具有两种效应。一方面，货币连接着过去、现在和未来，跨越着时间隧道发挥作用。货币的跨期配置在现代生活中已经成为金融理财的常见方式，以普通个人为例，教育储蓄、养老储蓄、买房储蓄等，是货币的跨期配置；消费贷款、教育贷款、住房抵押贷款也是货币的跨期配置。由于个人的时间偏好不一样，每个人都会有自己的货币跨期安排，时间偏好的不一致性，使货币的跨期配置对满足社会需求发挥了帕累托改进的作用。储蓄转化为投资的跨期配置，使生产型资源能够在时间上进行配置，提高了资源的配置效率；消费的跨期配置，则满足了个人的时间偏好，提高了个人的福利水平。另一方面，由于未来的不确定性，过度的跨期安排，也会使金融具有超越实体经济的价值形态的风险不断押后，一旦风险积累到一定程度，便可能发生金融资产价值偏离实体经济的金融危机。美国2007年发生的次贷危机，就是美国奉行的借钱消费，今天花明天的钱，导致的金融资产价值走向与实体经济实际价值偏离的典型案例。

金融资产的价值形态特征在空间配置上也具有两种效应，也有可能导致对实体经济的偏离。可以从世界经济能够相互联系的角度分析。世界经济能够相互联系并越来越紧密，集中表现在两个联系渠道上：一是国际贸易；二是国际金融。而对于现代国际贸易来说，不仅仅是表现为建立在资源禀赋和比较优势基础上的需求对方国家的商品，更多的是商品价值形态的转换，即换取外汇的需要，以满足更大范围的国际购买力需求。所以，表面的商品跨国买卖，实际上是背后的货币的跨国交换——外汇的赚取和需求。所谓世界经济一体化，首先表现在货币的跨国流动，即货币的国际化上。世界经济一体化的好处是可以使世界资源配置优化。然而，货币具有与生俱来的统摄力，因为它是一般等价物，是一切财富的代表，是衡量所有经济活动的最根本的工具。国际货币天生具有一种魔力，它能够将所有使用这一货币的个人、社会组织、地区、国家都连接在一起。当今最主要的国际储备货币——美元，就是这一统摄力的典型代表。无论你承不承认，美元就像一张无形的网，被这张网所覆盖的商品和金融交易都进入了它的势力范围。美国正是通过美元的扩张，对哪怕是最遥远的经济角落施加着影响。这种影响依靠的是人为的美元升值与贬值，即美联储的货币操纵，实质是对各国财富的变相掠夺。特里芬难题告诉我们，美元作为本国的货币和同时作为世界的货币所具有的不可克服的矛盾，为满足世界货币的需求，美元的超经济发行，就是金融资产偏离实体经济的典型表现。对于国际金融来说，在金融全球化的今天，金融市场的一体化，是形成世界经济一体化的主导力量。国际资本流向哪里，世界经济就发展到哪里，国际资本的流向，即偏离实体经济又平衡实体经济，就在偏离和平衡之间流动。现代历次金融危机，都有国际资本在那里起着推波助澜的作用，有时成为直接的推手或者也可以称为罪魁祸首，比如 1997 年亚洲金融危机，不仅是危机国家金融市场过度开放的结果，也是国际资本操纵的恶果。

总之，金融资产的本质属性是促成金融偏离实体经济独自运行的内在原因。然而，金融过度偏离实体经济会导致信用坍塌，不仅使金融自身深入危机，也给实体经济造成恶果。其中建立在信用性基础上的金融资产的虚拟性又是导致信用性坍塌的直接原因。总体来说通过两个渠道导致：

第一，虚拟性导致金融资产定价的预期性，预期性的定价及价值运动可以偏离实体经济真实产出。预期性导致套利行为（不同的时间、地点上的资产定价和预期价值运动会产生套利行为），高预期追求导致投机性行为（按照游戏规则运行的投机性和套利性是同义语），过度投机会导致信用诈骗，建立在信用基础上的金融大厦便会坍塌。

第二，虚拟性基础上的预期现金流的资产定价和交易行为具有不确定性和风险性，转移风险的需要会产生金融产品与交易行为的创新，过度创新会导致金融资产价值运行链条扩张而远离实体经济，金融资产价值过度膨胀会偏离实体经济真实价值。没有实体经济支持的金融资产价值不能够实现流动性需求，无法回归实体经济的真实需要。金融投资信用链条中断，建立在信用基础上的金融大厦便会坍塌。

第二节　金融偏离实体经济自我
发展的外在动力

金融发展历史其实就是一部金融与经济相互融合和不断分离的历史。可以讲，金融出现以后一刻都没有停止自我强化的发展进程。长期看，金融自我强化是一个渐进的过程，但也有几次革命性突变。全球性金融变革经历两次，同时经过两次变革金融业取得两次质的飞跃：一次是19世纪的金融变革；另一次是20世纪60年代的金融变革。这两次变革对金融的进一步自我强化有着巨大的作用。19世纪的接近半个世纪的变革主要是结构变革，从金银复本位制的衰退到金本位制的建立，由银行券的发行转变为支票存款的使用，最终诞生了有限责任的银行业，使得欧洲的银行从小型的地区性合伙企业变成国家的以及跨国的银行业机构。而20世纪60年代以来，金融自由化的浪潮，席卷金融业的各个方面，甚至全球经济的各个方面，金融开始全面统治经济生活。

一　金融自由化、经济金融化、金融全球化发展趋势的推动

（一）金融自由化趋势推动

白钦先教授的《百年金融的历史性变迁》一文将"金融自由化"总结为百年金融的巨变之一，他指出："金融自由化是20世纪六七十年代兴起的一种潮流，最主要的是金融监管的和缓化，不必要的、过时的、过于严厉的强制性行政干预的取消或和缓，市场机制发挥作用的领域更广与程度更深，突出表现在利率的市场化和各种各样的金融创新得以涌现。这一趋势的后果与影响都是巨大的和有利有弊的。"①

金融自由化趋势所形成的金融管制放松为各国金融业发展提供了前所未有的机遇，也为金融资产的迅速积累提供了较理想的政策环境。正是在金融自由化理论影响下，以拉丁美洲和东南亚各国为代表的国家从20世纪70年代中期开始积极推动金融自由化进程，各发达

---

① 白钦先：《百年金融的历史性变迁》，《国际金融研究》2003年第2期。

国家也开始在 20 世纪 70 年代后实施了一系列金融改革，甚至超出金融自由化概念所包括的内容。例如美国，1973 年开始进行系列改革，取消资本管制的一系列措施：1980 年取消利率上限，1982 年放开储蓄机构商业贷款、经营活期存款等，直到 1999 年 11 月《金融服务现代化法案》颁布，废除了 1933 年《格拉斯—斯蒂格尔法》实行混业经营。直到 2008 年次贷危机以后，美国政府才相继推出旨在加强金融监管的举措，如 2008 年 3 月公布的金融监管改革蓝图，2009 年 6 月 17 日出台的全面金融监管改革方案和 2010 年 7 月 21 日正式签署的《多德—弗兰克华尔街改革与消费者保护法案》。

1986 年 10 月 27 日，英国金融改革被舆论界称为"大爆炸"，反映英国专业化的金融体制趋于解体：大商业银行可以介入证券交易，可以使它们集投资银行、商业银行、证券交易商和经纪商于一身，成为全能型金融机构。

1993 年日本《金融制度改革法》实施，打破银行业和证券业的分业管理。1996 年 10 月，日本经济审议行动计划委员会下设的金融工作小组公布的《搞活我国金融系统》的报告揭开了日本版大爆炸的序幕。这项以自由、公开、国际化为原则的金融大改革方案旨在改变以往的那种以大藏省官僚的判断和决策为中心的宏观管理体制，以推动金融的不完全自由化。这次金融大爆炸是日本经济史上规模最大的一次金融改革。

虽然金融自由化在促进经济增长方面取得了一些成就，但是，在全球金融自由化进程中，不断出现的金融危机提醒各国防止过度金融自由化。

（二）经济金融化趋势推动

刘玉平和千山（2002）指出："自货币产生以来，经济体系便从纯粹的实体经济运行，逐步演变为实体经济和货币经济的交融运行，这个过程被经济学家们称为'经济货币化'。随着经济货币化程度的加深，信用的发展以及各种金融工具的出现，整个经济的金融性日益突出，这就是所谓的'经济金融化'。回顾人类经济的发展历史，不难发现，经济货币化和经济金融化正是虚拟经济所演绎的真正内涵"。[1]

经济金融化是 20 世纪 50 年代后发达国家金融业发展的重要趋势之一。伴随各国金融业对经济运行影响的加深，各国经济金融化程度有了快速提高，金融业成为许多发达国家经济的重要组成部分，他们正在为各国经济发展提供更多的价值。经济金融化趋势反映了一国金融业在其发展进程中对宏观经济运行影响程度日益加深的趋势，但这一趋势的背后恰恰反映的是金融业自我膨胀和快速发展的态势。从金融机构发展的角度看，一方面，以间接融资为主的银行业金融机构在其发展过程中对经济发展的影响日益加深，其数量不断增多，规模不断扩大；另一方面，直接金融发展迅速，为经济金融化程度的加深提供了有力支撑。社会工商企业，包括大型企业和中小微型企业对金融机构的依赖也不再是单纯的贷款需求，而是表现为证券发行、企业并购、风险投资、信用担保等多种需求，以及对金融产品的多样化需求。正是在此趋势下，金融工具需求上升，金融工具的市场交易价值膨胀加大。正像白钦先教授指出的那样："经济金融化的另一个显著的表现是金融资产和金融交易相当大程度上的虚拟化，即货币资本自我膨胀，导致绝大多数的金融资产缺乏对应的实物价值或实物资本，有关的金融交易也大多与实物交易无直接联系。"[2] 白钦先教授进一步指出："随着经济金融化的日益加深，以及资产证券化进程的加速，社会财富的存在形态发生了结构性的重要变化，财富的物质形态日趋淡化，财富或资产的虚拟化倾向日趋明显"。[3]

（三）金融全球化趋势推动

世界经济一体化必然要求金融全球化。这是经济对金融的基础性作用决定的，也是金融是为实体经济服务并反作用于实体经济的本质属性决定的。金融全球化的实质是金融资本的跨国流动引导实业投资，以及实业跨国投资要求金融资本提供支持，同时伴随着相关金融服务的全球支持。因此，金融全球化是经济全球化不可分割的重要组

---

① 刘玉平、千山：《虚拟经济演进的金融基础》，《华南金融研究》2002 年第 12 期。

② 白钦先等：《金融可持续发展导论》，中国金融出版社 2001 年版，第 15 页。

③ 白钦先：《百年金融的历史性变迁》，《国际金融研究》2003 年第 2 期。

成部分，或者说是国际贸易与投资的必然结果。

金融全球化的核心是国际金融资本的跨国流动。国际金融资本是指游离一国或地区的实体经济，在世界范围内寻找投机机会的跨国资本，它以金融资本投资的发达形式和货币资金跨国运动的高级形式表现。然而，伴随着国际金融资本的跨国流动，国际游资通常以机构投资者的身份，以杠杆融资能够掌控巨额资金的非银行金融机构的各类共同基金的面貌出现，其具有"以小博大"的排山倒海之能量的投机活动对国际金融市场和实体经济造成巨大的冲击。国际游资具有强大的自我扩张能力，它通过跨越国界寻找投资或投机机会，巧取豪夺，迅速积累资本。离岸金融市场的石油美元、欧洲货币以及各种有价证券交易和衍生金融工具的交易亦构成其重要的资金来源。

国际游资的根本目的是在国际金融市场上攫取高额垄断利润。其借助的手段是复杂的"金融工程"技术，在汇市、股市和债市以及衍生金融工具交易市场上进行套利、套汇等金融投机，其投机利润从量上来说，是以几何级数高速扩张；从质上来说，这种投机利润可以完全脱离生产领域和实体经济，表现为虚拟资本的自我增值，但其结果却导致社会财富在全球范围内的再分配。

金融全球化趋势可以推动国际游资游离实体经济独立发展，一是与大规模的国际交换和国际生产分不开的。大规模的国际交换，包括从商品、服务交换到技术、知识等各种生产要素的交换，这一过程必然伴随着大规模的外汇交易和资本交易，从而形成规模巨大的外汇市场和资本市场，并进一步发展为国际金融市场，为庞大的金融游资流动提供了广阔空间。二是与虚拟资本自我扩张本性分不开的。虚拟资本，包括国际金融市场自循环中的衍生金融工具的大量出现与迅速发展，涉及各种有价证券如股票、债券、票据及其在此基础上衍生的期货、期权交易等方方面面。

金融全球化趋势同样具有正负效应。一方面国际资本跨国流动为世界经济的发展提供了资金支持，特别是为发展中国家在经济发展中对资金的需求提供了支持，从而推动了这些国家实体经济的发展。另一方面，国际游资以自己独立的运动形式日益脱离赖以存在的基础——实体经济，从而导致国际金融市场的不稳定性，在很大程度上对发展中国家的金融市场构成巨大威胁。在 20 世纪 80 年代以来接连发生的金融危机，都离不开国际游资从中推波助澜的作用。

二　金融结构变动的"金融倾斜及其逆转"趋势

金融结构是对金融业内部各组成部分（包括各种金融工具和各种金融机构）相对规模的描述。伴随金融业的发展，金融业内部各组成部分的比重也在发生变动。20 世纪 70 年代后，金融结构变动趋势越发明显，首先表现为在融资行为中，直接融资比重的上升，相应地，全社会金融资产规模扩张中，证券资产的比重明显提高。伴随着商业银行日益集中化和国际化的趋势，其他非银行金融机构也得到了迅猛发展，特别是基金管理公司、投资公司等以直接金融工具为手段的非银行金融机构更是发展迅速。由此，金融结构理论理所当然应该被赋予新的含义。

从各国金融结构发展演变来看，许多国家呈现出从间接融资为主逐渐转向直接融资为主的趋势，白钦先教授敏锐地观察到了这种转变的趋势，提出了"金融倾斜及其逆转"的概念。"金融倾斜"是指金融结构倾向于间接融资为主，"逆转"是指金融结构从以间接融资为主，开始向直接融资转变。

白钦先所著《比较银行学》论述道："就世界各国银行业和金融业务方式的历史发展表明，一般是先有间接金融，后有直接金融；先有短期金融业务，后有长期金融业务。而且，在间接金融与短期金融之间，直接金融与长期金融之间，有一种大体上的对应关系。这两组对应因素不仅在生产发展的时间上是一个在前，另一个在后，远不是平衡的；而且在业务总量或市场占有率方面，也远不是均衡的，即间接金融所占比重大大超过直接金融，即使是直接金融发达的国家也是如此。我们将间接金融与直接金融这种不平行发展和不均衡发展称之为金融倾斜。"[1] 白钦先教授在《百年金融的历史性变迁》一文中，将"金融倾斜及其逆转"总结为百年金融的巨变之一，他指出，"金融结构高度复杂化且变迁巨大。金融结构可以是狭义与广义的。狭义的金融结构可以仅指如戈德史密斯所指的金融机构和金融资产的数量

---

[1]　白钦先：《比较银行学》，河南人民出版社 1989 年版，绪论，第 5 页。

变化，也可以是我本人特指的短期金融与间接金融同长期金融与直接
金融比例的不平行发展与不均衡发展，以及后者对前者的逆转，即
'金融倾斜及其逆转'。广义的金融结构就要复杂多了。它可以包括全
球不同类型国家或一国不同时期金融机构、金融工具、金融资产、金
融市场、金融商品、金融衍生品、实质经济与虚拟经济（金融）的数
量变化（比例）与质量高低，以及上述因素不同时间不同空间不同要
素的变化与比例等。"①

　　白钦先教授指出，在复杂的金融结构变迁中，最核心的一种结构
变迁就是"金融倾斜及其逆转"②，这一结构可以牵动其他结构并反
映其他结构的变迁。过去二三十年中，短期金融与间接金融同长期金
融与直接金融发展的不平行、不均衡的所谓"金融倾斜"（向前者倾
斜，或者前者占有绝对的市场占有率）及其逆转（即后者的发展快于
前者且后者的市场占有率逆转为接近或超过前者）是最为重大而深刻
的金融结构变迁。这大体反映了由传统金融向现代金融，由以银行机
构为主体的金融到以非银行金融机构为主体的金融，由以银行为主导
主体的简单金融到以金融市场为主导主体的复杂金融，由以国别经济
体为单元的相对封闭的国别金融到高度开放的高度流动性的真正全球
性金融的结构变迁。

　　以发展中国家为例，20 世纪 90 年代发生一系列金融危机以后，
为了确保今后经济的平稳增长和抵抗金融风险的能力，各国金融业都
改善了自己的政策框架和经济基本要素。为适应这种调整并从中受
益，各国企业公司部门的融资渠道更加多样化，其主要表现就在于公
司债券数量的增加和银行贷款的减少。例如，根据国际货币基金组织
2005 年的统计，在拉丁美洲，国内银行贷款和 GDP 的比值从 1995 年
的 27% 下降到 2003 年的 17%。在亚洲，国际贷款和 GDP 的比值从
9% 下降到 5%，国内贷款则维持在 41%—43% 的水平，停滞不前。
从公司债券的发行量上看，所有新兴市场的债券发行数量已经翻了一
番，2003 年达到 3200 亿美元。在韩国、马来西亚和墨西哥，公司债

---

① 白钦先：《百年金融的历史性变迁》，《国际金融研究》2003 年第 2 期。
② 同上。

券已经成为重要融资手段，占公司总债务的30%以上。其中韩国和马来西亚公司债券在总债务的比重已经达到50%和45%水平。

同时，新兴经济体的国际融资方式也在悄然发生改变，过去主要依赖国际贷款的融资模式已经出现多元化发展。在对外融资中，债券和股票的融资比例明显上升。2000年，新兴市场国家通过贷款进行的对外融资占到43.5%，债券市场融资为37.5%，股票市场融资为19.3%。尽管传统的融资渠道依然是主要融资方式，但债券和股票合计的证券化融资已经超过了贷款融资，贷款融资的绝对优势已经不明显。2001年以后，新兴市场国家对外融资中的债券融资比例开始超过贷款融资，成为最主要的融资手段。自2001—2005年，债券融资比例均值为50%，贷款融资均值为38%，股票融资在经历了2001年的低谷之后，也一路上涨，均值在12%左右。另外，从整体上看，2000—2005年，包括债券和股票在内的证券化融资一直保持在55%—60%的水平，证券化融资已经成为新兴市场国家对外融资的主要手段。[1]

发达国家从间接融资向直接融资的金融倾斜逆转更为明显。以美国为例，1990年，股票市场市值4万亿美元，占GDP比例为68.96%；2005年股票市场市值达到17万亿美元，占GDP比例为180%，年均增长10.13%。1990年，债券市场市值7万亿美元，占GDP比例为120%；2005年债券市场市值达到24.07万亿美元，占GDP比例为191%，年均增长8.5%[2]（见表4-1）。

表4-1　　　　2005年全球资本市场规模相关指标　　单位：亿美元、%

	GDP	股票市场规模	债券市场规模			商业银行资产规模	股票、债券、银行资产占GDP比例
			公债	私债	合计		
全球	445950	419666	234224	362682	596906	634732	370.3
欧元区	100307	59906	57315	94512	151827	217828	428.2

① 参见朱民等《改变未来的金融危机》，中国金融出版社2009年版，第194页。
② 同上书，第193页。

续表

	GDP	股票市场规模	债券市场规模			商业银行资产规模	股票、债券、银行资产占GDP比例
			公债	私债	合计		
美国	124558	170009	59216	181516	240732	93241	404.6
日本	45571	75247	66079	20370	86449	66470	501
新兴市场国家	120141	63851	31758	16104	47862	108952	183.7
其中：亚洲	54431	44086	14849	11890	26739	73229	263
拉美	24485	9725	10139	2768	12907	13743	148.6
中东	11342	1590	34	268	302	8690	93.3
非洲	8086	5493	90	442	1342	5256	149.5
欧洲	21898	2956	5529	736	6265	8034	78.8

资料来源：国际货币基金组织：《全球经济发展报告》，2007 年。

三 各国宏观经济政策推动

随着时代发展，金融偏离实体经济自我发展越发严重，主要是美国"大萧条"宣告"看不见的手"的市场原则的挫败，凯恩斯主义关于政府干预的需求管理宏观经济政策盛行，在财政、货币政策"相机抉择"主张下，政府为刺激经济增长，增加就业，纷纷实行大规模举债，来增加政府的财政支出，因而逐渐累积了巨大的债务经济。"二战"以后，西方各国政府对经济生活的干预越来越强烈。举债占GDP 比例居高不下。

国债规模居高不下不但强化了金融市场的自我发展，国债的流通也为各国中央银行公开市场操作调控基础货币提供了条件，即为信用货币的投放提供了条件。信用货币的大量投放，使金融偏离实体经济成为可能。由于货币不仅具有公共服务属性，又具有私人属性，货币运作的主体商业银行，以吸收存款，发放贷款的形式，使存款货币不断扩张。为满足私人存款对未来收益的追求，激励银行不断扩大信贷规模，以赚取利润。

20 世纪 80 年代后，金融自由化浪潮的兴起，发达国家也在经济和金融领域实行自由化，这又强化了金融偏离实体经济独自发展和膨胀的特征。正如加尔布雷斯所说："在美国，1987 年大崩溃前夕，产生了从市场调节转向罗纳德·里根的信心十足的自由企业方式，同时将经济从政府的强有力干预、有关税收、反托拉斯法的实施和各种制度中解救出来。结果是杠杆作用重新被发现，虽然以前就被证实是可信的。这样，高风险债券或垃圾债券产生的奇迹就激发了新一代反有限公司者和利用杠杆作用买下全部产权专家们的积极性。"① 从而使金融市场的发展出现膨胀，主要资本主义国家先后不同出现崩溃前的市场的狂热。

在各国宏观经济政策推动这一外在动力上，"倒金字塔"形经济结构得以形成，也能说明这一问题。泰纳鲍姆在分析金融危机发生的原因时尖锐地指出，虚拟金融经济与实体经济形成的颠倒的镜像。他把这种本末倒置的经济结构称之为"倒金字塔"形经济结构②，并进而称"倒金字塔"形经济结构所蕴含的金融危机是"金融艾滋病"。

早在1997年亚洲金融危机爆发前，亚洲各国金融系统早与实物经济系统严重脱节。以1989年年末东京证券交易所一部上市的全部股票为例，其平均每股红利为7.31日元，按当时的长期利息率7%计算，则其股价应为104.42日元，市盈率为14.28。但在1990年3月22日其全部股票平均价为1602.57日元，市盈率为220多倍，比理论股价高出10倍多。尽管股价上涨受多种因素的影响，但是这种近似直线似的飞涨状态，远远离开了股票价格的市场边界，其价格的回落是不可避免的。

吴敬琏分析了亚洲金融危机的经验教训。他认为，经常项目赤字和国际竞争力的下降是实体经济效益在下降，而与此同时，各种金融资产的价格却虚升到令人难以置信的水平，金融危机不可避免会发生，因为危机的爆发正是二者之间联系完全断裂的必然表现。③

四　金融产业地位的强化和企业融资制度的推动

从资源配置角度，金融是现代经济的核心。现在金融已经成为各国重要的产业，金融业的发展已经引起各国政府和企业的高度重视，

---

① 吴敬琏：《十年纷纭话股市》，上海远东出版社2001年版，第302页。
② ［德］乔纳森·泰纳鲍姆：《世界金融与经济秩序的全面大危机：金融艾滋病》，《经济学动态》1995年第11期。
③ 吴敬琏：《十年纷纭话股市》，上海远东出版社2001年版，第118页。

越来越多的国家将金融业发展作为经济发展的战略重点，发展金融业成为各国重要的战略策略。与此同时，基于金融的资源属性和资源配置机制，各国经济发展都急剧增加了对金融产业的依赖。这种产业地位的强化，是金融能够独立和自我强化的重要原因。金融产业独立与发展，势必带来金融工具的数量增长和形式多样，并刺激衍生金融工具的不断创新，从而推动了金融市场的自循环和金融资产价值的自我膨胀。

五. 发达国家居于主导地位的分工体系与国际金融的不合理流动

目前世界范围金融资产的规模和发展趋势，实体经济是不可能长期支撑得了的，因为实体经济发展的规模远远低于金融资产发展的规模。据 IMF 对 2007 年的统计，全球范围内，金融资产/GDP 达到 4.2 倍。[①]

但是，为什么金融资产价值总量具有偏离实体经济愈演愈烈的自我强化趋势？答案是：发达国家居于主导地位的分工体系与国际金融的不合理流动促成金融资产价值膨胀且不断自我强化趋势的出现。

在世界经济一体化的国际分工体系中，发达国家利用其所具有与掌控的高新科技、信息技术和发达与成熟的金融业等强势行业，居于国际分工产业链条的顶端，而发展中国家由于不具备这样的优势而处于弱势地位，不得不依靠出卖廉价的劳动力处于加工产业和资源型初级产品生产的产业链条的末端。实体经济的产出更多来自发展中国家的贡献，而发达国家利用掌控的庞大的金融资源控制着产品的流向。也就是说虽然发达国家掌控的庞大的金融资源在本国的经济体中严重偏离实体经济的支撑，但是，发达国家可以将金融"魔爪"伸向处于金融弱势的发展中国家，向其索取实体资源，填充其强大的金融躯壳。即发展中国家的实体经济支撑了发达国家庞大的金融产业，而不是相反。

从债券市场来看，美国是最大的债务国，由于依仗着掌管国际储备货币发行权而玩着货币贬值的把戏，在这个意义上，美国欠债是不

---

① 参见魏礼群《应对国际金融危机　维护我国金融安全》，《国家行政学院学报》2009 年第 4 期。

用偿还的。

以美元垄断世界财富为例，从 1944 年布雷顿森林体系奠定了美元在世界经济中的主导地位以后，即使 20 世纪 70 年代布雷顿森林体系崩溃，也没有从根本上动摇美元的主导地位。进入 20 世纪 90 年代初期以后的美国新经济增长，更强化了美元的主导地位，美国凭借美元在各国外汇储备中的主体地位，可以无视国际储备货币发行纪律，动辄以量化宽松的货币政策，操控着美元的升值与贬值，疯狂的巧取豪夺世界其他国家财富（见表 4-2）。但是，尽管如此，短期内美元的国际货币的主导地位仍然是无可取代。

表 4-2　　　　　　　官方外汇储备比重的币种结构　　　　　　单位:%

货币	1999 年	2000 年	2001 年	2002 年	2003 年	2004 年	2005 年	2006 年
美元	71	71.1	71.5	67	65.9	65.8	66.7	64.1
欧元	17.9	18.3	19.2	23.8	25.2	24.9	24.2	25.8
日元	6.4	6.1	5.1	4.4	3.9	3.9	3.6	3.2
英镑	2.9	2.8	2.7	2.8	2.8	3.4	3.6	4.4

资料来源：国际货币基金组织：《年度报告》，2007 年。

美元不仅作为金融资源，而且以美元为主导的国际货币体系，作为全球经济和战略资源的分配机制，其利益向美国倾斜短期内也无可阻挡。

六　金融创新趋势的推动

金融创新使金融活动与实体经济越来越脱离和疏远。自金融产生之日起，伴随业务发展和竞争需要，金融创新一刻也没有停止。就金融工具的创新来说，美国花旗银行最有代表性。20 世纪 60 年代以后，推出了一系列的新的金融工具。金融创新在规避法律、便利服务和创造利润方面特征明显。而 2007 年美国次贷危机中的次贷衍生品的不断推出，又是一个创新浪潮的涌起，不幸的是，次贷衍生品的创新不仅使创新机构自己陷入了"创新的迷失陷阱"而不能自拔，又将世界经济推进了衰退的深渊。但是，无论如何，创新是不能停止的。关于金融创新的动因理论很多，其中规避风险、规避监管、降低成本、占领市场、追求利润始终的主要动力。这种为金融自身服务的创新动力，也成为现代金融偏离实体经济独自发展的强大动力。

在金融创新中，金融产品的创新是独立于实体经济之外进行的，这些创新工具在给金融创新产品持有者带来一定收益的同时，由于其价值的虚拟性，特别是金融衍生工具的价值高度虚拟性，使金融市场交易规模大大超过实体产品市场的交易规模。总之，金融创新不仅创造了虚拟程度越来越高的新金融工具，而且使得金融部门的活动与实体经济越来越脱离和疏远。

七 现代科学技术发展的推动

科技发展是金融创新与发展的基础设施。自 20 世纪以来的科技大发展，为金融产品创新和金融市场运行提供了技术支撑，更为金融运行绕开实体经济独自发展提供了可能和通道。特别明显的是，现代信息技术、通信技术、网络技术使远程金融交易成为可能，使分散的国内、国际金融市场连成一体，使国际金融资本的全球流动变得异常容易而几乎可以不计成本。所有这些都为金融套利提供了方便。套利活动使金融的触角伸得越来越远，无孔不入。正是科技平台给以价值形态表示和具有高度流动性特征的金融资产跨时空交易插上翅膀，或者说如虎添翼，使跨时空交易的金融资产价值不断自我膨胀，更使金融资本垄断全球资源成为可能。

第五章 金融发展偏离实体经济的实证考察

本章主要考察金融偏离实体经济达到何种程度。主要从存量与流量、国际与国内等视角，用实证来说明金融与实体经济偏离的状态，为下一章进一步分析偏离带来的后果打下基础。本章基于国际视角和国内视角，从金融资产价值存量和流量的视角，从货币市场、证券市场的金融相关率（FIR）、外汇交易额与贸易出口额等方面进行了考察与比较；从国际资本流动与 GDP 增速、衍生工具交易与 GDP 增速的考察和比较、企业投资行为"脱实向虚"、金融衍生工具过度创新导致金融"失联"等方面进行了考察与比较。

第一节 从存量视角考察金融发展与实体经济的偏离

一 存量偏离：基于国际视角的考察

金融发展对实体经济的偏离从存量视角的分析，即金融相关率（FIR）的分析。戈德史密斯将金融相关率（FIR）定义为：一国全部金融资产价值与全部实物资产（即国民财富）价值之比。根据他的研究可以得出结论：金融发展可以超前于经济发展，问题是：金融可以超前到什么程度？戈德史密斯总结出的一条重要的规律是："一国金融相关比率的提高并不是永无止境的，实际观察与理论研究都表明，一旦到达一定的发展阶段，特别是当金融相关比率达到 1—1.5 时，该比率就将趋于稳定。"这意味着戈德史密斯给出了金融相关率（FIR）即金融发展的上限。即金融超前于经济发展的趋势不是无止境的，而是有其上限的。我们可以进一步得出结论：如果超过了上限，金融发展将带来经济的不稳定，历次金融危机导致经济衰退已经证明了这一点。直到今天，金融发展在多大程度上对经济增长有最优的正向效应，或金融发展的不同程度地对经济增长影响如何，这一问题，理论仍然未形成，实践上就更谈不上解决。而无论如何，戈德史密斯关于金融相关率（FIR）的研究，作为衡量金融偏离实体经济程度的存量指标，在实际应用中意义重大。

首先看戈德史密斯的研究结果。戈德史密斯在 1969 年、1985 年分别对几十个工业化国家的金融发展的考察和研究中，得出结论：相对实体经济，各国金融资产的占比在逐步上升，显示出所考察的工业化国家的金融发展与实体经济存在逐步的偏离的现象。由图 5 - 1 可知，所考察的工业化国家的金融相关率（FIR）基本上由 1850 年的 0.4 左右，上升到约 1895—1913 年的 0.8 左右，又在 20 世纪的 20 年代及以后的 60 年代之间，达到 1 甚至超过 1。

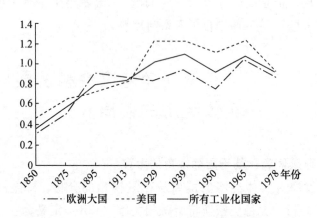

图 5 - 1 1850—1978 年工业化国家金融相关率变动

资料来源：Goldsmith, W. R., 1985b, *Camparative National Balance Sheets*, *A Study of Twenty Countries*, 1688 - 1978, Chicago University Press. 表 4 至表 6。

从图 5 - 1 中也可以看出，20 世纪 20—70 年代，金融相关率（FIR）所处的区间是相对稳定，但是不是到此为止金融发展处于稳定状态了呢？回答是否定的。因为 20 世纪 70 年代以后，特别是 90 年代以后的金融自由化与金融创新，导致金融大发展，金融相关率（FIR）指标有了很大幅度的提高。这一点由于戈德史密斯考察时间的局限，还没有来得及得以反映。

事实正是如此，与戈德史密斯的研究类似，列文（Levine，1997）进一步的经验研究表明，金融在工业化过程中获得了迅猛发展，其规模扩大与 GDP 及非金融资产极不成比例。根据王广谦（1997）的研究，金融相关率这一数值 1993 年达到 2.3 倍。Lane 和 Milesi-Ferretti（2006）利用一国外部资产和负债之和占该国 GDP 的比例衡量一国金融相关率，通过对 1970—2004 年工业化国家和新兴市场国家及发展中国家的研究，得出工业化国家外部资产和负债之和占 GDP 的比重增长了 7倍，新兴市场国家和发展中国家增长了 3 倍（见图 5-2）。

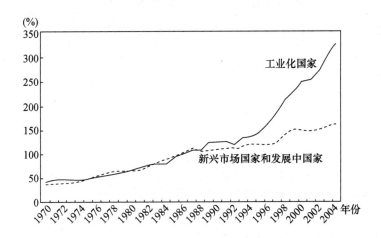

**图 5-2　1970—2004 年全球工业化国家、新兴市场国家和
发展中国家金融相关率变动**

资料来源：Lane，P. R.，Milesi-Ferretti，G. M.，the External Wealth of Nations Mark Ⅱ：Revised and Extended Estimates of Foreign Assets and Liabilities，1970 - 2004，http：// www. imf. org/external/pubs/ft/wp/2006/wp0669. pdf，2006. 03。

鉴于戈德史密斯金融相关率的单一指标选取变量可能存在的不足，后来的研究者通过多个指标比如市场资本化程度占 GDP 的比重、存款货币银行国内资产占 GDP 比重、证券市场与信贷市场的比例等来说明金融发展的程度。

20 世纪 90 年代以后，罗斯·列文（Ross Levine）、诺曼·罗依茨（Norman Loayza）和索思顿·贝克（Thorsten Beck）分析了 71 个国家 1960—1995 年金融发展与经济增长的关系。[①] 他们选择了流动性负债比率、商业银行—中央银行比率和私人信贷比率三个金融发展指标（见表5 - 1），统计结果不仅说明了金融发展对经济增长的促进作用是显著的，而且金融相关比率也非常高。比如，1960—1995 年印度的私人信贷比率为 19.5%，发展中国家平均值为 25%。

张荔教授（2011）和他的博士们在对各国金融资源与经济增长的经验分析中得出了可以借鉴的成果。[②] 他们是对 200 多个国家从 1960—2006 年的近 50 年的数据进行统计分析，得出各个收入不同的分组国家金融发展与实体经济相互关系中的偏离程度。

表5 - 1   **1960—1995 年金融中介总体发展状况**   单位：%

	流动性负债比率	商业银行—中央银行比率	私人信贷比率
平均值	43.44	78.16	38.29
中间值	37.48	83.89	27.01
最大值	143.43	98.99	141.30
最小值	9.73	23.72	4.08
标准差	25.61	18.26	28.71

资料来源：流动性负债比率，是指金融系统的流动性负债（通货＋金融机构的活期存款和付息债务）/GDP×100%；商业银行—中央银行比率，是指在银行类资产中，去除中央银行资产后，再与银行类总资产的比较所得的值；私人信贷比率，是指存款类银行及其他金融机构向私人部门提供的信贷/GDP×100%。

从流动负债与 GDP 之比来看。从图 5 - 3 中可以看到收入不同的分组国家流动负债/GDP 的均值走势的偏离程度。

由图 5 - 3 可见，除了低收入组国家，各个收入组国家流动负债/GDP 的均值基本上都呈现稳步增长的态势，并且在 1993 年左右都开始加速增长，而且高收入组国家增长最快。

---

① 转引自黄达《金融学》第三版，中国人民大学出版社 2012 年版，第 642—643 页。

② 参见张荔、姜树博、付岱山等《金融资源理论与经验研究》，中国金融出版社 2011 年版，第 159—166 页。

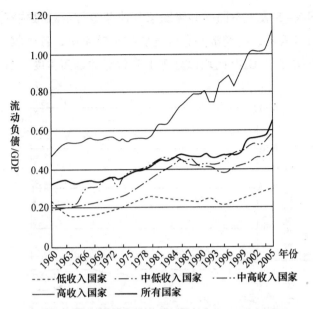

图 5 - 3　收入不同的分组国家流动负债/GDP 均值比

从商业银行资产与 GDP 之比来看。图 5 - 4 反映了收入不同的分组国家商业银行资产/GDP 的均值走势，除收入低的分组国家基本保持不变以外，其他国家的偏离程度基本上都保持稳步增长的态势。

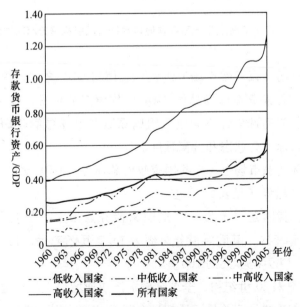

图 5 - 4　收入不同的分组国家商业银行资产/GDP 的均值比

从图 5-5 收入不同的分组国家其他非银行金融机构资产/GDP 均值走势可以看到，在经济与金融发展的正常年份，各个收入组国家其他金融机构资产/GDP 的均值处于上升状态的偏离程度。

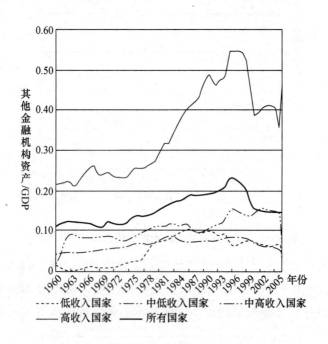

图 5-5　收入不同的分组国家其他非银行金融机构资产/GDP 均值比

资本市场（以股票市场为代表）总值与 GDP 之比。图 5-6 收入不同的分组国家资本市场总值/GDP 的均值走势可见，除个别时间段呈现一定的波动性外，不同收入组国家股票市场总值/GDP 的均值总体是处于快速上升状态和分离程度。

在国际金融市场上，一些国家政府总债务占 GDP 比重的状况也呈现出上升的趋势（见表 5-2）。

其中，美国是一个负有大量国家债务的国家，据美联储网站数据，2011 年年末，其政府债务总额为 15.2 万亿美元，相当于国内生产总值 15.17 万亿美元的 100%。

19 世纪末 20 世纪初，全球金融资产快速增长。从总量对比来看，全球金融资产的价值总量远远超过全球 GDP 的价值总量。

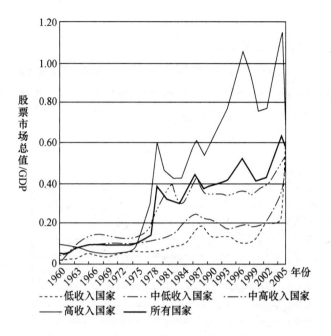

图 5 - 6　收入不同的分组国家资本市场总值/GDP 均值比

| 表 5 - 2 | | | 政府总债务占 GDP 比重 | | | 单位:% |
年份	加拿大	法国	德国	意大利	日本	英国	美国
1980	57. 69	20. 41	31. 25	56. 89	51. 78	40/84	43. 37
1985	84. 39	30. 59	40. 69	80. 48	68. 05	43. 07	53. 10
1990	88. 34	35. 18	42. 25	94. 65	68. 85	27. 14	61. 15
1995	114. 0	55. 44	55. 14	121. 08	92. 83	41. 10	69. 13
2000	91. 06	57. 28	58. 74	109. 15	142. 06	41. 38	54. 16
2005	78. 41	66. 74	66. 34	105. 82	191. 64	42. 40	60. 77
2010	81. 70	82. 3	75. 40	118. 40	225. 90	76. 70	92. 80

资料来源:国际货币基金组织网站。

　　根据国际货币基金组织(IMF)统计,1980—2007 年,全球金融资产从占全球 GDP 的 109% 增长到了 421%,增长了 3 倍多。同时,证券市场直接融资也在飞速发展。

　　二　存量偏离:基于中国视角的考察

　　我国改革开放以来,货币化比率和金融相关比率也呈现快速提高态势。

（一）货币化程度考察

就货币化比率而言，在改革开放前，虽然总体上也呈上升趋势，但增长速度平缓，这是集中计划经济体制所决定的。改革开放以后，M2 占名义 GDP 的比重均迅速提高（见图 5 - 7）。

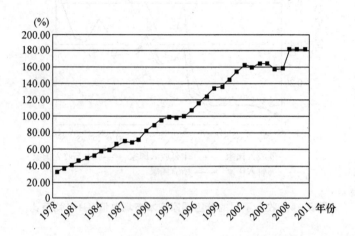

图 5 - 7 1978—2011 年中国货币化比率（广义货币供给与 GDP 之比）

资料来源：《中国金融统计（1952—1990）》和《中国统计年鉴》（1991—2011）。

我国有研究数据表明，相对 GDP 增长，我国存在货币"超发"现象，如图 5 - 8 所示。

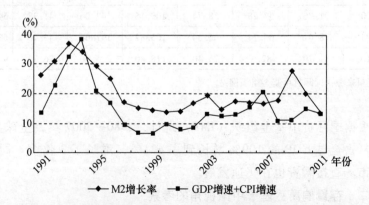

图 5 - 8 我国 GDP 增速、CPI 增速之和与 M2 增速之间的对比

（二）金融相关率考察

改革开放以来，伴随我国经济的快速发展，金融资产的规模和结构均有了极大的改观。金融资产总额由 1978 年的 1980 亿元增加到 2010 年的 87.94 万亿元，增长了 444 倍。相应地，金融相关率由约 54.37% 提高到 2010 年的 220.94%，2007 年曾经达到 276.65%。就金融资产的结构而言，由单一的金融机构资产形态（曾主要表现为贷款），发展为包括银行贷款、债券、股票、保单等在内的多样化金融资产格局。有关中国金融相关率见图 5－9，而金融资产构成情况，可由图 5－10 直观地反映。

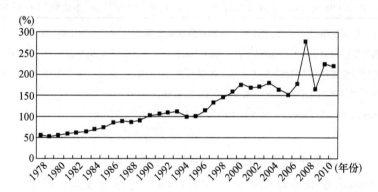

图 5－9　1978—2010 年中国金融相关率变化

资料来源：有关年份《中国统计年鉴》和《中国金融年鉴》。

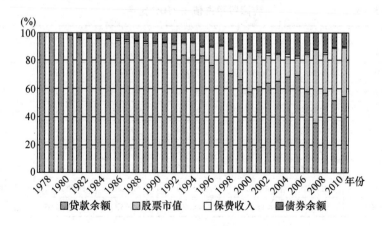

图 5－10　1978—2010 年中国金融资产构成变化

资料来源：有关年份《中国统计年鉴》和《中国金融年鉴》。

从图中可以看出，虽然目前金融机构贷款资金运用依然占金融资产总额的大部分，但其比重已经呈显著下降趋势。相应地，债券、股票和保险等金融资产的份额从无到有、逐年增长的态势极为明显。表5-3给出了我国金融资产与GDP的比率。

表5-3 我国金融资产与GDP比率① 单位:%

年份	银行部门提供的国内信贷/GDP			广义货币/GDP			准货币			股市市值/GDP		
	1990	1996	2010	1990	1996	2010	1990	1996	2010	1990	1996	2010
比率	90.0	98.0	146.4	79.2	112.2	166.3	41.4	67.0	—	0.5	14.0	80.4

注：广义货币（M3）包括通货、活期存款和电子货币（M1）、加定期和储蓄存款、外币活期存款、存单以及证券回购协议（M2），加旅行支票、外币定期存款、商业票据以及互助基金的股票或居民持有的市场基金。准货币为M3-M1。股票市场市值包括非流通股。2006年后世界银行不再单独统计准货币/GDP的数据。

资料来源：世界银行：《世界发展指标》（1998，2011）。

（三）证券市场资产价值与GDP的考察与比较

我国证券市场建立以来，股票市场有了很大发展，股票市值与GDP的比例呈现逐年增大趋势（见表5-4）。

表5-4 我国股票市值与GDP比率

年份	GDP	市价总值	占比（%）	GDP	流通市值	占比（%）
1993	34634.4	3531.01	10.2	34634.4		
1994	46759.4	3690.62	7.89	46759.4	964.82	2.06
1995	58478.1	3474	5.94	58478.1	937.94	1.6
1996	678845	9842.37	14.5	678845	2867.03	4.22
1997	74772	17529.23	23.44	74772	5204.43	6.96
1998	795523	19505.64	24.52	795523	5745.59	7.22
1999	82054	26471.17	31.82	82054	8213.97	9.87
2000	89404	4090.94	53.79	89404	16087.52	17.99
2001	95933	43522.19	45.37	95933	14463.16	15.08

———————

① 参见黄达《金融学》，中国人民大学出版社2012年版，第645页。

续表

年份	GDP	市价总值	占比（%）	GDP	流通市值	占比（%）
2002	102398	38329.12	37.43	102398	12484.55	12.19
2003	116694	42457.72	36.38	116694	13178.52	11.29
2004	159587	37055.57	23.22	159587	11688.64	8.56
2005	183957	32430.28	17.63	183957	10630.51	5.78
2006	209407	89403.89	42.69	209407	25003.64	11.94
2007	246619	327140.89	132.65	246619	93064.35	37.73
2008	300670	121366.44	40.37	300670	45213.9	15.04
2009	345629.2	242127.01	70.05	345629.2	151258.65	43.76
2010	408903	263221	64.37	408903	193110	47.23
2011	484123.5	213310	44.06	484123.5	164921	34.07
2012	534123	228775.33	42.83	534123	181658.26	34.01
2013	588018.8	237403	40.37	588018.8	199579.54	33.94
2014	636463	638477.00	100.32	636463	636563.3164	100.02

　　资料来源：有关年份《中国金融年鉴》。其中，2014 年数据根据中国统计局、上海证券交易所、深圳证券交易所每月数据整理而得。

　　股票市场的发展还可以从我国证券市场建立后从证券市场筹资情况得以说明。图 5 - 11 直观显示出 1991 年以来我国证券市场筹资情况的快速增长及波动情况。2007 年，我国股票筹资额一度达到 8680.2 亿元，2010 年更迅速上升 12638.67 亿元。截至 2015 年 2 月达到 407592.69 亿元。

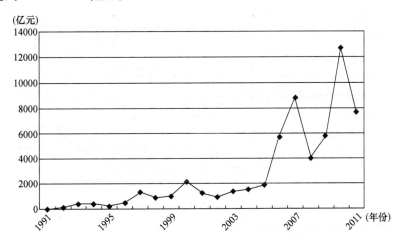

图 5 - 11　1991—2011 年我国证券市场筹资变动情况

资料来源：《中国统计年鉴》（2011），中国证券监督管理委员会网站。

　　1981 年以来，我国各种债券的发行量迅速增加，其中尤其是国债发行规模最为迅速。截至 2014 年，国债发行规模已达近 15 万亿元。除国债外，其他类型的债券如企业债券、政策性金融债券在 2010 年以后也迅速增加（见表 5 - 5）。

表 5 - 5　　　　　　　　　2004—2011 年债券发行规模　　　　　　单位：亿元

债券品种	2004 年	2005 年	2006 年	2007 年	2008 年	2009 年	2010 年	2011 年	2012 年	2013 年	2014 年
国债	6924	7042	8883	7637	8615	16428.1	17881.9	15417.59	16154	20230	21747
政策性金融债券	4148	5852	8980	11090	10811.3	10677.5	12424.7	19071.8	21415	19811	23201
商业银行债券	861	1236	525	823	974	2846	919.5	3468.5	4787	6499	13351
企业债券	327	2047	3938	5059	1854.9	3987.23	3338.53	3806.68	7999	6252	8260
总计	12260	16177	22326	24609	22255.2	33928.83	34564.63	41764.57	50355	52792	66559

　　资料来源：有关年份《第四季度中国货币政策执行报告》和中国债券信息网。

　　从图 5 - 12 可以看出我国国债发行规模呈逐年增长的趋势。

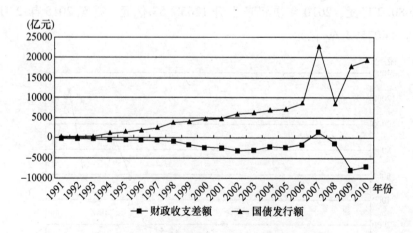

图 5 - 12　我国财政收支差额与国债发行额

　　资料来源：有关年份《中国统计年鉴》。

　　简单的结论：从存量角度看，用实证证明的金融发展与经济发展是高度相关的,这一相关性表现在:金融发展在促进了实体经济发展的同时,又偏离实体经济。即以偏离形式所展现出来的相关联。但是,所有价值都是要回归的。过高的金融相关率应该提醒我们对金融资产的价值泡沫有所警惕。

面对各国几乎均已超过了戈德史密斯给出的相对稳定的约 1.5 比例的相关率,多大的金融相关率是合理的? 这的确是一个复杂问题。

第二节　从流量视角考察金融发展与实体经济的偏离

流量视角,是指以价值形态表现的金融资产交易量,与实体经济实物交易量进行比较的分析方式。流量视角可以包括的方面:外汇、股票、债券、衍生金融工具等交易与出口、GDP 等规模交易的比较。尽管这种比较是否合理,还值得商榷,但是,在没有找到更好的比较方式之前,这种比较至少能对我们分析金融发展与实体经济的偏离有所启示。

一　外汇交易额与贸易出口额的考察与比较

外汇交易额与贸易出口额量比例关系可以从表 5 - 6 直观看到:全球外汇日均交易量在 1977 年为 1830 亿美元,换算成年外汇交易量,是同年外贸出口量的 3.51 倍;到了 1989 年,全球外汇交易量是出口量的 50.68 倍;1998 年,全球外汇交易量是出口量的 93.3 倍。可见两者之间的差距之大。

表 5 - 6　　　　　　　全球外汇交易量与出口量比较　　　　单位:10 亿美元

年份	1977	1980	1983	1986	1989	1992	1995	1998	2001
日外汇交易量	183	825	1190	2700	5900	8200	12300	19816	24320
年外汇交易量与出口量之比	3.51	10.96	17.95	33.92	50.68	54.52	64.06	93.3	85.3

注:日外汇交易量乘上 250 个交易日,得出年外汇交易额。外汇交易不包括外汇衍生工具的交易。出口量不包含劳务出口。

资料来源:国际货币基金组织:《国际金融统计》及国际清算银行(BIS)、世界贸易组织(WTO)。

二 国际资本流动与 GDP 增速的考察与比较

在过去的 30 多年里，随着经济的金融化、金融的全球化快速发展，全球金融的增长远远快于实际产出的增长。1986—2006 年的 20 年里，全球资本市场增速年均为 13.67%，而全球 GDP 的年均增长速度为 3.23%。资金流增速是实际产出增长速度的 4 倍，金融全球化速度远远快于经济全球化的速度①（见图 5 – 13）。

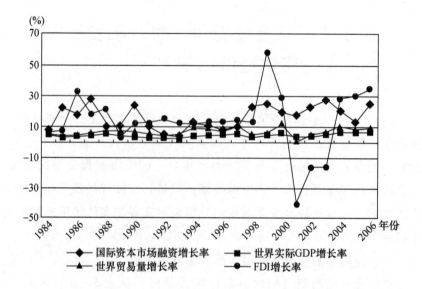

图 5 – 13　1984—2006 年世界实际 GDP 增长率和国际资本流动增长率比较

资料来源：国际货币基金组织网站和世界贸易组织网站。

表 5 – 7 也说明，1998 年，跨境金融交易量是全球实际 GDP 总量的 13.16 倍。指标明显反映了金融资产交易量与实体经济的偏离程度之严重。②

———————

① 参见朱民等《改变未来的金融危机》，中国金融出版社 2009 年版，第 190 页。
② 参见刘晓欣《当代经济全球化的本质特征——虚拟经济全球化》，《南开经济研究》2002 年第 5 期。

表5－7		跨境金融交易量与GDP的比较①				单位：亿美元
年份	1995	1996	1997	1998	1999	2000
跨境金融交易量（a）	3076635	3407144	3787555	3880889	3358855	2657968
GDP总量（b）	290234	298165	296978	294917	306287	321097
a/b（%）	1060	1143	1275	1316	1097	828

三 衍生工具交易与GDP增速的考察和比较

有研究数字可以比较，1998年，全球衍生金融工具名义价值②存量为80.3万亿美元；2007年这个指标达到630万亿美元，占GDP的比值逐年提高，2007年达到11倍之多。③

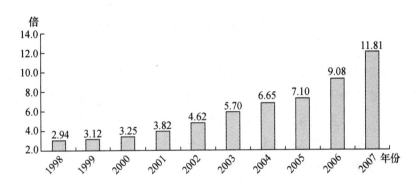

图5－14 全球衍生金融名义价值与GDP的比例④

最近几年，由于全球汇率波动风险加剧，因此，全球外汇交易和外汇衍生金融工具交易规模迅速增长，全球外汇市场的每日外汇交易量增长37%左右，而货币互换和远期外汇合约等外汇衍生金融工具的增长速度更是分别达到了80%和73%。⑤ 而近30年，全球GDP的年

① 参见李宝伟《经济虚拟化与政府对金融市场的干预》，南开大学出版社2005年版，第65页。
② 名义价值是指衍生工具对应的基础资产的金额。
③ 参见朱民等《改变未来的金融危机》，中国金融出版社2009年版，第191页。
④ 参见胡志浩《透过危机看衍生品的发展》，《中国金融》2008年第24期。
⑤ 参见朱民等《改变未来的金融危机》，中国金融出版社2009年版，第190页。

均增长速度为 3.23% 。目前全球外汇及外汇衍生金融工具交易规模日均超过 3 万亿美元。

图 5 - 15 显示了 2007 年年末全球各类 OTC 衍生品名义本金占比情况。

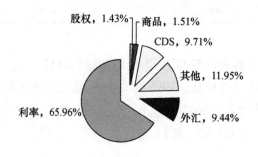

股权，1.43%　商品，1.51%
CDS，9.71%
其他，11.95%
利率，65.96%
外汇，9.44%

图 5 - 15　各类 OTC 衍生品名义本金占比情况①

简短结论：这种交易流量的比较无论是否恰当，一个不可否认的事实就是金融资产的总量出现了迅猛增长，其量的边界已经大大超过了实体经济总量。总之，从股票债券的交易量到衍生工具的交易量，将它们的规模与实体经济相比较（主要是 GDP 的规模），进一步印证了金融交易与实体经济的严重偏离。

四　企业投资行为"脱实向虚"的考察

企业投资行为"脱实向虚"我们将其称为脱离实体投资偏向金融投资，表现在两个方面，一是金融企业投资偏离实体经济，倾向于在证券市场寻找投资对象；二是非金融企业，即生产性经营性企业投资亦出现偏离实体投资，倾向于证券市场的投资。

企业投资行为的"脱实向虚"主要表现为信贷资金的"脱实向虚"。以美国为例，自 20 世纪 80 年代以来，金融机构之间的借贷市场借款量快速增长，远远超过于非金融企业的信贷量增长速度，如图 5 - 16 所示。

---

① 参见胡志浩《透过危机看衍生品的发展》，《中国金融》2008 年第 24 期。

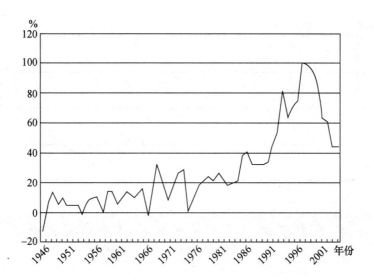

图 5 - 16　金融企业与非金融企业信用量之比

资料来源：美联储：Flow of Funds Accounts of the United States（1946—2005）各年数据。

以 1998 年为例，金融机构的借贷市场借款量与非金融企业的信贷量之比达到 99.73%，反映出大量的信贷资金不是直接注入工商企业等实体经济，而是偏离了投资方向，转而在金融机构之间借贷，并通过系列的资产转换后，再将这些资金贷给非金融企业。

金融企业投资偏离实体经济倾向于在金融市场寻找投资对象的实例，还可以用美国信贷市场的借款额与非金融企业部门（除农业外）的净投资为例说明，从图 5 - 17 可以看到，2005 年，信贷市场借款量高达 34011 亿美元，而非金融企业的净投资只有 9140 亿美元，即非金融企业的净投资仅为信贷市场借款额的 1/4 略多些。

随着经济金融化、金融自由化和金融全球化势头快速发展，金融风险也在积聚和放大，这直接刺激了以高风险投机为手段并以营利为目的的各类机构投资者不断涌现，各类金融基金等机构投资者的出现就是明显例子。以发达国家美国、英国、法国、德国为例，考察一下这些国家的企业投资状况，一个明显的趋势就是金融投资[1]与实际投资

---

① 此处的金融投资以股票投资为代表。

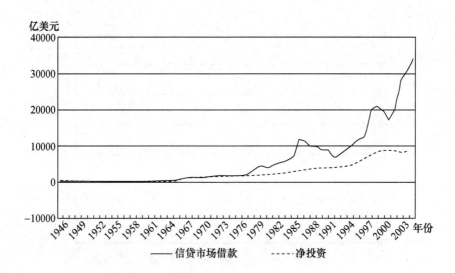

图 5 - 17 美国信贷市场借款量与非金融企业的净投资

资料来源：美联储：Flow of Funds Accounts of the United States（1946—2005）各年数据。

的反向变动。[①] 在美国，1970—1974 年企业实际投资为 63.2%，而在 1985—1989 年下降到 48.2%。与之对应的股票投资，则从 4.3% 上升 到 18.7%。在英国，1975—1979 年企业实际投资为 66.7%，而在 1985—1989 年下降到 56.7%。与之对应的股票投资，则从占资金使 用的 8.0% 增长到 18.2%。在法国，从 1970—1974 年到 1990—1994 年，企业的实际投资从其资金使用的 80.5% 下降到 59.5%，下降了 21 个百分点。与之对应的股票投资占整个资金使用的比例则从 1.4% 上升到 19.8%，上升了 18 个多百分点。在德国，实际投资占整个资 金使用的百分比从 1970—1974 年的 82.8% 下降到 1990—1994 年的 72.4%。与之对应的股票投资，占资金使用的比例则从 1.5% 上升到 5.5%。和法国、美国、英国等国比起来，德国的实际投资与股票投 资变动相对稳定，但仍然呈现出实际投资下降与股票投资上升的 趋势。

　　企业实际投资的下降，而金融投资的上升，这是 1970—1994 年

---

　　① 参见张晓晶《符号经济与实体经济——金融全球化时代的经济分析》，上海人民出 版社 2002 年版，第 190—193 页。

近 1/4 世纪以来，英国、美国、德国、法国等发达国家企业投资结构
所呈现出的基本变动趋势。反映了开放经济下给企业盈利模式带来的
影响，企业单纯依赖实际投资和生产已经无法在市场上立于不败之
地。它只有同时具备了金融管理的才能，关注全球金融变动的态势，
才可能保证来自实际生产领域的利润不会为金融变动所侵蚀。而金融
投资领域获利的快节奏高利润，和实体经济领域相对较低的获利和长
周期也打击了企业的生产性投资的努力。这些都导致企业对实体经济
的实际投资逐步减弱，而对金融投资，即对金融资产的购买在增强，
从而造成金融与实体经济的进一步偏离。

五　金融衍生工具过度创新导致金融"失联"的考察

金融创新突出表现为金融衍生工具的创新。前面我们探讨衍生金
融工具与实体经济在量上的偏离的关联，本部分从考察衍生金融工具
与实体经济在质上的偏离的关联，即几乎"失联"的关联从质上分
析，即从衍生金融工具的本质属性上来剖析金融发展与实体经济偏离
的究竟能有多远。衍生金融工具的本质属性是什么？我们可以从衍生
金融工具的价值由什么决定的来回答这一问题。我们从布莱克—肖尔
斯（Black－Scholes）期权定价模型（Black and Scholes，1973）了解
衍生工具定价的基本原理：

$$f_c(t,\ s) = sN(d_1) - e^{-r(T-t)}XN(d_2)$$

$$d_1 = \frac{1}{\sigma\sqrt{T-t}}\left\{\ln\left(\frac{s}{X}\right) + \left(r + \frac{1}{2}\sigma^2\right)(T-t)\right\}$$

$$d_2 = d_1 - \sigma\sqrt{T-t}$$

式中，f_c 表示看涨期权的价格，s 表示基础资产的价格，r 表示无
风险利率，X 表示执行价格，t 表示期权的有效期。公式反映了 f_c 与 s
的关系：衍生金融工具的价值是由基础金融工具的价值决定的。因
此，"衍生"正是衍生金融工具的本质。

衍生金融工具是通过某种基础金融工具的价值与实体经济发生某
种关联。比如以债券为基础金融工具做抵押的有价证券（Asset－
Backed Securities，ABS），其价格受作为该抵押品债券的价格及其变
动决定的，因而是通过债券为中介与实体经济发生关联的。即向前推
导衍生工具的基础，再到基础的基础，如果最后的基础变量是股票、

债券这类初级的可交易资产，那么，它就最终会与实体经济发生关联。

2007 年美国次贷危机的发生，不受监管约束的衍生金融工具过度创新成为主要的罪魁祸首之一。尽管金融衍生工具创新工程具有潜在的优势，能够创造出更加适合投资者风险偏好的产品和服务，但是，不容回避的一个问题是：它与基础工具的严重偏离，加重了金融市场的信息不对称。诸如次贷危机中 CDOs、$CDOs_1$、$CDOs_2$……CDOsn 等结构化信贷产品过于复杂，以至于难以衡量证券的基础资产所产生的现金流，或者无法确定到底谁拥有这些资产。事实上，美联储主席本·伯南克在 2007 年 10 月的一次讲话中曾开玩笑说，他"很想知道那些该死的东西到底值多少钱"。换言之，结构化信贷产品不断提高的复杂程度实际上破坏了金融与实体经济的联系，上演着"失联"的游戏，从而导致金融系统中的信息不对称问题更加严重，并且加剧了金融衍生工具交易市场的逆向选择和道德风险的严重程度，本身就蕴含着危机的可能，而不能实现其规避风险的原本功能。

第六章 金融过度偏离实体经济的效应分析

本书第五章，列举实证，指出了全球范围内金融发展存在过度偏离实体经济现象。本章将分析金融与实体经济的过度偏离可能导致的严重后果，为下一章构建金融边界理论假说打下基础。

第一节 金融适度偏离实体经济的合理性

金融发展适度偏离实体经济是金融本质属性决定的，是正常现象，这种适度偏离不会影响金融对实体经济的正向功能的发挥，即降低交易成本、促进资源配置、拓展风险管理渠道和发挥宏观调控作用等功能的发挥。在第四章分析了导致金融偏离实体经济的内在逻辑和外在动力，说明了金融可以适度偏离实体经济，这种适度偏离具有合理性。

白钦先教授就曾经撰文将"金融的一定程度的和日益明显的虚拟化与独立化倾向"作为金融的历史性变迁的内容之一。他指出："没有一定程度的虚拟，可以说就没有现代经济，也没有现代金融；现代金融假如还像传统金融那样与实质经济保持相当高的关联度，甚至几乎是一对一的对应关系，就功能而论仍是简单的中介功能的话，那就根本不会有现代金融及其功能的扩展与提升。"[①]

戈德史密斯在《金融结构与金融发展》重要研究成果——金融相关率指标中，也说明金融适度偏离实体经济的普遍存在性。

---

① 白钦先：《百年金融的历史性变迁》，《国际金融研究》2003 年第 2 期。

对于金融适度偏离实体经济具有合理性的具体分析，还可以从纯粹的物物交换与金融市场自循环交易角度，以及微观主体金融资产持有行为选择的不同分析。

一 从纯粹的物物交换与纯粹的金融市场自循环分析

纯粹的物物交换是只有实物商品而无金融商品参与的极端交易。而金融市场自循环又是不需要实体产品参与的另一种情况的极端交易形式。在这里，出于资产组合平衡、避险的需要所进行的金融交易是纯粹的金融市场自循环行为，有价证券的相互转让和套汇套利行为均是典型的零和博弈，赚取差价的交易。在这里，我们找不到金融资产交易与实体经济关联的影子。

二 从微观主体金融资产持有行为选择的不同分析

从微观主体金融资产持有行为选择的不同分析，也有几种极端情况。

比如居民自身保有在收入基础上的以货币形式存在的消费剩余不存入银行，便使这种意义上的"金融资产"偏离了实体经济所需要的储蓄转化为投资的要求。其自我保有的金融资产的价值此时完全取决于未来消费价格水平。企业生产或经营环节周转出来的闲置的货币资金，如果保有在企业自身手中，也实现不了"储蓄向投资"的转化。这两种情况在现代社会也是存在的。这事实上是资源的浪费，但微观主体偏好不同，也许是出于即时的消费需求，或者是预防需求，在这里暂且不去探讨。

另一种是国债的信用发行。国债信用发行是超储蓄的，使用未来的税收偿还的。这里信用和实际产出发生偏离。事实上，金融资产是对未来收益的要求权或索取权，"未来"本身就与现实发生偏离，是基于现实对未来的预期，基于未来的不确定性，有预期就有偏离。

当然，实际储蓄完全等于金融资产的形成也是可能存在的，比如我们通常分析的家庭部门的储蓄通过金融中介，将其转化为企业部门的投资，就是这种情况。

三 从货币供给量角度分析

一国的货币发行是受经济发展对货币量的需求决定的。但经济体中究竟需要多少货币，是一个受诸多因素影响的量的问题。仅仅假定货币流通速度一定，是远远不够的，所以，是一个难以统计的量。现代经济发展客观上需要货币先行，因此，货币的发行比率一般总是超过 GDP 的增长率，而不是弗里德曼的不变比率。在经济发展非常时期，比如金融危机等通货紧缩状态下，各国货币当局以及国际货币基金组织等以紧急救助的角度，超经济发行货币，包括扩大的财政政策用以支持基础货币的投入。所以，会产生金融资产价值或规模与实体经济的偏离。

　　总之，从以上三个角度分析表明，金融资产价值或规模与实体经济适度偏离，是符合基本的经济逻辑的。

第二节　金融过度偏离实体经济 的一般效应分析

　　尽管金融发展适度偏离实体经济是金融本质属性所决定的，是正常的，而且不能改变金融对实体经济发挥的正向功能作用，但是，我们也不能轻视过度的偏离会产生的严重的后果。

　　作为金融过度偏离实体经济的极端形式，金融危机是最好的说明。金融过度偏离实体经济的一般效应分析表现在以下几个方面：

一　容易累积、提升和派生金融风险

　　金融是一种信用交易，信用交易具有不确定性特征，所以金融行为也就必然存在着风险。金融风险的本质表现就是金融资产价格的过度波动。金融过度发展会产生金融资产价值膨胀和规模扩张，累积、提升金融风险。这是因为，金融资产价值的膨胀使金融工具的价值量可以摆脱实体经济限制，同时也使金融在运动状态上偏离实体经济，形成金融市场自我循环的独立系统。这一特征为现代金融累积、提升和派生金融风险创造了条件。正是金融市场自我循环过程中由于对收益的过度追求会导致过度投机与欺诈现象的出现，推高金融资产的价格，在价格波动中容易累积、提升和派生金融风险。

二　导致更强烈的金融脆弱性

　　金融资产价值过度膨胀导致的金融脆弱性的强化根源，在于金融活动的载体——金融工具本身是信用工具，它自身虽然没有价值但却成为价值的符号，这本身就意味着一种价值的不对称。一旦社会的信用制度受到威胁，金融工具的价值符号特征与作用的发挥就会受到威胁，金融工具就仅仅是"符号"而已，其代表实物资产价值的实质性意义就已退去，即经济中发生了资产价值泡沫或通货膨胀。现代金融是以价值虚拟的信用工具作为金融运行的载体，金融运行过程中又表现出价值的进一步虚拟和膨胀，这一特征的过度表现就会使金融过度偏离实体经济，在运行规模和速度上都远远超出实体经济的承载能力。正是由于金融交易是以信用为基础的，信用的最大运用是以实体经济的最大扩张为基础的，如果实体经济的最大扩张不足以支持信用进一步延续，信用链条便会中断，信用危机的"多米诺骨牌"效应便会出现。

三　增加对金融掌控的难度

现代金融本身就以其复杂性、瞬息万变性和价值波动性使货币当局、监管当局和金融市场参与主体难以对其有效地掌控，而金融过度发展累积、提升和派生的金融风险和对金融市场脆弱性的强化，又使这种掌控难度增强了。20 世纪 70 年代末以来的金融发展史就证明了这一点。历次严重的金融危机都表现出了政府在救助上能力的有限。微观上看，因发明期权定价理论而获得 1997 年诺贝尔经济学奖的经济学家罗伯特·默顿（Robert Merton）和迈伦·肖尔斯（Myron Scholes），其经营的长期资本管理公司也会遭到破产，2007 年美国次贷危机中华尔街著名五大投行全军覆灭，破产的破产，被收购的收购，转型的转型，更是有力的例证。现代金融可控难度的增加，与金融过度发展有重大关联。

第一，金融过度发展在增加了金融资产的种类的同时，也模糊了各种资产之间的界限。比如，人们很难在货币与非货币性金融工具之间画一条明确的界限。正是由于界限很难确定，在货币政策上，自然也就无法以其数量作为政策操作的对象，因此货币政策的可控性难度在增强。

第二，金融创新使金融工具形式不断转化，金融衍生工具层出不穷，特别是金融过度创新，比如 2007 年美国次贷危机中次级衍生品的过度创新成为引发次贷危机的直接推手，且不说美国金融监管部门对这种衍生品的创新放任自由，采取了不监管的态度，即使是有意监管，在这样过度的创新中，恐怕也是力不从心。

第三，许多衍生金融工具工程性技术性极端的高强，因而信息不对称性严重，更使金融市场投资者难以掌控，实际上，绝大多数的投资者在金融高收益的诱惑下，是带着赌博的心理入市的。这更增加了金融市场的风险和掌控的难度。

四　金融市场的高收益会引导资金的强烈"脱实向虚"

市场体系是由实物商品市场和金融市场构成的。两个市场都需要资金支持。而资金的流向是受金融资产的价格——利率指引。资金在各个市场同时均衡时，利率 = 到期收益率 = 预期收益率。但是，市场一刻也没有均衡过，因此才有市场的交易与活力。此时，利率引导资金会流向预期收益率高的市场。当金融市场的纯粹金融投资比如股票、债券、衍生品的交易投资，如果收益率大于实体经济投资，资金就会流向金融市场而偏离实体经济。这时，实体经济投资需求得不到满足，停留在实体经济的资金价格也会上升，成本提高，经济萎缩，产出下降，对实体经济具有深重打击。马克思说："信用的最大限度，等于产业资本的最充分的动用。"① 可以理解为信用最大化运用是产业的最大化扩张。实体经济投资需求得不到满足，不仅实体经济深受打击，金融市场也不可持续，因为没有了实体经济的最终支撑。

在现代经济中，金融市场的虚拟资本由于具有高收益的虚拟价值体现和追求，因此具有自我增强的"无限"扩张的趋势。然而，虚拟资本不仅是现实资本发展的必然产物，而且由于虚拟资本可以提供市场投机的机会，因而会产生资产价值泡沫，泡沫表明金融发展超过实体经济可以支持的度。正如通货膨胀的另外一种表达就是纸币的发行超过了极限一样，"泡沫"也是金融资产虚拟价值"过度"的代名词。所以所要控制的是虚拟资本过度"脱实向虚"。

由于经济泡沫与泡沫经济只有一步之遥，因此需要加强对经济泡沫的规范，防止因虚拟资本的过度膨胀而出现经济的泡沫化现象。关

---

① 《资本论》第三卷，人民出版社 1975 年版，第 546 页。

键是在金融经济与实体经济之间形成合理的投资结构，而不是金融市场非理性繁荣情景下的全民投资"脱实向虚"的一边倒。

五　导致不合理的财富再分配

偏离实体经济的金融资产价值膨胀，在经济过热，或者称为较严重的通货膨胀时期，会导致以货币形式保有的财富缩水，这是一种严重不合理的财富再分配形式。表现在货币当局的超经济发行，也表现在金融市场自循环的非理性高涨，资产价格不断被推高，出现资产价格泡沫高发，导致经济泡沫和泡沫经济，金融资产价值不能回归实体经济价值。在国际范围内，表现为国际货币发行国出于本国利益的驱动，实施过度宽松的货币政策，比如美国在救助次贷危机期间，几度实施所谓的量化宽松的货币政策，向国际金融市场"放水"，这种损人利己行为，实际上是对世界财富的野蛮掠夺，是一种强盗行为，是世界范围内的财富不合理再分配。

第三节　金融资产价值不能回归的
经典案例：次贷危机

2007 年美国次贷危机并由此引发的全球金融危机，是以金融衍生品为代表的金融资产价值不能回归实体经济的经典案例。

次贷危机的典型特征是：以金融资产证券化为主要信用工具无度创新、扩张而引发的金融资产价值泡沫破灭，导致金融资产价值不能回归流动性。在这个典型案例中，影子银行作为创造流动性的新的融资体系，在危机中起了重要推手作用，也可以称其为罪魁祸首之一。影子银行创造流动性的融资体系，其实质就是通过称为影子银行的特殊金融机构作为发起人，设计一套如何把证券市场流动性转变银行流动性的金融产品的市场安排，这种市场安排可以规避监管规则，通过增加流动性提高金融资产杠杆率，过度使用具有公共性服务的金融体系，从而为影子银行等金融机构谋取最大化收益。这种创新的融资模式，在为金融企业创造流动性的同时，也为流动性断裂，埋下了隐患。

在这一部分，我们通过分析美国次贷危机过程中影子银行体系过度追求流动性，对证券化金融衍生工具无度创新，导致流动性不能回归，即金融资产价值不能回归实体经济这一典型案例，揭示金融过度发展会触及金融的客观约束边界而导致金融危机发生的内在机理。揭示金融过度脱离实体经济所产生的极端效应。

一　次贷危机是金融资产全球扩张的必然后果

2007 年次贷危机爆发后，国内外理论界和实际部门对这次危机的起因与形成机制从多种角度提出了各种解释。例如美国商业银行降低住房信贷市场准入标准，美联储早期宽松的货币政策和后期的持续加息，房地产市场泡沫破裂，金融衍生工具泛滥，全球流动性过剩，金融监管不足，华尔街贪婪的人性，信用评级机构的虚假性评级，以及各国储蓄与投资的失衡导致的世界经济的失衡，等等。透过这些表面现象对其背后的本质进行深入分析可以发现，这些现象的背后，都反映出一个本质原因，就是金融资产的价值不能回归其代表的实体经济的价值，次贷市场因为过度追求流动性反而导致流动性的不能回归，表现在"击鼓传花"模式下的金融资产价值转让遭遇夭折，其流动性需求"胎死"在最后的接盘手中。国际信用评级给出的所谓 3A 级的近似无风险的次贷衍生品评级，在看似具有无限性的衍生链条中，在一个噩梦般的节点上瞬间转化为"有毒资产"，投资者梦醒时分，世界经济已经被这场危机拖进了衰退的深渊。

分析美国次贷危机引发的全球金融危机的历史背景可以看到，20世纪八九十年代以来，世界范围内掀起的经济金融化、金融自由化和金融全球化以及经济一体化，使发达国家和发展中国家新的世界分工格局得以形成，这种世界经济一体化背景下的分工格局通过金融套利、知识与技术套利、工资套利以及监管套利①等，在带给世界经济一片繁荣景象的同时，也造成了全球经济发展的严重失衡，表现在全球金融资产价格快速上涨，全球流动性的过剩与泛滥，以及与次贷危机直接相关的美国新的"发行—分销"融资模式的出现，造就了到目

---

① 参见易宪容、王国刚《美国次贷危机的流动性传导机制的金融分析》，《金融研究》2010 年第 5 期。

前为止，近 30 年的全球性信用无限扩张的发展局面。就美国次贷危机引发的全球金融危机的美国国内的宏观背景来看，自美国 2000 年 IT 股市泡沫破灭以及 2001 年"9·11"事件发生之后，美联储为了迅速恢复世界经济对美国的信心及国内经济遭受的冲击与影响，采取十分宽松的货币政策以防止美国经济可能出现的衰退，从而反映在住房抵押贷款市场上的次级贷款盛行。

世界经济一体化背景下的金融套利，是指 20 世纪 90 年代初日本金融资产价格泡沫破灭之后，为了应对金融资产价格泡沫带来的影响，日本政府采取了低利息甚至于零利息的极度宽松的货币政策，从而使日本在近 20 年的时间里，向全球金融市场提供了大量的低成本甚至零成本融资。根据国际清算银行（BIS）统计，在 1993 年，日元的国际贷款规模还只有 4000 亿美元左右，但到了 1998 年 3 月就上升到了 9200 亿美元的规模。这一时期，不仅日本银行的日元利息非常低，而且日元相对日元以外的货币迅速贬值。在这种利差收益和汇兑收益双双得利背景下，使得当时利差套利交易十分盛行。从 1995 年 4 月至 1998 年 8 月，世界年均利差套利交易达到 2000 亿—3500 亿美元，而盈利可达近 1690 多亿美元。20 世纪 80 年代后迅速发展起来的创新金融工具，例如对冲基金，在这场利差套利交易中大获其利（沈联涛，2009）。到 2007 年，世界范围内的利差套利交易市场进一步扩大，当年利差套利交易就达到了 2 万多亿美元，其中一半以上的利差套利交易的币种就是日元。这种世界范围内的货币之间的利率和汇率套利，在使得国际金融市场流动性泛滥的同时，又被杠杆性金融工具以及金融衍生工具无限地放大，从而加剧了世界范围内的脱离实体经济的金融交易资产跨国流动并产生剧烈波动。

世界经济一体化背景下的知识与技术套利，是指"冷战"结束后华尔街吸纳了大量的精通数理、工程的科学家和物理学家。这些数理专家将工程技术和数理统计运用到了金融市场的金融工具的创造和交易，以建立金融模型进行资产组合管理金融风险所著称，一时间，金融市场衍生金融工具和复杂的交易运作风生水起，各类以高风险投机为手段并以营利为目的的金融基金快速发展，特别是以衍生金融工具交易为主的对冲基金更是称霸市场，不可一世。对冲基金的投资目标比较广泛，除传统的证券外，还包括期货、期权以及各种衍生金融工具。事实上，对冲最早在 20 世纪 50 年代就出现了，只是长期以来并未引起人们足够的关注。到 20 世纪 80 年代以后，随着金融自由化浪潮的兴起，给对冲基金带来了广阔的投资机会，开始进入快速发展的阶段。从资产管理的数量上，20 世纪 90 年代，对冲基金管理资产还不足 2000 亿美元，到 2006 年便翻了 3 倍，详情可见图 6 - 1。

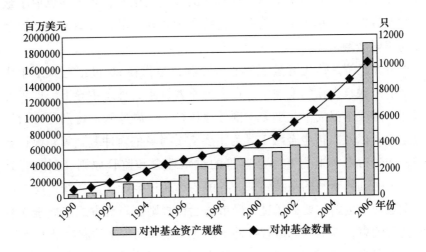

图 6 - 1　1990—2006 年全球对冲基金数量及掌控金融资产规模

资料来源：国际货币基金组织：《全球金融稳定报告》，2006 年。

　　进入 2007 年，全球对冲基金已经建有 9000 多家，掌控的金融资产已经达到了 2 万多亿美元。危机前，对冲基金处于不受监管的状态，危机后，美国进行了金融监管改革，涉及对冲基金管理的内容，但是，目前看来，对冲基金的经营特点所致，它仍然是全球金融风险的重大隐患之一。

　　世界经济一体化背景下的工资套利，是指 20 世纪 80 年代以来，以计划经济为主导的国家开始由计划经济向市场经济的转轨。这期间，来自印度、东欧、中国等新兴市场国家和计划经济国家的大约 30 亿劳动力从以往体制中释放出来，加上世界经济一体化带来的自由贸易、技术引进、企业治理结构的改善，新兴市场经济国家和转轨国家不仅促进了所在国的经济快速增长与繁荣，其低廉的劳动力价格也为全球市场提供了大量低成本的商品，推动了全球经济进入高增长和低通胀的繁荣时期。新兴市场经济国家和转轨国家所创造的财富以持有国际储备货币发行国的银行存款、国债等形式，回流国际储备货币发行国。而且，由于新兴市场经济国家和转轨国家相对落后金融市场，使所增加的金融资产也只能在发达国家的金融市场寻找出路。当大量外汇储备涌向国际金融市场寻求合适的投资渠道时，华尔街也成了最大受益者之一。华尔街用其多样化的金融创新产品，吸纳了全球资金涌向美国金融市场。

世界经济一体化背景下的监管套利，是指在 20 世纪七八十年代以来的金融自由化的浪潮中，在市场原教旨主义理念主导下，世界各国在金融改革浪潮中几乎无一例外地放松了金融监管，特别是对衍生金融工具以及以衍生金融工具为主要交易对象的对冲基金等非银行金融机构奉行着不监管和不必监管的哲学理念和监管原则。在此背景下，金融创新套利的高潮到来。各国要么通过金融产品创新，要么通过金融交易创新，要么通过金融市场运行规则创新等方式来规避既有的监管约束，以追求无监管条件下的无度创新而带来的利润最大化。

以资产证券化衍生品的创新为例，无论是住房按揭支持证券（Mortgage Backed Securities，MBS）、资产支持证券（Asset – Backed Security，ABS）、抵押担保债务证券（Collateralised Mortgage Obligation，COM），抑或 CDO，还是 CDS 等金融创新产品的出现，以及大量场外交易的存在；无论国际原油价格过山车式的剧烈变化，还是国际大宗商品的疯狂炒作，等等，都与监管套利有关。美国次贷市场的"发起—分销"模式，亦是监管套利的产物。正是这种新的融资与经营模式，使传统的存款货币银行的资产业务可以转变成表外业务，得以利用高杠杆率来提高银行资本的使用效率及提高利润水平。在这种"发起—分销"融资模式下，不仅传统的存款货币银行，而且一切参与融资链条的投资银行、保险公司、评级机构以及住房按揭机构，等等，都能大发其财，同时这些机构也由此绕过资本金的约束。

从次贷危机背后的实体经济来看。美国 20 世纪 90 年代开始进入了新经济时期。自美国 2000 年 IT 股市泡沫破灭以及 2001 年"9·

11"事件的发生之后，美联储为了迅速恢复世界经济对美国的信心及国内经济遭受的冲击与影响，采取十分宽松的货币政策以防止美国经济可能出现的衰退。从 2001 年 1 月 3 日起，连续 13 次降低联邦基金利率，到 2003 年 6 月 25 日，利率已从 2001 年的 6.5% 降低到 1%，创下了自 1958 年以来历史最低水平（见图 6 - 2）。

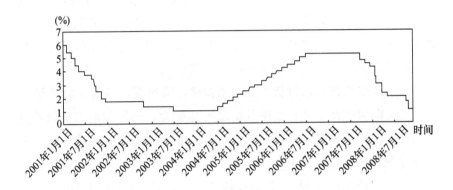

图 6 - 2　2001 年 1 月至 2008 年 7 月美国联邦利率走势

资料来源：路透社数据。

由于美国货币政策的扩张降低了融资成本，刺激了消费与投资，信用快速扩张，成为促成国际金融市场流动性泛滥的重要原因之一。从以下指标可以看到，美国 M2/GDP 从 1997 年的 56.37% 提高到 2007 年的 71.74%，巨大的流动性从信贷市场流出。外国投资者持有的美元债权也从 2000 年的 3.56 万亿美元迅速飙升到 2006 年的 7.77 万亿美元。有研究资料显示，在这段时间里，美国向国际金融市场至少输送了近 4.21 万亿美元的流动性（陈洁，2009）。因此说，宽松的货币政策导致的联邦利率的大幅下降，是国内外金融市场最直接的流动性来源。

面对金融市场的流动性泛滥，如何消化这些流动性，不仅是美国存款货币银行首先要考虑的问题，也是美国政府必须考虑的问题。在扩大美国住房拥有率的"美国梦"的国家战略主导下，美国按揭贷款银行信贷目标瞄准了房地产市场。超低的联邦基金利率和随后的住房贷款利率的下降，以及银行贷款条件的放松，刺激了美国房地产市场的繁荣。为使一些收入不稳定，信用级别较低的购房者进入房地产市场，美国按揭贷款银行设计了许多金融创新按揭利率产品，使这些购房者能够购买到超过其收入所能承担的住房。这本身就为次贷市场产生不良资产埋下了隐患，而美国次贷按揭市场"发起—分销"的新融资体系就此产生。

因此，2007 年次贷危机是长期积累的信用无限扩张的结果。无论金融套利、知识和技术套利、工资套利，还是监管套利及宽松的货币政策，都以不同方式创造了信用的无限扩张，强化了流动性泛滥。因此，次贷危机是金融资产全球扩张的必然后果。

二 次贷危机是次贷衍生品脱离实体经济过度创新的必然后果

次级住房抵押贷款是金融危机爆发的源头。而复杂的次贷资产衍生品及其交易链条的延长——衍生品再衍生，成为酿成次贷危机引发全球金融危机的直接推手。

次贷资产衍生品链条主要包括次贷、次债、CDO 和 CDS，以及 CDO 的多次衍生。次贷产品衍生链条可见图 6 - 3。

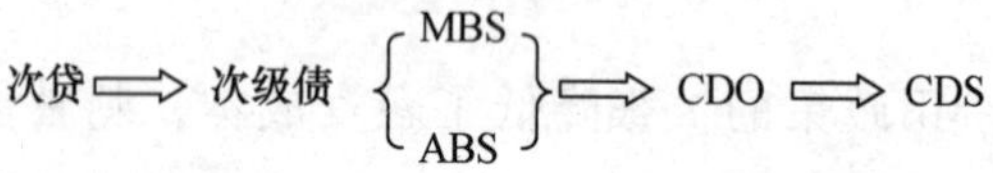

$$\text{次贷} \Longrightarrow \text{次级债} \begin{cases} \text{MBS} \\ \\ \text{ABS} \end{cases} \Longrightarrow \text{CDO} \Longrightarrow \text{CDS}$$

图 6 - 3 简略的次贷衍生品链条

次贷危机全球扩散，是因为次贷受损机构的信息迅速反映在该公司股价上，进而引发股市恐慌，股市将全球经济体联系在一起，带动债市、期货、外汇，以及各类衍生品市场联动反应，构成全球金融市场的系统性风险。同时，世界经济一体化的贸易渠道，也将全球经济体联系在一起。

美国次贷危机与实体经济的联系主要表现是，危机前的房地产繁荣，放贷建立在房价走势上，并忽视贷款人的信用记录和未来偿还能力。但房价和宏观经济直接相关，利率在宏观经济走势上发挥着重要作用。当宏观经济调控，货币紧缩，利率趋高，直接打击房地产市场。同样，利率走高，房地产又不景气，收入不稳定的贷款人信用违约不可避免。当然，在经济景气时，次贷以及衍生品的高收益，驱使各类金融机构纷纷入市，不仅推高了次贷衍生品的价格，也延伸了次贷衍生品的衍生链条。加之衍生创新市场金融监管的不作为，信用评级的虚假成分，提高住房自有率的"美国梦"，等等，创造着美国次贷市场的"红利"奇迹。

　　然而所有人都忽略了这样一个问题：如果事态一旦向反方向发展，即宏观经济不景气，房市低迷，次贷抵押品价值下降，利率上升，借贷成本和还款压力加大，次贷违约不可避免，以次贷衍生品作为获利链条的衍生品"击鼓传花"即可终止，次贷危机不可避免。事实正是如此，据彭博数据统计，次贷违约率在 2008 年 6 月 30 日已经高达 18.76%。18.76% 是什么概念？是指次贷违约率已经达到优级贷款不良率的 5 倍左右。可以说，次贷危机的爆发正是美国次贷及其衍生品市场过度膨胀而严重偏离实体经济支撑（房地产市场低迷）的结果。因此，次贷危机是次贷衍生品脱离实体经济过度创新的必然后果。

　　这一后果的深层次根源可以从美国传统银行信贷方式向新的融资模式创新与转变开始分析。从 20 世纪七八十年代起，伴随全球范围内各国金融管制的放松和金融技术与网络科技的革命，全球金融体系都在发生着显著变化。特别是发达的美国金融体系更是这场变革的"领头羊"。金融自由化带来的金融体系的变革主要表现为传统的存款货币银行的信贷方式向新的融资模式的转变。传统的存款货币银行的信贷模式是吸收存款发放贷款，并持有到期。关注的是信贷风险以及资产的转化等。而美国金融体系变革后形成的新的融资模式则是通过证券化方式从市场上获得流动性，银行的信贷资金不是来自吸收存款而是来自证券市场资产转让。正像拉尔等（Lall et al.，2006）对美国金融体系的变革给出的更为学术化的概念，即高度关联型的金融交易及非关联型的金融交易。这场美国信贷市场的革命就是一场由高度关联型金融交易向高度非关联性金融交易的转变，即它将传统的信贷零售并持有到期为主导的银行信贷模式转变为以"发起—分销"为主导的银行融资模式，或者说它将全球性商业信贷从传统商业银行为主导的模式演变为隐藏在通过资产证券化背后创造信用的类似于银行的

"影子体系"的金融制度安排（格罗斯，2009）。这种信贷模式没有传统商业银行的组织结构，却发挥着传统商业银行信贷运作的功能，从事这种模式的金融机构因此被称为"影子银行体系"。"影子银行体系"的信贷模式改变了金融交易关系与方式。在影子银行信贷体系中，金融机构的资金来源主要依靠金融资产的证券化转让，而不是像传统商业银行信贷创造那样，依赖的是把储蓄转化为投资，资金的来源主要是存款。资产证券化的债务融资是影子银行信用创造的核心所在。作为一种创新的债务融资模式，影子银行能够通过资产证券化把市场流动性转化为银行流动性，它降低了商业银行流动性不足的风险，为商业银行创造了流动性。它的运作机理是通过按揭贷款证券化，商业银行不仅无须一直持有贷款到期，而且还可以将利率与信用风险转移出去而激励银行的信贷扩张，还可以调整债权的期限结构，以便使长期债权提前回归流动性。事实上，按揭贷款证券化初衷就是为了增加商业银行的流动性而创立的，并通过不同资产的流动性的转换来促进信用的扩张。要盘活信贷资产的流动性，需要设计更好的证券化产品来吸引投资者购买。因此，证券化产品不断被推陈出新，系列的证券化衍生工具因此得以不断推出。过度的创新在为商业银行流动性转换提供新的机制的同时，也给市场带来了风险。2007 年 7 月美国次贷危机爆发之前，结构性信用产品呈指数增长。回顾 CDO、CDS 等金融衍生产品的成长史，可以看到，1988 年 CDO 横空出世，但数量还很少，到了 2000 年也只是达到了 1500 亿美元。根据马森和波斯纳（Mason 和 Posner，2007）的统计，2007 年 CDO 增加 1.2 万亿美元。结构性信用产品在 2000 年还只是 5000 亿美元，而到了 2007 年则增加到了 2.6 万亿美元（国际货币基金组织，2008）。CDS 在 2000 年还只有 6300 亿美元，到了 2007 年年底则增加到了 62.2 万亿美元的峰值，7 年时间竟然增长了近 100 倍。这些表面上个性化的金融衍生品是通过复杂的数理模式设计出来的，并经过多次衍生，链条无限延伸。由于其专业性、技术性高深与信息的不对称，投资者根本没有能力识别这些产品的风险。而且在通过金融数理模式设计金融衍生品时，假定前提是住房的价格只涨不跌。因此，在房价上涨时，绝大多数次贷是没有违约风险的，但是，在前提假设反向逆转时，违约风险便以排山倒海之势扑面而来。

三　次贷危机是金融创新缺乏监管的必然后果

由于资产证券化的金融衍生品设计十分复杂，又由于这些衍生产品存在严重的信息不对称，为了吸引投资者，发起人还通过信用评级机构进行评级，通过保险公司给这些衍生品的违约风险担保，以提高信用的内部增级和外部增级来增加证券化金融衍生品信用度，并将这些衍生产品通过以投资银行为中心的场外交易系统转让给各类不同金融机构，例如对冲基金、退休基金、其他非银行金融机构和保险公司等。这种场外交易市场具有杠杆率高、监管松散或不受监管的优势，从而这些次贷衍生品得到迅猛发展，CDO 市场异常繁荣。

CDO 市场异常繁荣，更刺激了次贷衍生品关联机构对更高利润的追求。住房抵押贷款机构通过降低信用标准把按揭贷款贷给次级信用借款人，并将次贷款所有权打包成为住房抵押债券转让给投资银行；投资银行再将买来的住房抵押债券转化为更为复杂的次贷证券化 CDO 等衍生品，再将这些次贷证券化 CDO 衍生品转让给 SPV 公司，即特殊目的的公司（Special - purposeentity，SPV）。SPV 是由不同金融机构设立，专门用于收购资产并出于法律与核算目的，实现资产负债表外处理。影子银行体系创造的表外处理融资模式，其实质就是为了绕开监管部门对传统商业银行信贷风险的监管，从而由发起人设计一套如何把市场流动性转变银行流动性的金融衍生产品和市场安排。但是，这种流动性转换和市场安排其前提假定经不起与现实的背离，而在前提假定基础上已经低估了金融衍生产品的风险，加之金融衍生产品无度创新，链条无限延长，使其越来越复杂，越来越工程化、越来越技术化和计量化，严重的信息不对称使投资者越发难以估价和掌控。所有这些，既为金融市场流动性的转换与聚集创造了条件，也为金融市场流动性的突然中断埋下了一颗能量巨大的定时炸弹。

四　次贷危机是金融资产不能回归流动性的必然后果

次贷的损失既有直接的，也有间接的。仅就次贷损失而言，据国际货币基金组织统计大约在 8000 亿美元（国际货币基金组织，2008）。为什么 8000 亿美元可以导致美国华尔街五大投行全军覆灭，导致整个美国金融体系轰然坍塌，导致全球金融海啸，拖累全球经济卷入严重的衰退深渊？其中当然有经济基本面原因，比如久已积累的全球经济的不平衡等。但究其根本的原因，是无度创新次贷衍生品的影子银行体系出现了流动性危机。流动性危机导致建立在负债车轮上的美国整体经济、美国负债性消费经济陷入债务危机。美国的这块多米诺骨牌倒下了，带动了世界经济一体化链条中的多米诺骨牌瞬间坍塌。影子银行体系的流动性断裂，首当其冲的是整个结构性投资工具和渠道体系的流动性断裂，接下来是美国以华尔街五大投资银行为代表的大型投行遭到挤兑，再接下来是没有偿付能力的高杠杆机构的倒闭以及数以千计的利用高杠杆融资的对冲基金出现集体赎回并致其倒闭，货币市场出现恐慌，信用危机导致的金融危机不可挽回地随之到来。影子银行体系的证券化衍生工具不断转让的创新融资模式的崩溃，意味着这一创新模式缺少某种信用支持，因而潜藏的巨大风险。某种信用支持是什么呢？这就是实体经济的支持。没有实体经济的支持，次贷证券化衍生工具将不能回归流动性，当然，也不能回归实体经济的真实价值。

（一）次贷危机前的房地产市场泡沫

考察次贷危机中倒闭的金融机构的资产负债表可以发现，它们均持有大量与次贷相关的证券化产品。早在危机爆发前，超低的联邦基金利率和随后的住房贷款利率的下调刺激了美国房地产市场的繁荣，房地产价格高涨并出现了明显泡沫。2000—2007 年的 7 年时间里，房价涨幅远远超过了过去 30 多年来的长期增长趋势。S&P/Case – Shiller 关于美国主要大城市的房价指数显示，2006 年 6 月美国房价涨至 189.9 的历史高位，是 1996 年年底的 2.34 倍。其中，2000 年以来就上涨了 93.2%（朱民等，2009）。涨幅如此之大，不仅在于美联储宽松的货币政策，更在于次贷开始大行其道，次贷衍生品证券化市场迅速繁荣。正如前述原因，当市场利率向上调整，次贷违约率上升，美国房地产泡沫破灭，以次贷按揭贷款为主导的各种证券化衍生金融工具价格迅速下降，持有者资产净值大幅缩水，流动性不能回归。

（二）影子银行流动性缺失与风险的无限放大

次贷危机中，华尔街五大投资银行之一的雷曼兄弟倒闭的直接原因是无法从信贷市场上获得足够流动性，因此出现严重的流动性危机。最早濒临破产，流动性告急的美国第二大次贷公司——新世纪金融公司当时到期债务达 84 亿美元。现代版的银行挤兑与传统的银行挤兑有很大不同。影子银行金融机构业务运行依赖的是短期融资高杠杆率，当机构的基本面出现问题时，市场会担心其偿付能力，因而不愿意给这类面临流动性短缺的金融机构融资，进而这类金融机构陷入流动性危机。通常这类金融机构不仅自身以倒闭形式退出市场，而且影子银行以其高杠杆率的融资模式，使得其流动性危机无限放大，因而更容易发生多米诺骨牌效应。而传统的银行挤兑的破坏力没有这样强烈，因为具有存款准备金保证和存款保险制度的补偿，并且还处在严格的资本充足率监管之下。即使发生流动性告急，可以在货币市场获得短期的批发性融资。而影子银行之所以能够在短期内迅速获得融资，是因为它的所谓的金融创新，是对现有银行监管制度与体系的突破，游离于监管之外，并且其金融衍生品的设计建立在实体经济（这里是房地产）稳定性的前提预设上，而这种前提预设是不存在的，因此，其高风险的运作方式是通过用货币市场的短期商业票据融资，依靠资产和负债的长短错配，并不断将流动性弱的长期资产证券化，并对证券化资产进一步衍生来追求过高杠杆率，从而无限放大了流动性危机。

（三）影子银行杠杆化金融资产过度膨胀

孙涤（2009）研究成果显示，2007 年，美国金融衍生产品交易合约总额达到了 530 万亿美元以上，在这其中，CDS 就超过 60 万亿美元，而它们代表的金融资产实际价值只有 2.7 万亿美元，杠杆率竟然达到了 20 倍。而在 2007 年年初，次贷市场资产支持商业票据以及结构化投资产品等价值也达到了 2.2 万亿美元。对冲基金资产也增加到了大约 1.8 万亿美元。第三方回购隔夜融资的资产亦达到了 2.5 万亿美元。当时的华尔街五大投资银行的总资产高达 4 万亿美元，全美非银行金融机构总资产超过 10 万亿美元。对比之下，以美国最大的五家银行持股公司为例，当时的总资产只有 6 万亿美元。数字显示影子银行通过结构性投资工具以高杠杆率在短期内达到了其资产的极度膨胀。

（四）次贷衍生品价格下跌使市场流动性突然紧缩

金融市场的交易规律是，当某种资产的价格出现下跌的迹象，所有对该资产的持有者均会预期该资产价格会进一步下降，随后便迅速抛售手中的该资产，导致该资产实质性价值的下挫，直至价值彻底崩盘。次贷市场上也是这样，伴随危机的到来，MBS 和 CDO 等次贷证券化产品和衍生品价格迅速下跌，此时，如果有一家机构以低价出售该类资产，就会进一步引起所有同类资产价格下跌。而在这种情况下，资产价格的下跌不仅会造成该资产抛售者的资产负债表恶化，而且也会造成持有同类资产的所有的金融机构的资产负债表恶化。进而就会使得这些机构的资本金减少，流动性不足，需要进一步抛售资产来补充资本充足率。如此状况恶性循环，流动性的风险就无限放大（布兰查德，2009）。次贷危机下诸多影子银行的破产就是基于这样的原理——流动性中断导致的。雷曼兄弟的破产是生动的写照。

分析到这里可以发现一个滑稽问题，影子银行体系的融资模式原本是为次贷市场提供流动性的，但是，由于影子银行的业务模式改变了以关系为基础的融资模式，转向以交易为基础的融资模式，虽然这种以资产证券化和证券化资产不断衍生来为银行提供流动性，短期上，也确实增强了银行流动性。但是，这种流动性的增加，提高了对市场流动性的依赖，而不是基础货币的注入和存款货币信用创造。市场流动性是依赖表外业务及资金对冲的实现，依赖于复杂的金融衍生工具交易链条的无限延伸，以及对冲基金建立在量化交易及风险管理技术基础上的杠杆操作能力。市场繁荣时，金融市场的自循环、自我增强能力强大，流动性充沛。金融市场风吹草动、危机四伏时，金融市场的自循环便会停止、自我增强能力风光不再，以追求流动性导致的流动性危机顷刻到来。次贷衍生品价格下跌使市场流动性突然紧缩的内在原理就在于此。

（五）次贷衍生品过度包装的道德风险

金融市场过度追求高利润，便会产生过度投机，过度投机导致欺诈等道德风险的出现。次贷市场也不例外。在一系列金融机构入场追求高利润的市场里，道德风险不可回避。其一，住房抵押贷款降低条件，放松信用标准，贷前不对借款人进行甄别和筛选，就已经触及了道德边界。因为金融市场以信用为生命，对信用的标准要求不可无底线。其二，对次贷证券化产品包装信息不对称，监管部门对次贷衍生品创新与交易不监管，致使次贷衍生品过度创新、过度包装、过度信息不对称，这亦是越过了道德底线。其三，信用评级部门不作为或者利益一体化，为次贷衍生品评出相当于国家债券一样的3A级别，更是不可宽恕的道德风险和对投资者不负责任的罪过。整个次贷市场繁荣期间，房地产开发商，购房者、信贷银行或中介，各大投资银行以及参与其中的对冲基金、保险公司和信用评级机构等各类主体，在大发其财的背后，是整个社会来为他们承担危机的后果，这用道德评价已远远不够，因为他们的所谓金融行为，已经失去了人性和人味，某种意义上，是对人类的犯罪。

五　次贷危机后对金融过度偏离实体经济的反思

次贷危机的发生使得金融发展与实体经济的关系问题再一次严肃摆在我们面前，如何处理好两者的关系，需要我们必须回答，特别是在国家的顶层设计上，必须处理好两者的关系。第一，要坚持实体经济是金融发展的基础不动摇。而关于金融是现代经济的核心，主要是从金融作为资源和资源配置的方式考虑的。金融发展不能代替实体经济的发展，实体经济的发展是目的，金融发展是为实现这个目的服务的。第二，金融发展相对实体经济，一定具有某种约束边界，否则不会出现金融资产价值泡沫，以及金融资产价值不能回归的问题。第三，现代社会各个国家均有出现经济结构"倒金字塔"倾向，有限的实体经济无法支撑庞大的金融资产，这需要国家顶层设计尤为重视。第四，如何促进金融与实体经济的良性互动，需要金融与实体经济协调发展，金融发展要适度。一方面，金融作为经济增长的生产性要素，要以拉动实体经济快速增长，并且达到最优效率为适度；另一方面，作为人类财富的索取权，金融资产价值应该与生产的可能性以价值表示的财富总量相一致，并适度偏离。这似乎回到了戈德史密斯的金融相关率的说法，的确，这确实从不同的角度要解决的是一个问题。第四，正确处理市场和政府干预"两只手"的关系，即正确处理监管与适度放松的关系。因为金融非同其他活动，其对信用性的坚守要求，和预期性与虚拟性的价值定价和特殊的市场交易方式，以及金融危机对世界经济乃至人类社会的影响，都是其他性质的活动所无法比拟的，因此，监管是必要的，这是历次金融危机对我们的告诫。

总之，正像白钦先教授指出的那样：金融发展，要坚持能够满足人类不断增长的合理需求，而资源、能源与环境又可承载的范围内适度发展。要始终坚持"虚拟经济不虚，实体经济更实"的铁律。

继 1997 年亚洲金融危机之后，世界银行分析报告指出，最近数十年的金融危机创下了历史纪录：自 20 世纪 70 年代后期至 20 世纪末期，世界上共有 93 个国家先后发生了 112 次系统性银行危机；先后有 46 个国家发生了 51 次准危机。与以往历史时期发生的金融危机相比，近期危机数量更多、破坏力更强。① 报告的分析说明了一个事实：现代金融已经呈现出不同于以往的特征，其重要表现就是金融资产呈现出爆炸性增长，金融发展明显超越实体经济量的界限并呈现出偏离实体经济独自运行的状态，从而金融的脆弱性更强、稳定性更差。金融危机说明，金融资产价值的膨胀与金融危机之间必然存在着一定的关联，这种关联就是金融发展客观存在着约束边界，触及这个边界，金融危机便会爆发。因此，这种关联可以表述为：金融过度发展→触及金融边界→引发金融危机。

---

① 参见世界银行《金融与增长：动荡条件下的政策选择》，经济科学出版社 2001 年版，第 81 页。

第七章 金融边界理论假说的构建

金融边界理论假说的构建，即金融发展约束边界理论假说构建。基于前面各章对金融边界理论的溯源，金融与实体经济的关系的理论和实证，金融资源范畴的界定，金融边界内涵的界定，金融偏离实体经济的实证考察，金融偏离实体经济的内在逻辑和外在动力的分析，以及金融偏离实体经济的后果分析，一再证明了金融发展相对实体经济是有约束边界的，那么，这个边界在哪里，本章将尝试着给出答案。

第一节 经典理论的启示

一 马科维茨资产组合有效边界理论的启示

马科维茨资产组合有效边界理论也称为有效资产组合理论。

金融投资基本原理告诉我们，风险与收益是匹配的：高收益高风险，低风险低收益。但是，马科维茨的资产组合理论的风险收益不是这样匹配的，按照他的理论，投资者在面对一个相同风险度可能存在很多组合，每一个组合的收益率可以不同，其中有一个收益率是最高的，而且是唯一的。这就是马科维茨资产组合有效边界理论，也称为有效资产组合理论。

马科维茨的有效资产组合理论采用的是均值（风险资产的期望收益率）和方差（或标准差，代表风险）组合模型。马科维茨的"均值—方差组合模型"隐含着将资金分散投资于不同种类的证券。"均值—方差组合模型"解决的问题是：市场有 n 种证券，投资者有一笔资金，这笔资金如何分配于 n 种证券资产上才能够得到使投资者满意

的最优证券组合，任意一种组合都对应特定的均值和方差，即收益和
风险。以图示来说明：落在图 7-1 中 BAC 区域内的任何一点都代表
在 n 种证券资产范围内所组成的某一特定组合的组合风险与组合收益
关系。投资者的目标是在收益给定时使风险最小，或者风险给定时使
收益最大，即有效率的资产组合，是风险相同，但预期收益率最高这
样的组合。在 BAC 区域中，只有组合风险与组合收益的交点落在图
形的上半部分 A—C 线段才满足这两个要求，A—C 线段上的组合，才
是有效的组合：即在同等的风险上，具有最高的收益率。落入 BAC
区域中的其他的点不具备这样一种组合效果，因而是无效的资产组
合。我们称 A—C 线段为有效边界线段。

有效边界只是提供了有效的区间，但并没有给出确定的点。具体
选择哪一个点取决于投资者的偏好。一个风险承受能力高的人可能会
选择 C 点代表的组合，因为这点的风险大收益也大。而一个风险厌恶
者则可能会选择风险较小的 A 点。

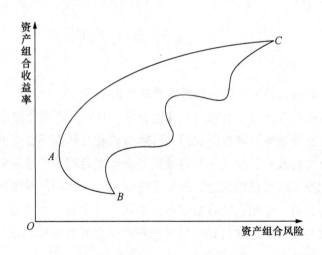

图 7-1 资产组合曲线与有效边界

马科维茨的资产组合有效边界理论所表达的理念是，在一个相同
的风险度上，可能存在很多组合，其中只有一个收益率是最高的，因
而是有效的。按照这样一种说法，以最低的风险取得最高收入的说法

固然不妥，取得与风险相适应的收益的说法也不确切。正确的说法应该是，在相同风险下应取得最高收益。

　　既然处于有效边界上的所有证券组合都是有效组合，那么，究竟选择哪种组合？要用无差异曲线分析。前提假设是投资者厌恶风险，偏好收益。但厌恶与偏好的程度存有差异，差异用无差异曲线表示。显然，如图 7 - 2 所示，最优投资组合，位于 E 点，即无差异曲线 I_2 与有效边界的相切点。

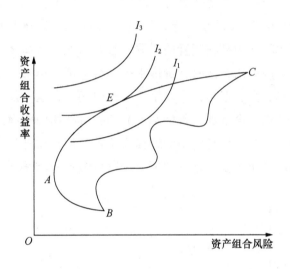

图 7 - 2　最优资产组合

　　马科维茨的资产组合理论建立了一系列基本概念，运用统计学中的期望值和方差等概念为金融资产的风险收益分析提供了科学的依据。马科维茨的工作是开创性的，可以说从马科维茨开始，金融资产的定价才变为一门科学。马科维茨提出的有效边界概念及分析方法大大简化了投资分析的难度。他认为证券组合中各证券之间的相关系数是决定证券组合风险的关键因素。这些都是马科维茨的理论特色。总之，马科维茨的有效边界概念、最优资产组合点的确定，对我们构建金融边界理论假说的约束边界深有启示。

二　货币供给对实际产出的影响与增长界限的启示

　　货币变量对实体经济有无影响，一直是宏观经济理论中货币中性与非中性争论的焦点。

　　货币中性论认为，货币如同罩在商品表面的"面纱"，增加或减少只对价格高低产生影响，对实质经济不产生影响。因此，货币中性论也称"面纱论"。现实中，面对货币增加或减少产出也在随之扩大或收缩的事实，货币中性论者认为：如果说有影响，也是短期的，比如短期货币增加，利率下降，投资增加，产出增加。但在长期，只是名义产出增加，实际产出不变。

　　要回答货币供给变动究竟对实体经济有无影响，将产出与实体经济中可利用的资源联系在一起，比较容易理解。其分析方法是：第一，如果实体经济中存在闲置的资源，且数量充足，那么，增加货币供给，能够提高产出，此时，价格水平不会上涨。第二，如果实体经济中资源虽然有限，但是，可以维持一段时间，在这一段时间内，增加货币供给，产出会增加，价格水平会随着可利用的资源的逐渐减少而提高。第三，当实体经济中的资源完全被利用再增加货币，只能提高价格，实际产出不变。这三种情况可以用图7-3来表示。

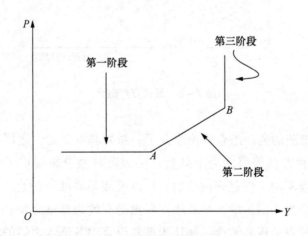

图7-3　货币供给对实际产出的影响与产出增加界限

　　图中，从A点向左，为资源充分阶段，增加货币供给，产出增加，价格不变。从A点开始，AB线段之间，为资源有限，陆续被利用，产出陆续增加，价格陆续变化。在B点，开始向上的阶段，为实际资源枯竭阶段，此时，货币供给增加只能带来价格上升，产出不变。而 B 点，又称为经济的拐点，是产出的极限点，或者说，从 B 点开始，是实际资源已被充分利用了。但进一步的增加货币，产出还能不能增加？就出现了实际 GDP 和潜在 GDP 的关系问题。适度的增加，会导致价格水平上升，通货膨胀。但是，实际经济中，资源不可能充分利用，或者潜在的资源会产生，所以，如果资源并没有被充分利用，还存有潜在资源，那么，产出在 B 点停止，就有潜在产出缺口存在，此时，应该增加货币供给，使潜在资源能够被充分利用，否则，产出缺口代表实际经济损失，经济无效率。如果潜在资源总会供给上来，此时，增加货币供给，使其与未来可供给的资源适度匹配，那么，在较短期间内，通货膨胀会在可接受的范围内，实际产出会在随后增加。经济学上的基于资源是否被充分利用的货币供给对产出效应的"三阶段"理论，对我们构建金融边界理论模型深有启发。

第二节　金融边界假说的构建

　　金融边界假说的构建有两个方面：一个是金融资源配置对实体经济的拉动，即金融效率边界，这可以借助宏观经济学的竞争性均衡模型，构建金融边界假说模型。另一个是金融资源作为财富的索取权的价值表现，其价值总量与实体经济产品和劳务总量的匹配，即金融资产价值总量边界。这可以直接针对实际的 GDP（在这里也用生产可能性边界表示），匹配适度超前的金融发展（用金融资产价值表示）。即根据实际的和潜在的 GDP 和可承受的通货膨胀率表示。

一　构建金融边界假说需要考虑的问题

（一）金融资产价值总量的统计问题

　　构建金融资产价值总量边界模型需要用货币价值总量形态表示金融资产价值总量，即非货币型金融资产用折现的形式表示，这就与动态形式的经济增长和静态形式的 GDP 总量对货币供给或者货币需求联系在一起，在这里我们取均衡状态下货币供给等于货币需求。动态形式的经济增长以总量表示时也取决于某一时点的静态指标。即体现出一定时点市场中资源配置以具有现实购买力的货币的总量和实体经济提供的产品和劳务用货币形式表示的价值总量（GDP）相等。在这里，我们需要严格的假定：（1）假定商品和劳务的价格水平不变，或价格水平在可接受的通货膨胀率的限度内。（2）假定货币流通速度不变。（3）假定各类金融资产均以最终折现形式表示——现金资产表示（存量概念），构成货币需求总量或者货币供给总量的一部分。（4）假定在一个时点或时间段上，所有的产出被所有货币所购买。没有购买力储藏的跨期配置（一时期静态分析）。当期储蓄等于当期投资。这是货币以财富索取权的形式实现购买力或资源配置的最终形式。在这里首先建立的是静态模型，然后再扩展到跨期分析。

这是一个非常复杂的问题。

因为现实并非如此。现实中，金融资产具有跨期配置功能。货币和其他金融资产具有储藏价值，不需要马上变现或实现购买力，这时，金融资产价值总量可以超过既有产出，当然，如果以货币形式保有的金融资产在可承受的通货膨胀限度之内。

由戈德史密斯的金融相关率得出的发达国家稳定的相关比率应该是1.5，或许也是考虑到了这一点。它意味着金融可以适度超前发展，即在可承受的通货膨胀限度之内。

那么，金融资产折现和货币需求或者货币供给到底是什么关系？只有弄清楚才能得出货币形态的金融资产价值总量受实体经济产出的需要量的约束关系。

关于金融资产交易的需求应如何纳入货币需求模型，这是在理论和实践中都没有说清楚的事情。

2001年6月起，中国人民银行统计季报中广义货币供给M2的统计口径在原来包括狭义货币供应量M1、储蓄存款、定期存款以及其他存款的基础上，又增加了一个新的科目——证券公司客户保证金。证券公司客户保证金是在上海和深圳证券交易所开户的投资者存入各证券公司账户上的保证金，其用途是用来购买在这两个市场上出售的有价证券的。这就意味着，在我国，至少有一部分金融资产交易的货币已经纳入货币供应量统计之中。

构建金融边界假说模型，要考虑金融资产交易对货币的需求。

　　现有的货币需求理论一般是指：在货币供给给定的条件下，证券市场对货币的需求与货币市场对货币的需求，两者会在利率的引导下，此消彼长。至于是否需要有一部分货币专门用来服务于金融资产交易的问题，似乎都没有明确地加以考虑。

　　客观上，在货币供给给定，货币需求在两个市场存在此消彼长的问题。金融资产定价用收益率，即未来的现金流折现率表示，如果非货币资产收益率上升，货币资产价值将下降，因为货币收益率为零。此时，货币需求向证券市场倾斜。所以，金融市场证券交易处于高涨时期，金融投资收益率超过实体经济收益率达到一定程度时，比如全民炒股现象的出现，银行存款大搬家，搬到股市，信贷资金萎缩。

　　鉴于此，前面的假设只能是严格的，尽管有笼统之嫌。只要是对问题的研究有启发，就是有意义的。

　　各国对货币供给量计量，是按照金融资产流动性强弱计量的，一般只计量到 M3。没有把债券、股票计量进来。

　　本书主要考虑的是货币需求或货币供给中是否包括金融资产对货币的需求，或者货币供给中是否有指向的满足金融资产变现的要求。如果货币供给包括对金融资产折现的需求，问题就好处理一些。我们来分析一下。

　　我们在银行的存款，成为银行的信贷资金。信贷资金有派生存款的能力，但是，这种派生存款有个前提条件，就是存款没有离开银行体系，假定各个获得贷款的企业同时以现金的形式提走存款，银行超额储备和法定存款准备是远远不能满足这种提款要求的，因此，银行流动性中断，信用链条断裂，由信用危机导致的货币危机和金融危机便会到来。有实体经济产出支持的银行开展的吸收存款、提供贷款，借短贷长，存贷期限的不匹配，可以靠新吸收的存款偿还旧的到期的存款，这种形式成为银行的主要业务：负债业务与资产业务。如果没有实体经济产出支持的这种融资行为，就可能成为"庞齐骗局"。还有，银行的业务能够开展下去，一定是信贷处于动态之中。

　　我们持有的股票在一级市场交易时，发行股票筹集的资金已经进入企业投资生产过程，因此，它在二级市场交易时，买卖双方都会考虑该股票发行公司的经营与预期收益情况，整体经济基本面情况，和股市的大的趋势行情（人们的投资信心和情绪）等各种影响股市价格走动的因素，对这些因素不同的判断，产生有买有卖的交易行为。

人们持有的债券也具有同样的交易原理。在一级市场发行的债券，发行债券筹集的资金已经进入公司的生产和经营过程，或者国家的财政支出中。它在二级市场交易时，能否转让出去，取决于债券发行者的承诺是否能够兑现、市场的利率走向和可替代资产的收益率等因素。次贷危机中，房地产市场的不景气，房贷违约率的上升，使得次级抵押贷款支持债券不能兑现还本付息承诺，因此，信用链条断裂，次级抵押贷款衍生品实现不了转让，次贷危机发生。该类资产价值暴跌，大量持有该类资产的金融机构遭遇破产的灭顶之灾，华尔街五大投资银行在次贷危机中全军覆灭就是这种机理导致的。

是不是可以考虑人们的收入以货币形式体现，社会总量收入是以总量货币表示。但人们对获得的以货币形式表现的收入，可以转换成不同的资产保有。如果以实物资产形式保有，货币和实物融合一体，货币实现了最终目的。如果以金融资产形式保有，只是延迟购买力，是价值的储藏，但最终是要实现购买力的，即未来有变现的要求。所以，金融资产是收入货币化的转换形式。货币需求是收入的函数，因此，金融资产价值暗含着折现的价值，假定此时的资产收益为零。那么，可以得出，货币需求或者货币供给中包含着金融资产交易对货币的需求。这样，相对实体经济对金融资金价值总量的需求就包括货币价值和其他金融资产折现的价值，即货币需求总量，相应的也是合意的货币供给总量。这样，金融边界假说模型就可以用货币供给受到货币需求约束表示，假定货币需求是在一定时期实际产出（GDP）对货币的实际需求。

如果从一个时点考虑，在这一时刻产出给定，但货币供给（包括各种金融资产有折现要求）超过给定的产出，包括货币在内的金融资产的价值就会下跌。以现金保有的货币会发生通货膨胀，有折现要求的股票、债券以及其他金融衍生品就不能实现货币的兑现，即在市场上已经卖不出去，在"博傻"中没人做最后的"傻子"来接棒。所以，货币投放的数量和各种其他金融资产的价值膨胀是有限度的。基于这样的考虑，构建金融边界假说模型。

（二）实体经济对货币需求量的确定

货币需求问题很早就引起了经济学家的重视，马克思及古典经济学家、近现代经济学家等都对货币需求问题作过大量的研究，并且创立了自己的理论和计算公式。由于出发点不同，人们对货币需求的含义也有各种各样的解释。

1. 金融资产价值折现与货币需求

金融资产价值折现就是以货币形式保有财富，成为货币需求的组成部分。本书从一个静态的角度讲，假定货币流通速度给定，商品和劳务价格给定（通货膨胀率为零，或者通货膨胀率在可以接受的限度内），即货币需求为实际货币需求，经济体中货币总量和实体经济用货币形式表示的价值总量相等。

需要说明的几个问题：

（1）关于名义货币需求与实际货币需求。名义货币需求和实际货币需求是用来说明货币数量变动对经济活动影响过程时所采用的相对应的经济范畴。名义货币需求是指包含价格变化的货币需要。在现实经济生活中，通货膨胀是一种经济的常态，实际货币需求，是指扣除通货膨胀因素后的货币需要。

名义货币需求一般记做 M_d，实际货币需求通常记做 M_d/P。在统计计算上，将名义的货币需求以具有代表性的物价指数（如 GDP 平减指数）进行平减之后，就得到实际货币需求。它们之间的区别在于是否剔除了物价变动的影响。由于包含物价因素在内的名义货币需求不能直接反映经济主体对货币的实际需求，所以人们一般更注重考察实际货币需求。

（2）微观货币需求与宏观货币需求。前者是指个人、家庭或企业在收入、利率等给定条件下对货币的需求量，考虑了持币的成本。后者是指一个经济体一定时期经济发展和商品流通所必需的货币量，既保持价格稳定又满足经济增长的货币需求量。

两种需求是相互联系的。从数量上看，全部微观货币需求的加总，即为相应的宏观货币需求，因此两者密不可分。

2. 货币需求的数量界定

金融边界假说模型建立需要考虑实体经济对货币需求是一个确定

的量，即在一定经济发展时期经济运行需要的货币数量到底是多少？要回答这个问题，要从以下的思路入手。

首先是货币需求的存量与流量考虑。在货币需求的数量研究中，我们必须同时分析存量与流量，并对其进行静态和动态的研究。

其次是最适度货币需求量考虑。最适度货币需求量是指在经济发展的一定时期，经济主体对货币的需求能在尽可能小的价格波动及强制储蓄条件下满足尽可能高的经济增长要求。西方经济学中，凯恩斯主义和现代货币主义均对最适度货币需求量进行了理论描述：凯恩斯主义虽没有明确提出最适度货币需求量概念，但对这一问题的分析贯穿于该学派的整个理论体系中，并构成其货币理论的核心内容。现代货币主义的代表人物弗里德曼则明确提出并专门研究了最适度货币需求量问题。而且先后从中期、长期两个角度进行了研究。弗里德曼认为：倘若以稳定最终产品的价格水平为目标，在考虑人口增长的情况下，最适度货币需求量的增长模型为 $R_{md} = R_{GNP}x + R_p$，式中，R_{md} 为最适度货币需求量增长率；R_{GNP} 为以国民生产总值表示的收入增长率；x 为货币需求的收入弹性；R_p 是人口增长率。

货币的适度需求量，反映了价格水平变化与市场中现金余额之间的关系。两者呈反向变动关系。问题是：金融资产价值过度虚拟和膨胀，折现时满足不了对货币的需求，即实现不了折现要求，比如价值泡沫明显，信用危机和金融危机到来之时等。所以，金融资产价值虚拟和膨胀是有约束条件的，理论上的无止境，必须约束于现实的有限性。

货币需求是不是一个确定的量？

如果进行事后分析，即对前期经济运行结果进行统计检验。那么，无论微观主体的持币行为和动机怎样，也无论经济政策的目标实现到何等程度，我们都可以认定，以往的货币需求是一个确定的量值。例如，假定将微观主体的货币需求定义为对现金的需求，只要该期现金流转没有什么梗阻，与现金流转对应的价格和付费水平无甚波动，那么，前期市场现金流通量就可以看成是微观主体货币需求总和的具体量值；假定我们将现金加全部存款货币看成是对应经济体系运行的总体货币需求，如果可以判断前期经济中的货币供给与货币需求大体相符，那么，前期的广义货币余额也就成了前期总体货币需求的具体量值。这就是说，这是一个事后量。

那么，本期、下期如何确定？或者说，是否本期或下期的货币需求量就一定等于按理论公式计算出的货币必要量，才能实现预定的经济目标呢？

我们从个体持币考察。假定收入给定为 1；因为消费会受诸多不确定因素影响，多少难以确定，我们将其所占比例理解为一个值域 $(x \pm \varepsilon)\%$；消费的剩余收入由于受利率、价格指数等影响，人们在手中会保有一部分货币，多少不确定，可将其所占比例同样理解为一个值域 $(y \pm \varepsilon)\%$。所以，在货币需求是不是一个确定的量的问题上，最好的选择是将其看作是一个值域。[①] 将其原理运用到宏观经济中，道理是一样的，宏观经济诸多不确定性因素影响，对货币的需求也不可能精确为一个稳定的值，在商品、服务总额与宏观货币需求量之间，不可能是一条单一的曲线，一定是在一定幅度间摆动，因此，用曲线表示应该是有一定的宽度。如果曲线有宽度，货币需求就可以描述为如图中的那样的一簇曲线，那就会有如下两种情况：产出或收入变了，从 Y_1 增加到 Y_2，但货币需求 M_d 可以不变；或同样的产出或收入，货币需求却是一个值域，M_{d1}—M_{d2}，如图 7 - 4 所示。

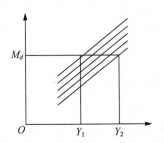 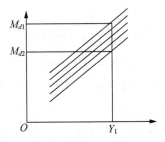

图 7 - 4　货币需求曲线簇

也可将图 7 - 4 中的那样的一簇曲线，以具有一定宽度的值域表

---

① 参见黄达《金融学》，中国人民大学出版社 2012 年版，第 334 页。

示，如图 7 - 5 所示。

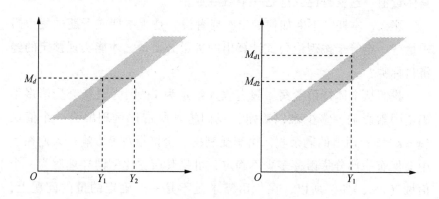

图 7 - 5　以一定宽度的值域表述的货币需求量

　　正是因为无法确定一个具体的量，在实际操作中为了不至于在货币政策选择上陷入过分简单的境地，我们也不应该把货币需求看成一个极其确定的量值。考虑到经济金融结构、政局、心理因素影响货币流通速度，以及货币本身的增值性、周转灵活性或容纳弹性，较为贴近现实的思路是把一定时期流通中的货币需求量看作是一个具有一定宽度的值域。

　　因此，鉴于统计上的困难和以上理由，本书将货币需求对确定量的要求近似看作是一个具有一定宽度的值域。

二　模型构建的前提预设

（一）基于宏观分析的视角

　　模型建立是基于宏观分析的角度，即从总量视角分析金融相对实体经济发展的需要在货币总量上的约束边界。

　　在西方经济学中，宏观分析路径是在建立起微观货币需求模型之后，进一步研究这个模型能否直接用于，或经过修订用于宏观分析。比如，弗里德曼的微观货币需求模型，对其中个别变量（如非人力财富占个人总财富的比率）加以调整，就变成了宏观模型。我们在建立金融边界模型时，也借鉴这一路径。

（二）假设条件

　　为了便于分析简单起见，这里需要严格假设条件。

假设1：金融资产的同质性。需要说明的是，事实上，金融资产价值形态同质，但价值的意义不同质，比如风险性、期限性、流动性、收益性等，所以，才有资产转换和交易。因此，巴塞尔协议关于《商业银行资本充足率》要求中不同资产的风险加权就是这个道理。在这里，假定各类金融资产的风险性、期限性、流动性、收益性相同（如果考虑到不同，即可在不同层次上建立边界模型）。

假设2：各类金融资产均以最终折现形式表示——现金资产表示（存量概念）。

假设3：假定实体经济对货币需求是一个确定的量（用值域表示）。

构建金融资产价值总量边界模型时需要将金融资产价值用折现的形式表示，这就和货币供给和货币需求联系了在一起。即一定时期市场中具有现实购买力的货币的总量是否和实体经济提供的产品和劳务用货币形式表示的价值总量（GDP）相等。在这里，我们还包括本章该部分最前面的表述，即还需要：

假设4：商品和劳务的价格水平不变，或价格水平在可接受的通货膨胀率的限度内。

假设5：货币流通速度不变。

假设6：在一个时点上或时间段上，所有产出被所有货币所购买。没有购买力储藏的跨期配置（一时期静态分析）。当期储蓄等于当期投资。这是货币以财富索取权的形式实现购买力或资源配置的最终形式。

三　构建金融边界假说模型

（一）金融边界质与量的规定性中的生产可能性边界

金融边界质的规定性是指金融发展或金融资源配置的适度性，即金融资源配置要以能够满足实体经济发展对金融资源最大限度需求为约束边界，过和不及都会对实体经济造成损害。质的规定性表现为金融发展或金融资源配置拉动实体经济增长的金融最优效率。

金融边界量的规定性是指货币和货币性金融工具的价值以及价值运动的约束边界，这一约束边界受实体经济产出的潜在的可能性边界（Production Possibility Frontier，PPF）约束。表现为针对实际的 GDP，匹配适度超前的金融资源配置（用货币价值表示），即一定在潜在的GDP 或实体经济可承受的通货膨胀率的限度内。量的规定性要求货币性金融资产价值总量（包括非货币金融资产折现）要与实体经济产品和服务（GDP）价值总量相匹配。

金融边界内涵还可以从静态和动态两个方面理解：静态看，金融边界是指货币和货币性金融工具的市场价值总量适度超越于其对应的实体经济价值总量的约束边界；动态看，金融边界是由于货币和货币性金融工具市场价值交易中具有偏离甚至脱离实体经济自我运动的特性，这种自我运动导致的金融工具价值总量的膨胀过度偏离实体经济将不能实现价值的回归，即金融资产价值贴现的要求，因此具有价值膨胀约束边界。

金融边界受生产可能性边界约束，金融边界假说模型需要借助生产可能性边界的构建来构建。如何将金融边界质的规定性和量的规定性体现在模型中？我们借助宏观经济学的竞争性市场中资源配置的生产可能性边界曲线模型，加入金融资源配置的量化曲线，形成两者的制约与促进关系模型。金融边界质的规定性能够用量的规定性反映出来。宏观经济最优效率边界也是利用生产可能性边界上的竞争性均衡点或者称其为经济效率的帕累托最优状态表示的，因此，构建的金融边界理论模型，不仅是量的规定性的体现，是量的边界，也是金融服务实体经济的效率边界，质的规定性的体现。所以，借助生产可能性边界来构建金融边界理论模型，是合适的方法。

（二）构建生产可能性边界模型

根据金融边界质与量的规定性，金融边界受生产可能性边界约束，金融边界假说模型需要借助生产可能性边界的构建来构建。那么，什么是生产可能性边界。

生产可能性边界，是指在给定的数量的资源下，竞争性市场能够生产出的最大数量的产品，在图形上（或在数量关系上）表示为一条边界曲线。

生产可能性边界不仅可以用来考察一个经济体应该怎样分配其相对稀缺的生产性资源，即 PPF 可以说明和描述一个经济体在一定的资源与技术条件下，通过进行各种生产组合的选择可能达到的最大的产量组合曲线。同时，生产可能性边界还可以用来说明生产性的潜力与过度的问题。即在生产可能性边界曲线以内的任何一点，说明生产还具有潜力，因为资源尚未得到充分利用，还有资源处于闲置状态；而处在生产可能性边界曲线之外的任何一点，则表明在现有资源和技术条件下，是达不到的；而只有在生产可能性边界曲线之上的点，才是资源配置最有效率的点。

生产可能性边界如何具体体现？为了将生产可能性边界表述清楚，可以以构建封闭经济一时期宏观经济竞争性均衡模型（亦是帕累托最优模型）为例来表述。以封闭经济一时期为例，是因为对这样的经济运行比较容易理解，而且不影响将封闭经济的运行特征推广到开放经济和跨期中。那么，生产可能性边界和构建宏观经济竞争性均衡模型以及帕累托最优又有什么关系？它们的关系是：在竞争性均衡模型的构建过程中，可以得到生产可能性边界曲线。而竞争性均衡和帕累托最优的联系是：通过竞争性均衡模型的构建，能够进一步说明竞争性市场是如何产生具有社会效率的经济结果的，即帕累托最优。这种社会效率有益于我们利用模型去分析金融服务于实体经济的效率问题，也就是确立金融相对实体经济发展的约束边界问题。

1. 生产可能性边界理论模型的构建——竞争性均衡模型

生产可能性边界理论模型的构建借鉴了斯蒂芬·D. 威廉姆森（Stephen D. Williamson）竞争性均衡模型的构建理论。[①] 在这里，我们将斯蒂芬·D. 威廉姆森竞争性均衡理论作为公理来运用。

下面通过对竞争性均衡模型的构建，找到生产可能性边界，为构建金融边界假说模型建立基础模型。

（1）构建的前提条件。宏观经济模型的构建是以微观经济行为为基础的。在封闭经济中，有三个不同的参与者：典型消费者，是经济中许多消费者的代表，其出卖劳动，购买商品；典型企业，是经济中许多企业的代表，其购买劳动，出售商品；政府，政府支出行为对经济的增长和消费者的收入有影响，这里着重政府支出的来源是对典型

---

① 参见斯蒂芬·D. 威廉姆森《宏观经济学》，郭庆旺译，中国人民大学出版社 2010 年版，第 117—134 页。

消费者的征税方面。在构建模型时，要说明这三类经济体如何实现行为一致，使经济体处于竞争性均衡状态。

行为一致性意味着，给定市场价格，经济中每个市场的需求等于供给。这种状态被称为竞争性均衡。这里，竞争性是指所有消费者和企业都是价格接受者，当所有消费者和企业的行为一致时，经济就处于均衡中。当所有市场的需求等于供给时，我们称为市场出清。

在假设的典型经济中，只存在一种价格，这就是实际工资 w。我们也可认为，这种经济只有一个市场，通过这个市场，可以用劳动时间交换消费品。在这个劳动力市场中，典型消费者供给劳动，典型企业需求劳动。当外生变量 G（政府支出）、z（全要素生产率）和 K（资本存量）已知，且实际工资 w 处于使消费者愿意供给的劳动量等于企业希望雇用的劳动量的水平时，竞争性均衡就实现了。消费者的劳动供给，部分取决于税收 T 和股息收入 π。在竞争性均衡中，T 必须满足政府预算约束，π 必须等于企业所创造的利润。

竞争性均衡是在给定外生变量 G、z 和 K 下，满足下列条件的一组内生变量——C（消费）、N^s（劳动供给）、N^d（劳动需求）、T（税收）、Y（总产出）以及内生实际工资 ω。

第一，从典型消费者实现最优的行为来看，给定 ω（实际工资）、T（税收）和 π（股息收入），典型消费者在他的预算约束下会选择 C（消费）和 N（劳动供给），以使其境况尽可能得到改善。也就是说，给定他的预算约束，而这种预算约束是由实际工资、税收和消费者以股息形式从企业获得利润决定时，典型消费者可以实现最优。

消费者的预算约束公式可作如下推导：假定消费者的可用时间是 h 小时，分别在闲暇时间 l 和工作时间 N^s 之间进行分配，那么，消费者的时间约束是：

$$L + N^s = h \tag{7.1}$$

消费者预算约束是：

$$C = wN^s + \pi - T \tag{7.2}$$

该公式意味着消费者全部可支配收入都用于消费，没有储蓄，因为是一时期模型。

因为 $N^s = h - l$，所以，$C = w(h - l) + \pi - T$。 $\tag{7.3}$

等式右边是实际可支配收入，左边是消费品支出，因此，市场总支出等于可支配收入。如果我们在式（7.3）两边各加上 wl，于是有

$$C + wl = wh + \pi - T \tag{7.4}$$

对式（7.4）右边来说，由于消费者有 h 单位时间，每单位时间的实际可支配收入的增加值可根据市场实际工资 w 计算，$\pi - T$ 是实际股息减税收，所以，这是隐性实际可支配收入总额。式（7.4）左边，是消费品和闲暇的隐性实际支出总额。为了用图形表示消费者的预算约束，用斜率——截距形式将式（7.4）改写成：

$$C = -wl + wh + \pi - T \tag{7.5}$$

这样，预算约束线的斜率是 $-w$，纵截距是 $wh + \pi - T$。此外，再假设式（7.5）中的 $C = 0$，求解 l，可以得出横截距为 $h + (\pi - T)/w$。

用式（7.5）可以画出典型消费者的预算约束，如图 7-6 所示（$T > \pi$）。

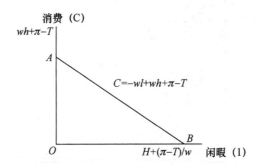

图 7-6　典型消费者预算约束（$T > \pi$）

依据经济学理论，闲暇对消费的边际替代率是消费者意愿用闲暇替代消费的比率，在这里可以用 $MRS_{L,C}$ 表示。理性消费者知道他本人的偏好和预算约束，并能做出最优选择。这样，图 7-7 中的 H 点，是无差异曲线 I_1 与预算约束线 AB 相切的点，是消费者最优消费束。

最优消费束表示位丁尽可能最高的无差异曲线上且在消费者预算约束线上或之内的一对消费——闲暇的组合点。例如，在图 7-8 中，J 点与 F 点相比，消费者会选择 F 点。这是因为，与少相比，消费者更偏爱多。因此，消费者从不选择预算约束线以内的消费束。

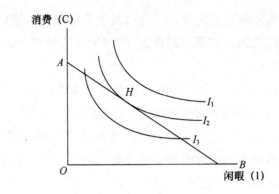

图7-7 消费者的最优化

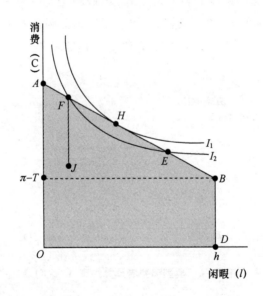

图7-8 消费者的最优化（$T < \pi$）

如果考虑政府税收小于股息收入（$T < \pi$），消费者最优化的图形如图7-8表示。$T < \pi$表示股息收入减税收为正值，图中的预算线是弯折的（垂直的）。因为在 B 点，$l = h$，表示消费者工作小时为零。尽管消费者在 B 点不工作，但仍有 $C = \pi - T > 0$，原因是股息收入大于税收。后面的分析，始终考虑 $\pi - T > 0$ 的情形，与 $\pi - T < 0$ 的分析结论一样。

根据经济学原理，典型消费者处于最优状态时，有 $MRS_{L,C} = w$，即闲暇对消费的边际替代率等于实际工资。

第二，从典型生产者实现最优行为看，在产出 $Y = zF(K, N^d)$、利润 $\pi = Y - wN^d$ 最大化的情况下，典型企业会选择 N^d（劳动需求），以使其利润最大化。企业把 z（全要素生产率）、K（资本存量）和 w（实际工资）视为既定。也就是说，给定全要素生产率、它的资本存量和市场实际工资，典型企业可以实现最优。在均衡中，典型企业获得的利润必定等于消费者获得的股息收入。

企业的目标是利润最大化，由 $Y - wN^d$ 得出，于是，用生产函数 $Y = zF(K, N^d)$ 替代 Y，得出 $\pi = zF(K, N^d) - wN^d$。

式中，K 为固定值；π 为实际利润。以此等式可以做出企业追求利润最大化，如图 7-9 所示。

图 7-9 给出收入函数 $zF(K, N^d)$ 和可变成本函数 wN^d 的曲线。利润是总收入减去可变总成本的差。在图 7-9 中，为了实现利润最大化，企业会选择 $N^d = N^*$。最大化的利润数 π^*，是图 7-9 中 AB 的间距。π^* 的参考值是 ED 的间距，因为 AE 是与可变成本曲线平行的一条线。因此，AE 的斜率为 w。当利润最大化劳动量为 N^* 时，总收入函数的斜率就等于可变总成本函数的斜率。然而，总收入函数的斜率恰好是生产函数的斜率，也是边际劳动产出的斜率，而可变总成本函数的斜率是实际工资 w。因此，通过取 $MP_N = w$，企业就实现了利润最大化。换句话说，企业利润最大化的约束条件是 $MP_N = w$。即当企业追求利润最大化时，它会使边际劳动产出等于实际工资。这意味着企业的边际劳动产出曲线就是它的劳动需求曲线。

图 7-9 中，$Y = zF(K, N^d)$ 是企业的收入，而 wN^d 是企业的可变成本。利润是两者之差。企业在边际收入等于边际成本（即 $MP_N = w$）的点上实现利润最大化。最大化的利润是 AB 或 ED 的间距。

第三，竞争性均衡条件要求劳动力市场出清，即 $N^d = N^s$。此时典型的企业想要雇用的劳动量等于典型消费者想要提供的劳动量。

第四，竞争性均衡的条件要求政府预算约束得到满足，即 $G = T$。此时消费者缴纳的税款等于外生的政府支出额。

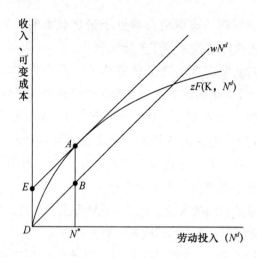

图7-9 典型企业收入、可变成本和利润最大化

依据以上条件来确定如何在竞争中实现三类主体的总体一致，即在生产可能性边界上，实现竞争性均衡。

（2）生产可能性边界构建。为了构建出生产可能性边界，我们首先从典型的企业所采用的生产技术入手。在竞争中，$N^d = N^s = N$。产出由生产函数给定：$Y = zF(K, N)$，给定资本存量 K，我们可以画出生产函数曲线。图7-10（a）。由于典型消费者最大限度的工作时间是 h 小时，所以 N 不能大于 h，这意味着在图7-10（a）中，最大产出是 Y^*。也可以将 N 用 $h-l$ 表示，此时生产函数为 $Y = zF(K, h-l)$，该等式反映了在给定外生变量 z 和 K 时，产出 Y 和闲暇 l 之间的关系。

如果画出了这种关系图，如图7-10（b）所示，横轴表示闲暇，纵轴表示产出，就可以得到图7-10（a）中生产函数的翻版。也就是说，图7-10（b）中 $(l, Y) - (h, 0)$ 的点对应于图7-10（a）中 $(N, Y) - (0, 0)$ 的点。当消费者把其全部时间都用于闲暇时，就业为零，也没有产出可言。随着图7-10（b）中的闲暇从 h 开始减少，图7-10（a）中的就业就从零开始增加，产出也增加。在图7-10（b）中，当 $l = 0$ 时，消费者会把其全部时间都用来工作，享受不到闲暇，于是可以得到最大的产出量 Y。由于图7-10（a）中生产函数曲线的斜率是 MP_N，所以，边际劳动产出即图7-10（b）中产出和闲暇关系曲线的斜率是 $-MP_N$，原因是这种关系是生产函数的翻版。

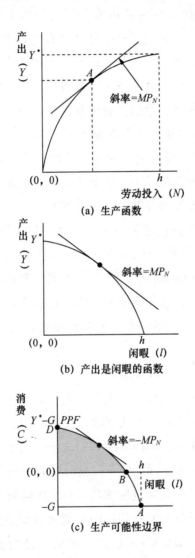

图 7 – 10 生产函数和生产可能性边界（a，b，c）

根据收入—支出恒等式，在均衡中有 $C = Y - G$，考虑等式 $Y = zF$ $(K, h - l)$，我们可以得到 $C = zF (K, h - l) - G$，等式反映了给定外生变量 z、K 和 G 时，C 和 l 之间的关系。这种关系如图 7 – 10（c）所示。也就是图 7 – 10（b）中的关系曲线向下移动至 G，因为在均衡中，消费等于产出减去政府支出。

图 7 - 10（c）的这种关系称为生产可能性边界，它在消费品生产和闲暇方面从总体上描述了封闭经济具有的技术可能性是什么。尽管闲暇无法被生产出来，但图 7 - 10（c）PPF 内阴影中和 PPF 上的全部点，都是这种经济所具有的技术可能性。PPF 反映了闲暇和消费之间的替换，它是这种经济中的消费者利用生产技术可以达到的。就这种经济而言，PPF 中 AB 上的点都是不可行的，因为消费为负。只有 PPF 中 DB 上的点才是可行的，因为在这些点上，足够多的消费品被生产出来，政府既能拿走其中一些消费品，还能留下一部分供私人消费。总之，生产可能性边界就是这样得到的。

（3）竞争性均衡。在图 7 - 10（c）中，PPF 的斜率是 $-MP_N$，和图 7 - 10（b）中的斜率一样。PPF 负斜率的另一种称谓是边际转换率（marginal rate of transformation，MRT）。它是一种商品在技术上转换为另一种商品的比率；在这种情况下，边际转换率是闲暇通过工作转换为消费品的比率，用 $MRS_{L,C}$ 表示闲暇转换成消费的边际转换率。于是有

$$MRT_{L,C} = MP_N = -（\text{PPF 的斜率}）$$

接下来，把 PPF 与消费者的无差异曲线结合在一起，说明我们是如何在图 7 - 11 中分析竞争性均衡的。在图 7 - 11 中，PPF 由曲线 HF 表示。根据图 7 - 10 中生产函数和 PPF 之间的关系，考虑到企业利润最大化决策，给定均衡实际工资 w，我们就能确定企业会在 PPF 上选择的生产点。即典型企业通过取 $MP_N = w$，在均衡中会选择使利润最大化的劳动投入，因而 PPF 在均衡中的斜率负值必定等于 w，原因是在均衡中，$MRT_{L,C} = MP_N = w$。因此，如果 w 是均衡实际工资率，就能在图 7 - 11 中画出一条斜率为 $-w$ 且与 PPF 相切于 J 点的线 AD，其中 $MP_N = w$。于是，企业会选择等于 $h - l^*$ 的劳动需求，根据生产函数，可以得到 $Y^* = zF（K，h - l^*）$。

企业的最大化利润是 $\pi^* = zF(K，h - l^*) - w(h - l^*)$（总收入减去雇用劳动成本），也就是图 7 - 11 中 DH 的长度。现在，在图 7 - 11 中，根据政府预算约束 $G = T$，DB 就等于 $\pi^* - G = \pi^* - T$。

现在，图 7 - 11 中的一个有趣的特征是：图 7 - 11 中的 ADB 是消费者在均衡时所面临的预算约束，因为 AD 的斜率是 - w，DB 的长度是消费者的股息收入减去税收（股息收入是企业获得的、分配给消费者的利润）。由于 J 表示竞争性均衡下的生产点，其中 C^* 是企业生产的消费品量，$h - l^*$ 是企业雇用的劳动量，因此 C^* 也是典型消费者想要的消费品量，l^* 是想要的闲暇量，事实必定如此（因为这是总体一致性所要求的）。这意味着，在图 7 - 11 中，无差异曲线（图 7 - 11 中的曲线 I_1）必定与 AD（预算约束线）相切于 J 点。鉴于此，在均衡点 J，我们有 $MRS_{L,C} = w$，即消费者的闲暇与消费之间的边际替代率等于实际工资。因为在均衡中，$MRT_{L,C} = MP_N = w$，因此在图 7 - 11 中，在 J 点就有

$$MRS_{L,C} = MRT_{L,C} = MP_N \qquad (7.6)$$

即闲暇替代消费的边际替代率等于边际转换率，后者又等于边际劳动产出，也就是说，由于消费者和企业在均衡中面临相同的市场实际工资，因此，消费者愿意用闲暇交换消费的比率，与利用生产技术将闲暇转换为消费品比率是一样的。式（7.6）所表明的条件，对确定竞争性均衡的经济效率关系重大。市场结果与经济效率的联系，对用这个简单模型分析宏观经济问题至关重要。

该图把典型消费者的偏好和典型企业的生产技术结合在一起，以确定竞争性均衡。J 点表示均衡消费约束。ADB 是消费者在均衡中所面临的预算约束，AD 的斜率等于负的实际工资，DB 的长度等于股息收入减去税收。

（4）竞争性均衡和经济中的帕累托最优的关系。既然我们已经由图 7 - 11 知道了竞争性均衡的特点，我们就能分析竞争性均衡和经济效率之间的联系。这种联系很重要，原因有二：一是它说明了市场是如何产生社会最优结果的。二是它表明在模型中分析社会最优要比分析竞争性均衡更容易，因此我们在这里可以有效地运用模型进行分析。

第一，需要给出帕累托最优的内涵。经济学的一项重要内容是，分析市场如何安排生产和消费活动，探究这种安排是如何与某种理想化或有效率的安排进行比较的。通常，经济学家在评估市场结果时采

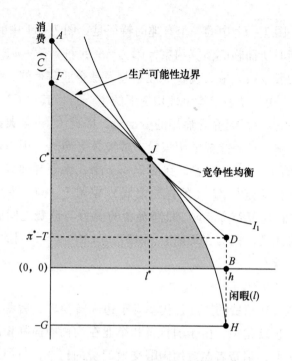

图 7 - 11　竞争性均衡

用的效率标准是帕累托最优。①

　　帕累托最优的定义是：要使有些人的境况改善，就必须使其他人的境况变差，否则就无法重新安排生产或重新分配商品，这时的竞争性均衡就是帕累托最优。

　　对模型而言，我们想问的问题是，竞争性均衡是不是帕累托最优？不过，由于只有一个典型消费者，我们就不必考虑商品在人群中如何分配，工作也就变得相对简单了。在模型中，可以只关注生产如何安排才能使典型消费者境况尽可能改善。

　　第二，竞争性均衡和帕累托最优的关系。为了构建帕累托最优，可以虚构社会计划者这一工具，一般用他来判定经济模型中的效率。社会计划者无须与市场发生联系，他只是命令典型企业雇用既定数量

────────────

　　① 帕累托是 19 世纪意大利经济学家。除此之外，他还以把数学应用于经济分析和提出无差异曲线概念而闻名于世。

的劳动力并生产既定数量的消费品。社会计划者也有权强迫消费者提供必要的劳动量。生产出来的消费品都交给这个计划者，他会把其中的 G 分配给政府，剩下的分配给消费者。社会计划者心怀善意，其选择的数量是为了尽可能改善典型消费者的境况。这样一来，社会计划者的选择可以告诉我们，在可能的最佳条件下，这种经济可以实现什么。

社会计划者的问题是，给定将 l（闲暇）转换为 C（消费）的技术，选择 C 和 l，使典型消费者的境况尽可能改善。也就是说，社会计划者会为消费者选择位于生产可能性边界之上或之内，且位于尽可能最高的无差异曲线之上的消费束。在图 7 - 12 中，帕累托最优位于 B 点，在该点，无差异曲线恰好与 PPF（曲线 AH）相切。社会计划者的问题，非常类似于典型消费者在其预算约束既定的情形下使自己境况尽可能改善的问题。唯一的区别是，消费者的预算约束线是一条直线，而 PPF 是凹向原点的曲线。

由图 7 - 12 可知，由于无差异曲线的斜率是负的边际替代率 $-MRS_{L,C}$，PPF 的斜率是负的边际转换率 $-MRT_{L,C}$，即负的边际劳动产出 $-MP_N$，所以帕累托最优的特性是：

$$MRS_{L,C} = MRT_{L,C} = MP_N$$

这个特性与竞争性均衡，即与式（7.6）特性相同。比较图 7 - 11 和图 7 - 12 就能发现帕累托最优与竞争性均衡是一回事，原因是在图 7 - 11 中，竞争性均衡是无差异曲线与 PPF 的切点，而在图 7 - 12 中，帕累托最优亦是如此。因此，本书的一个重要结论是，对于这个模型而言，竞争性均衡等同于帕累托最优。这里用到了经济学的两条基本定理，分别如下。

定理 1：在给定条件下，竞争性均衡就是帕累托最优，称为福利经济学的第一基本定理。

帕累托最优是在投入劳动力生产消费品的技术给定情形下，社会计划者会选择使典型消费者境况尽可能改善的点。在图 7 - 12 中，帕累托最优是 B 点，无差异曲线与 PPF 相切于该点。

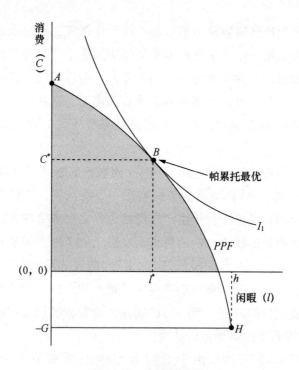

图 7 – 12　帕累托最优

定理 2：福利经济学的第二基本定理指出，在一些条件下，帕累托最优就是竞争性均衡。

这两条定理经常被称为"第一福利定理"和"第二福利定理"。在本节模型中，由于有一个竞争性均衡和一个帕累托最优，因此由图 7 – 11 和图 7 – 12 可知，第一福利定理和第二福利定理成立，它们明显是一回事。不过，在其他类型的经济模型中，无论是第一福利定理还是第二福利定理，要表明其是否成立恐怕是件难事。

第一福利定理所包含的理念至少可追溯到亚当·斯密所著的《国富论》。斯密认为，由自利的消费者和企业构成的自由市场经济可以实现具有社会效率的资源和商品配置。因为自由市场经济的运行，就像有一只"看不见的手"在指引着每个人向惠泽所有人的状态行动。本节构建的模型，其具有的竞争性均衡（即自由市场的结果）特性与虚构的社会计划者用"看不见的手"选择的结果一样。

竞争性均衡与帕累托最优是等价的，只需画出如图 7 – 13 所示的图，图中主要考虑如何解决社会计划者问题。PPF 就是曲线 AH，竞争性均衡（即帕累托最优）位于 B 点，该点是无差异曲线 I_1 与 PPF 的切点。均衡消费量是 C^*，均衡闲暇量是 l^*，均衡就业量是 $N^* = h - l^*$，均衡产出量是 $Y^* = C^* + G$。实际工资 w 由 PPF 在 B 点的负斜率，也就是无差异曲线 I_1，在 B 点的负斜率确定。实际工资之所以这样确定，是因为在均衡时，企业会通过使得边际劳动产出等于实际工资而实现最优，消费者会通过使得边际替代率等于实际工资而实现最优。

图 7-13 说明，由于竞争性均衡和帕累托最优是一回事，所以我们找出帕累托最优，也就是图中的 B 点，就可以分析竞争性均衡。在帕累托最优处，无差异曲线与 PPF 相切，均衡实际工资等于 PPF 在 B 点的负斜率，也等于无差异曲线在 B 点的负斜率。

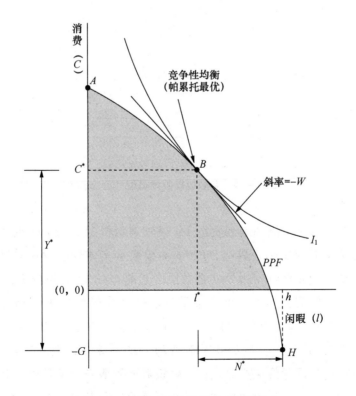

图 7-13 帕累托最优就是竞争性均衡

宏观经济的竞争性均衡和帕累托最优模型对研究金融发展约束边界，也就是金融资源配置服务于实体经济的最优效率边界深有启发，成为构建金融发展约束边界模型的理论与技术基础。

（三）金融边界假说模型构建

金融边界在哪里？我们用推导出来的宏观经济竞争性均衡和帕累托最优模型图，加入金融资源配置的量化曲线，形成两者的制约与促进关系模型，来表示金融发展的约束边界，即金融边界。金融资源配置的量化曲线，也是金融服务实体经济的效率边界曲线，是质的规定性的体现。可以用图 7-14 表示。

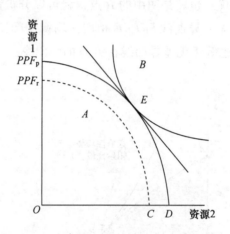

图 7-14   金融边界假说模型（静态）

图 7-14 中，纵轴表示资源 1，横轴表示资源 2。PPFr 曲线表示实体经济发展的实际边界线，PPFp 曲线表示实体经济发展的潜在边界线，即金融发展约束边界（金融适度超前）。A 点是金融发展不足。B 点是金融发展过度。E 点是金融发展和实体经济发展的潜在边界（PPF）交点，即无差异曲线与 PPF 相切的点，在这一点，两种资源配置的边界替代率等于边际转换率 PPF 的斜率，因此，在这一点，金融发展达到最优约束边界点；金融资源配置服务于实体经济达到了效率最大化。最优约束边界就是帕累托最优，最优即金融效率。C 曲线表示实体经济达到的产出水平，D 曲线表示金融资源配置的约束边

界（金融适度超前）和实体经济发展的潜在边界重合。CD 两条曲线的中间部分，从金融资产价值角度考虑，是适度的价值泡沫带来的经济泡沫；从货币供给角度考虑，是可承受的通货膨胀率区域。

（四）对金融边界假说模型的进一步说明

最优约束边界是金融促进实体经济发展实现资源最充分利用的边界。

货币是为了使商品、服务交易更加便捷而产生的，因此从逻辑上说，已有的和即将有的商品、服务交易是主导方面。换言之，由于已有的和即将有的商品、服务交易而产生的对货币的需求是最基本的货币需求，也是首先应该满足的货币需求。

当商品和服务达到最大数量状态时，决定货币需求的商品、服务交易量已接近产出潜力的最大可能。也就是说，这时的货币需求接近其最大值。而商品和服务还有相当增长潜力状态时，有相当的资源闲置，产出潜力尚有待发挥。这就是是否存在潜在产出的问题。在这种情况下，已有的和即将有的商品、服务交易，自然需要货币为之服务。

第三节　金融边界的特征

一　金融边界的客观性

金融边界具有客观性是由金融的内在规定性决定的。是金融与实体经济的关系决定的；是金融过度偏离实体经济导致的危机后果证明的。尽管关于金融边界具有客观存在性的讨论在第三章有所论述，此处由于结构体系完整性的需要，从如下角度再次简单概括。

（一）金融的本质属性决定金融边界的客观性

金融的内核——金融资产价值具有虚拟性的特征，决定金融资产价值膨胀不能过度偏离实体经济的支持。作为真实价值符号的金融资产表现着对真实财富的索取权，理论上要求金融资产价值与 GDP 相等。尽管现实中金融资产可以跨时空配置，索取权可以跨时空实现。但无论如何，在一定的时期或时点上，在一定的区域内，有一个相对于 GDP 的边界约束。

（二）金融对实体经济的依赖性与回归性决定金融边界的客观性

依赖性是指金融产生于实体经济，决定于实体经济，又反作用于实体经济。没有实体经济，金融的功能便不复存在，亦没有产生与存在的必要。依赖性决定了金融对实体经济的回归性。金融是手段，不是目的。目的是能够通过金融活动而拥有实际财富，满足人类的真实需要。因此，金融最终要回归实体经济，贴现实体经济。没有实体经济，就实现不了金融的索取权，而金融索取权的实现，需要金融资产价值等价于实体经济的真实价值。

（三）金融的脆弱性决定了金融边界的客观性

金融的脆弱性决定了金融运行的限度性，即金融的约束边界。金融的脆弱性是由金融的信用性、虚拟性、预期性、不确定性导致的风险实际出现，因而过度金融就会导致信用丧失，进而导致金融危机。

二 金融边界的动态性

金融边界的动态性是由金融所服务的实体经济的发展对金融的需求性的动态性决定的。经济发展具有周期性，经济扩张具有动态性，决定了金融服务实体经济的边界具有动态性，需要动态调整，以实现金融的经济效率。

（一）生产可能性边界的移动决定金融边界的动态调整

生产可能性边界向外扩张，金融发展约束边界、金融资源配置最优效率点也随之动态向外扩张，见图 7 – 15。

图 7 – 15 中，PPF 向外扩张后，B_1 点成为金融发展不足点或所在区域。B_2 点是金融发展过度。E_2 点是扩张后金融发展和实体经济发展的潜在边界（从 PPF_{p1} 到 PPF_{p2}）交点，在这一点，金融发展达到最优约束边界点；金融发展服务于实体经济达到了效率最大化，实现了金融发展的帕累托最优。C_2 曲线表示实体经济达到的新的产出水平，D_2 曲线表示金融发展伴随 PPF（从 PPF_{p1} 到 PPF_{p2}）扩张后的约束边界（金融适度超前）和实体经济发展的潜在边界重合。C_2D_2 两条曲线的中间部分是 PPF 扩张后适度的价值泡沫或可承受的通货膨胀率区域。

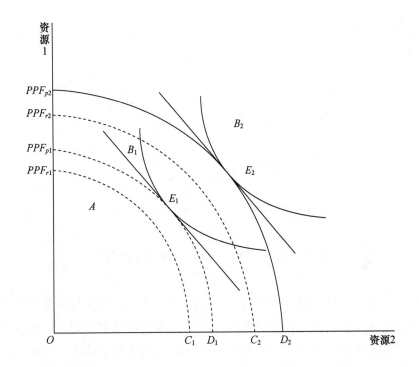

图 7 - 15　*PPF* 向外扩张，金融发展约束边界也随之动态扩张

（二）实体经济对货币需求量的弹性区域

货币需求量是经济运行系统内部决定的内生变量，但因社会经济背景有很大的伸缩性，所以货币需求量本身总处在不断变化之中。如果进行事后分析，以往某一时点上的货币需求量是一个确定的唯一量值，不同产出水平对应着不同的货币需求量，因而，综合各时期的数据，货币需求量可以描述为由若干点组成的一条曲线，在实际分析中，为简化问题，往往用一条直线表示，如图 7 - 16 所示。图中，Y 为产出水平，M_d 为货币需求。

（三）金融资产价值伴随实体经济增长而增长

假定一定时期，在可接受的温和通货膨胀率限度内，作为财富索取权的金融资产，在定价上和运行上，伴随着实体经济的发展而变化。意味着金融资产价值膨胀边界的动态性。

三　金融边界的层次性

从广义上讲，金融是个巨系统，由诸多结构构成，有金融实体部

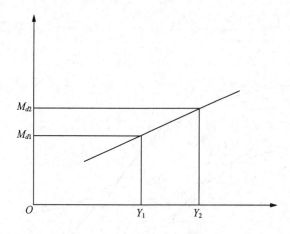

图 7 – 16　货币需求曲线（金融边界的动态性）

门结构，有金融工具结构，有金融市场结构，有参与金融活动的社会主体结构，还包括金融基础设施。从金融功能的发挥上，相对实体经济的不同层次需要，也表现出不同性质的金融企业具有不同的融资目标。国家宏观调控针对不同时期经济发展的不同目标实行力度不同的政策调控。因此，在金融边界约束上，相对实体经济发展的需要，每个结构层次上，每个功能发挥层次上，都具有约束边界。因此，从这个意义上，金融边界具有层次性，是客观存在的。

所以，基于符合实体经济发展需要的，符合金融和实体经济协调发展的前提条件，同时基于金融内部结构协调发展，金融融资功能有效发挥的前提条件，金融边界的层次，可以相对不同的结构、功能等划分，划分出不同的层次。

（一）金融产业规模边界

从金融实体部门结构上，根据经济发展对金融发展的规模要求，具有金融发展的总体规模边界，也可称为产业边界。其中包括金融实体部门内部各个不同类型的金融机构的规模边界。比如银行类金融机构的规模边界、证券类金融机构的规模边界、保险类金融机构的规模边界，和其他金融类金融机构的规模边界等。

（二）金融资产价值总量边界

根据金融对实体经济增长新增产值提供资金支持的要求以及金融

要满足社会对已有的商品和劳务的需求，金融资产价值总量表现在货币供给上，因此，货币供给具有总量边界约束，否则会产生超货币发行，价格上涨，通货膨胀便会到来。

根据金融行使着财富的索取权功能，金融资产价值膨胀具有约束边界。这一约束边界就是生产的可能性边界，或者一定时期 GDP 的存量边界，当然，由于统计上的困难，这一边界可以用一个值域表示。这个值域可根据潜在的生产能力和可承受的通货膨胀率来表示。因为，金融资产要转化为流动性资产，即货币形态的资产，才能实现索取权。所以，金融资产变现和对货币供给总量的要求是一致的。

关于金融资产价值总量的衡量，我国中央银行采用的社会融资总量这个指标值得深入研究，这个指标有利于比较全面地统计我国一定时期的金融资产价值总量。再有，关于资产价值总量边界的要求，可以从一国的角度衡量，也可以从世界的角度衡量。国际货币基金组织等世界性的组织可以在这方面有所作为。

（三）不同市场金融工具的价值扩张边界

不同市场金融工具的价值扩张边界是指根据金融资源合理配置的需要，不同金融市场金融工具的市场价值具有的总量约束边界，否则，各个市场的功能发挥会受到影响，使金融功能不能够实现经济效率。不同市场金融工具的价值扩张边界包括货币市场资金扩张的边界、信贷市场资金扩张的边界、证券市场资产价值扩张的边界、保险资金的运行边界、衍生金融工具价值运动的边界、金融资产跨国交易的扩张边界等。特别是金融资产跨国交易实质是索取他国资源的行为，这种索取应该遵循对等、公平的原则，而不是金融强国掠夺金融弱国。正是因为这个原因，才有金融和资本账户的管制。

（四）不同性质和功能的金融边界

不同性质和功能的金融边界是指从金融功能的发挥上，相对实体经济的不同层次需要，不同性质和赋予不同功能的金融企业具有不同的金融支持目标，因此，其金融行为具有各自的约束边界。否则，金融支持实体经济发展会出现不均衡状态，经济与金融不能协调发展。这些边界约束表现在：政策性金融和商业性金融的边界、正规金融和非正规金融的边界、城市金融和农村金融的边界、不同产业金融的边界、区域性金融和全国性金融的边界，等等。

（五）货币政策的边界

货币政策的边界是从金融能够发挥宏观调控的功能上，相对国家宏观调控在不同时期经济发展的不同目标，货币政策的推出要以经济可能承受的通货膨胀率为政策约束边界，因为货币政策主要表现在货币供给量的调控上。在货币政策干预证券市场价值运动这方面，一直都有争论。当金融危机到来时，对这个方面的呼声就高涨起来。因此这也由此产生了另一个约束边界层次的出现，即市场和政府干预的边界。

（六）市场和政府干预的边界

市场和政府干预的边界也可以称为金融监管边界。回归经济学理论发展史，"看不见的手"的理论几乎一直处于主导地位。尽管"大萧条"以后凯恩斯的政府干预理论兴起，但关于市场和政府干预的争论从没停止过，并由此形成了凯恩斯的政府干预理论和货币自由主义两大学派。无论如何，历次金融危机的发生，一再证明金融监管的必要性。人们要做的是，如何处理好市场和政府干预的边界问题，既保证市场的效率，又能够实现经济金融的稳定。

（七）国际金融的边界

国际金融的边界是指一国融资行为跨出国界的约束边界。和这个问题相关的，是前面提到的金融资产跨国交易的扩张边界，这其实是从不同的角度来说明一个问题。金融资产跨国交易，不仅是从商业游戏规则上获得他国金融支持的行为，实质上是索取他国资源的行为，这种索取应该遵循对等、公平的原则，而不是金融强国掠夺金融弱国。正是因为如此，才有金融和资本账户的管制。所以，国际金融是有约束边界的，这一约束边界就是以民族利益为融资行为的边界，并在此基础上建立管理机制。

（八）金融创新的成本边界

金融创新是有成本边界的。金融创新的成本边界表现在：创新有风险，即风险边界；创新可能触及法律，即法律边界；创新还有道德边界等。

创新的风险边界，比如创新触及某种"度"的关节点，可能带来危机的后果。次贷危机中的金融衍生工具的创新就触及风险的边界，这种触及是以无视创新风险而无度创新导致次贷危机爆发体现出来的。次贷危机也用事实说明了创新是有风险的，风险，是创新成本的另一种表达。金融创新的风险边界就是触及可能导致金融危机的"度"，或者说临界点。

创新的法律边界是指创新不仅仅是对现行法律的突破，而且可能也突破了应该达到比较完善程度的未来的法律，而如何不突破未来应该达到比较完善程度的法律，就有"度"的界限约束。也就是说，这种创新，现在法律没有规定，但创新带来的问题明显存在，在法律健全后，这种创新是行不通的，也就是因为钻了现行法律的空子，所以，这种创新注定是短命的。

创新的道德边界是指人类的普遍的价值观。次贷危机中复杂的金融衍生品的创新就存在交易上的信息不对称，投资者产生事前逆向选择和事后的道德风险。

总之，金融边界具有层次性，这是客观存在的。事实上，金融边界的层次性还可以更细化和细分。比如，相对资本市场非理性繁荣，还有一个心理边界问题。而从各类金融活动中，在具体的借贷关系或者说债权债务关系上，为保证金融的信用安全，还可以有各种具体的信用边界约束等。

四　金融边界的模糊性

除了金融边界具有客观性、动态性和层次性特征外，金融边界还具有模糊性特征。模糊性在总量上的表现，比如在与实体经济总量对应的范畴上，我们使用"值域"概念来表示。在金融体系内部，模糊性主要表现为金融部门和工具体系内部金融资产无论表现在何种信用工具上，均是以价值形式表现，所以，作用于实体经济中，或金融市场风险管理与套利中，有时其边界表现出模糊性。尽管不同类别金融资产规模边界具有模糊性，但不等于模糊性就是同质性，因为各类性质的金融资产具有风险性、期限性、收益性等不同质性，也正是因为如此，才有对金融边界的层次性划分，这种划分才是有意义的。

第八章 金融边界理论视角的 金融管理与调控

金融管理与调控的目的是稳定金融发展，发挥金融在现代经济中对实体经济的支持作用和主导作用，避免金融严重"脱实向虚"，超越约束边界，酿成金融危机和经济危机。广义金融管理与调控应该包括金融监管、金融基础设施建设、金融宏观调控以及金融微观主体规范经营管理四部分。鉴于金融发展存在客观的约束边界，金融微观主体自身难以做到完全自律，强化外在的金融监管和金融管理部门的宏观调控，就显得非常重要和关键。

第一节 金融边界理论是科学界定市场与 政府干预边界的理论基础

作为完整的金融边界理论，其内涵应该包括金融监管的边界，即市场与政府干预的边界。由于金融监管边界理论研究是一个涉及内容广泛又深远的课题，将在本课题完成后，另行研究，因此，在本章中，仅将金融监管作为金融管理与调控机制的重要组成部分加以论述。

金融监管是市场自由放任和政府干预相对应的经济理论范畴和实践范畴。回顾 20 世纪以来金融监管的实践，经历了放任—监管—放松监管—监管—再放松监管—再重拾监管的交替更迭近似否定之否定的过程，其背后的推手是自由放任和政府干预的经济理论基础，当自由放任思想占主导时，放松监管或不监管大行其道；当政府干预理论占主导时，监管和加强监管成为主流思想，二者伴随着经济、金融的波动与稳定交替而行。其中，一次次金融监管实践上的放松监管与不监管带来的惨痛的历史教训，都在拷问着自由放任和监管理论的坚实性和指导作用。金融边界理论的构建，势必成为科学界定市场和政府干预边界的突破口。

一　金融监管理论与实践的历史回顾

金融监管是指一国政府或政府代理机构对金融机构实施的各种监督和管制，包括对金融机构市场准入、业务范围、市场退出等方面的限制性规定，对金融机构内部组织结构、风险管理和控制等方面的合规性、达标性的要求，以及一系列相关的立法和执法体系与过程（白钦先，2000）。[①] 金融监管是政府干预与市场自由放任相对应的经济理论范畴和实践范畴，金融监管理论基础自然与主张市场自由放任和政府干预的经济基础理论联系在一起。

1776年，亚当·斯密出版了《国富论》，"看不见的手"从此成为市场经济的准则，以"看不见的手"作为范式基础，崇尚自由放任政策的古典经济学也得以开创。"看不见的手"的深层理论基础是市场秩序原则，即建立在自私自利理性人预设基础上的市场，在价格机制的引导下市场能够创造自动纠错的经济秩序而实现平衡。因此，政府仅仅应该作为市场经济的"守夜人"，而不应该直接介入和干预经济运行，因为政府对于市场秩序的创建与维护既无必要，也无可能。

19世纪70年代，随着瓦尔拉斯一般均衡理论的创立，新古典经济学发展起来并迅速成为经济学的主流学派。同古典经济学一样，新古典经济学也崇尚自由放任的经济政策，认为市场的自发运动将会实现资源配置的"帕雷托最优"，因此也极力反对政府对经济运行的干预。市场自发力量可以自动实现平衡的经济学基础理论上升为哲学理念可称其为市场原教旨主义。

然而，市场是有缺陷的，市场自我纠错的能力是有限的，历次经济波动和经济危机证明市场经常陷入失灵境地。19世纪40年代兴起的德国历史学派以及后来的新历史学派就主张政府应该对经济生活进

---

① 参见白钦先《20世纪金融监管理论与实践的回顾和展望》，《城市金融论坛》2000年第5期。

行较多干预，以弥补市场经济的缺陷，代表人物是李斯特和施蒂格勒等。虽然他们的主张为当时的德国政府积极采纳，然而作为一个经济学派，它却长期被斥为异端并被排除在主流之外。但是，无论如何，德国历史学派指出的市场机制的缺陷已经为后来国家干预经济学说奠定了基础。鉴于市场的局限性，理论界就"看不见的手"的争论从来没有停止过，并且在很大程度上主导了经济学理论的发展演变和经济学主流学派的兴衰更替，金融监管理论的演化和金融监管实践也就在这一背景之下艰难行进。

（一）"看不见的手"鼎盛时期的金融监管

20世纪30年代以前，是"看不见的手"鼎盛时期，这一时期，金融监管处于自然发轫状态。现代意义上的金融监管是与中央银行制度的产生和发展直接联系的，中央银行制度的普遍确立是现代金融监管的起点（白钦先，2009）①，有关金融监管理论也从此发端。金融监管最早可以追溯到1720年6月英国颁布的由著名的"南海泡沫"事件和"密西西比泡沫"事件引发的旨在防止过度证券投机的《泡沫法》。《泡沫法》主要是政府针对证券市场的不稳定性而采取的干预措施，只是现代意义上金融监管的一部分。19世纪末20世纪初，各国中央银行制度普遍确立，并赋予垄断货币发行权、充当最后贷款人和建立存款保险制度等职能，确定了中央银行金融监管者的地位，关于金融监管的理论讨论也由此展开。这一时期，作为主流学派的古典经济学和新古典经济学在理论和政策上都占统治地位。与中央银行制度的建立相对立，以哈耶克为首的"自由银行制度"学派的理论与"看不见的手"的范式相吻合，它们不承认市场有缺陷，因而信奉金融业的自由经营原则，认为存款保险和最后贷款人的功能都是不必要的，甚至主张取消中央银行。主流的新古典经济学顽固坚持"看不见的手"的信条，使这一时期的金融监管理论主要集中在货币监管和防止银行挤提等有限监管方面，讨论焦点问题在于要不要建立以中央银行为主体的官方安全网上，对于金融机构经营行为的具体干预则很少

---

① 参见白钦先《百年来的金融监管：理论演化、实践变迁与前景展望》，《白钦先经济金融文集》（二），中国金融出版社2009年版，第167页。

论及。监管实践的特点是有限监管。

（二）安全与效率交替倾斜的监管理论与实践

追求安全还是追求效率？两者的交替倾斜开始于 20 世纪 30 年代以后。30 年代大危机残酷和惨痛的教训使强化金融监管取得了普遍认识，"市场失灵"给金融监管理论与实践奠定了经济学基础。从此，现代意义的金融监管在安全与效率、政府与市场交替倾斜的实践中前行。但根深蒂固的市场原则和自由主义的复兴往往更强调效率与市场，从而使经济与金融体系的波动与危机不可避免。

1. 20 世纪 30—70 年代：凯恩斯主义思想影响下的安全优先监管理论与实践

20 世纪 30 年代的"大危机"宣告了"看不见的手"无所不能神话的破灭，凯恩斯主义政府干预经济学应运而生，并取得了经济学的优势地位。凯恩斯主义经济学的出现和发展是政府干预与自由放任的一次正面交锋，其需求管理的干预思想为 30 年代开始的严格、广泛的政府金融监管提供了有力注解，并成为第二次世界大战后西方主要发达国家对金融领域进一步加强控制的主要论据，也是金融监管理论得以建立和金融监管实践得以发展的主要因素。这一时期，金融监管理论以安全为主要内容。"大危机"推动和强化了金融监管的理论主张。这一时期的金融监管理论研究取得的成果表现在以下方面。

第一，金融体系具有负外部性效应。负外部性效应是指一种产品的生产或消费的部分成本由生产者和消费者之外的主体来承担情形。具体到金融体系即金融机构的破产倒闭及其连锁性反应将通过货币信用紧缩破坏经济增长的基础。依据福利经济学观点，外部性可以通过征收"庇古税"进行补偿，但是金融活动巨大的杠杆效应——个别金融机构的利益与整个社会经济的利益之间严重不对称显然使这种办法变得毫无效力可言。另外，科斯定理则从交易成本的角度说明，外部性也不可能通过市场机制的自由交换得以消除。因此，需要一种市场以外的力量介入来限制金融体系的负外部性影响。

第二，金融体系具有公共物品属性。一个稳定、公平和有效的金融体系对整个社会经济而言是一种公共物品。作为公共物品，不可避免地就会出现"搭便车"问题，即人们虽有内在动力消费这一物品，却得不到有效的激励为公共物品的提供做出贡献，从而导致这一公共物品的提供不足。因此，政府应该通过保持金融体系健康稳定的各种手段来维护这种公共物品。

第三，金融机构存在自由竞争的悖论。首先，金融业务有可能存在规模经济，这意味着它具有一定垄断倾向。戴蒙德（Diamond，1984）从非金融企业内部的激励问题入手对银行业的自然垄断特征进行了模型化，揭示了这一特点。其次，斯蒂格利茨（Stiglitz，1981）揭示了银行业实行信贷配给的特点有可能使银行逐渐获得对与它具有传统关系企业的垄断地位。再次，金融领域还可能发生不正当竞争，破坏正常的市场秩序。

第四，金融市场存在不确定性、信息不完备和信息不对称。在不确定性研究基础上发展起来的信息经济学则表明，信息的不完备和不对称使市场经济不能像古典和新古典经济学所描述的那样完美运转的重要原因之一。金融体系中更为突出的信息不完备和不对称现象，导致即使主观上愿意稳健经营的金融机构也可能随时因信息问题而陷入困境。然而，收集和处理信息的高昂成本往往使金融机构难以承担，政府则有责任采取各种措施减少金融体系中的信息不完备和信息不对称。

这一时期的监管实践在凯恩斯主义政府干预理论影响下，传统中央银行的货币管理职能已经转化为制定和执行货币政策并服务于宏观经济政策目标，金融监管更倾向于政府的直接管制，并放弃自由银行体制，从法律法规和监管重点上，对金融机构的具体经营范围和方式进行规制和干预逐渐成为这一时期金融监管的主要内容。主要表现在美国，1929—1933 年大危机后颁布了《格拉斯—斯蒂格尔法》等系列重要监管法律，并正式确立了分业经营与分业监管的金融管理体制。英国等其他发达国家也掀起了金融监管法制建立的狂潮，这一时期的监管实践特点是：走向全面监管。

2. 20 世纪 70 年代中期至 80 年代末：新自由主义经济思想影响下的效率优先监管理论与实践

20 世纪 70 年代，困扰发达国家长达 10 年之久的经济"滞胀"宣告了凯恩斯主义政府干预理论的破产，以新古典宏观经济学和货币主义、供给学派为代表的自由主义理论和思想开始复兴，市场原教旨主义重新抬头。在金融监管理论方面，主张金融自由化者提出监管失灵理论，作为此时期最重要反击政府的过度监管理论基础，根据"利益集团理论"、"监管俘获理论"、"寻租理论"以及存在管制成本与监管双方博弈会导致监管者在监管时难以达到监管初期设计时的监管目标，从而监管失灵；认为政府的金融监管造成金融机构和金融体系效率低下，金融发展受到抑制。80 年代末期至 90 年代初，金融自由化达到高潮，全球化、开放式的统一金融市场也在此开始形成。这一时期的金融监管实践在金融自由化理论崇尚效率优先影响下，开始普遍出现放松监管趋势。这一时期发达国家和地区在金融实践上的改革是普遍放开监管法规限制和进行机构调整。比如，20 世纪 80 年代，以英国金融"大爆炸"为旗帜，彻底拉开了发达国家金融自由化的序幕。美国 80 年代里根政府时期，强力呼吁恢复不受监管和自由竞争的市场理念，以 1980 年取消《存款机构管制和货币控制法案》、1982 年颁布《高恩·圣杰曼机构法》为开端，美国金融自由化进程全面展开。减少了政府对存款机构的业务品种限制。1986 年 4 月，废除了"Q 条例"。在麦金农和肖的"金融抑制"、"金融深化"理论助推下，金融自由化浪潮冲破疆域涌入发展中国家，发展中国家也开始放松金融监管，制定金融自由化政策。这一时期，金融创新、金融衍生产品大量涌现，传统金融安全限制逐渐在淡化。这一时期的监管实践特点是：金融监管全面放松。

3. 理论上安全与效率兼顾，实践上陷入效率"陷阱"

20 世纪 90 年代以来，由于一系列区域性金融危机的相继爆发，迫使人们又重新关注金融体系的安全性及其系统性风险，金融危机的传染与反传染一度成为金融监管理论的研究重点。从金融市场剧烈动荡和金融危机频繁爆发入手，分析其缘由并探求协调安全、稳定和效率的理论的研究开始出现并受到重视。代表性理论是金融脆弱性理论。包括明斯基的金融不稳定理论、戴蒙德和道格拉斯提出的银行挤兑模型和克瑞格的安全边界理论和罗伯特·默顿的功能性监管理论等。总体来说，金融脆弱性理论观点认为，金融风险的产生和积累不是来自外来冲击，而是金融机构特有的，因此金融机构内在脆弱性就成为政府监管和控制的主要原因与内容。

这一时期金融自由化理论虽然因一系列金融危机而受到普遍批评，但并没有被彻底否定。主要因为自由主义经济理论的"复兴"，并没有否定市场的固有缺陷，它们与凯恩斯经济学以及通过构筑凯恩斯主义宏观经济理论微观基础发展起来的新凯恩斯主义经济学对如何"干预"存有差异。因此，无论是在发达国家还是在发展中国家，金融自由化的步伐一刻也没有停止。只是从 20 世纪 90 年代初开始，在短短的十几年时间内，全球至少有 14 个国家先后爆发了金融危机。特别是 20 世纪末，大量美国上市公司的造假案件严重损害了金融市场信用，使人们越来越相信金融自由化似乎走到了自由的极限，开始呼吁即能防范风险又能提高效率的金融监管的回归。然而，与"大危机"后严格监管不同的是，这场监管回归是一种追求在开放条件下符合全球化进程的有效监督金融市场、增强金融机构竞争力、监督成本较小的金融监管。① 标志性的事件是英国在 1997 年成立了金融服务管理局（Financial Service Authority，FSA），实行一体化监管，以适应混业经营的需要。

虽然这一时期金融监管理论开始即注重以市场不完全为出发点研究金融监管问题，也开始注重金融业自身的独特性对金融监管的要求和影响，体现了效率与安全兼顾特点，但是，在实践中，新自由主义经济思想影响下"效率优先倾斜性"仍然非常严重，代表性的事件是 1999 年 11 月 4 日，美国废除了 1933 年颁布的《格拉斯—斯蒂格尔法》，代之以《金融服务现代化法案》，带动了全球金融业由分业经营向混业经营的转变，金融自由化浪潮风靡全球。甚至在美国，金融机构在推出金融新产品或衍生品时无须监管机构的批准，只要注册就可以应用。

进入 21 世纪，美国监管当局陷入新自由主义经济思想影响下的"效率优先倾斜性"陷阱不能自拔，市场原教旨主义达到登峰造极地步。"9·11"事件后，美国为刺激经济以实现美国梦，降低了房贷门

---

① 参见韩守富等《后金融危机背景下的金融监管》，社会科学文献出版社 2012 年版，第 34 页。

槛，在资产证券化衍生链条中，无视风险，衍生品不监管，评级纵容，高管薪酬刺激等，上演了一场由美国国家设下的为实现美国利益的"庞氏骗局"，导致 2007 年次贷危机并迅速演变成全球金融危机，使世界经济陷入灾难深渊。

20 世纪 90 年代以来的监管充满着矛盾。从初期的重归监管需求，到法律上进一步放松监管，再到对非银行金融机构影子银行体系的不监管，再到次贷危机后要求严格监管，市场原教旨主义不监管理念始终挥之不去。

从以上回顾可以看到，20 世纪对政府干预还是自由放任问题的论争经历了一个大的轮回，至今仍无最后结论。在这一背景之下，直接涉及政府干预的金融监管理论也势必随着争论双方势力的兴衰发生变化。时至今日，放松监管与加强监管，始终是金融监管理论中反复争论的重要主题，并伴随着经济学基础理论的演变，主导性的金融监管理念往往类似钟摆的方式，在放松监管和加强监管之间摆动。在这一次席卷全球的危机之后，全球金融监管理念的钟摆，却几乎一致地转向了加强监管，这不仅是反思危机的需要，也因为在整个危机演进的过程中，放松监管确实使全球金融体系经受了摧毁性冲击（巴曙松，2011）。① 回顾金融监管理论与实践演进史，经历了自由放任—强化监管—放松监管—监管—再放松监管的波浪起伏近似否定之否定的曲折发展过程。这事实上是如何处理市场与政府干预边界问题。

二　金融危机后对金融监管理论与实践的反思

（一）金融发展存在约束边界，加强监管成为迫切需要

次贷危机再一次证明金融发展存有约束边界，暴露出的不监管理念和监管论滞后与危害，要求必须加强金融监管基础理论的研究，为进一步监管改革提供强有力的理论支持。金融边界理论的推出，正是符合了这一需要。

金融危机本质上是理论危机，是经济金融基础理论危机（白钦先，2009）。此次全球金融危机实质反映出了监管缺失是影响金融稳

---

① 参见巴曙松《金融监管：寻求平衡的艺术》，《21 世纪经济报道》2011 年 6 月 6 日第 19 版。

定和经济增长的最重要风险，而金融监管的缺失又源于缺乏强有力的金融监管理论的支持。回顾百年金融发展史，金融监管理论落后于金融监管实践的要求。截至目前仍然没有一个普遍认同的占主导地位的核心理论。从强化金融监管的实践看，金融监管无一例外是应对金融危机的直接产物，往往是危机后金融监管各种假说和流派相继出现，其滞后性显而易见。而分析既有金融监管理论，无论是公共产品理论、信息不对称理论、金融脆弱性理论等均有不同程度缺陷和不足，监管的"利益冲突论"、"寻租"理论、"道德风险论"、"监管失灵论"等也对政府的监管效应提出质疑。而在监管完全性上，金融监管理论一直脱胎于政府对经济干预的经济学原理，只注意金融体系对整个经济的特殊影响，却往往忽略对金融活动本质属性和金融体系运作特殊性的研究，对金融体系或金融活动本身风险关注不够，比如对高科技发展和金融创新带来的金融衍生品监管问题，混业经营趋势下对虽无银行之名，却行银行之实的影子银行体系（克鲁格曼，2008）带来的风险如何监管，也是导致这场危机的主要原因，在资产证券化和金融衍生交易工具虚拟链条无限延伸中，影子银行系统发挥着重要作用。又比如在经济金融全球化的今天，金融活动的全球化和金融监管的国别化的矛盾日益剧烈，逻辑地要求金融监管必须国际化，而伴随了跨国业务延伸的跨国监管一直处于空白境地。这些诸多方面的理论不是一个理论残缺不全的问题，而是理论还远远没有建立起来的问题，这不仅表明金融监管理论的广度和深度明显不够，而且使得金融监管实践一直处于安全与效率的两难境地不能前行。而事实上，由于金融业务的内在风险性和金融资产价值运动作为虚拟经济的内在脆弱性，不是简单的关于安全与效率谁先谁后的关系问题，而是必须先有安全，然后才有可能论及安全与效率的关系问题，这是金融的本质特征和内在的规定性决定的。总之，在金融监管理论与实践上，如何化"亡羊补牢"为"未雨绸缪"，使金融监管理论和实践的发展摆脱危机导向轨道，提高先验性、事前性和灵活性，摆脱从惨痛的经验教训中才能获得前行的动力的魔咒，建立强有力的金融监管理论是摆在金融理论工作者面前的紧迫任务。

（二）树立金融约束边界理念，走出"监管理念迷失"陷阱

对于次贷危机的爆发，白钦先教授指出："这场危机实质上是美国的国家信用危机、国家道德危机及全球性信用与信心危机；是美国极端的消费主义文化危机；是市场原教旨主义经济理论与政策危机；是过度虚拟、过度衍生的金融资源危机；是全球性实质经济与虚拟经济及国际金融的严重结构性失衡危机；是经济学金融学的人文价值观认同危机；是人类现存思维方式、生产方式与生活方式的不可持续发展危机"[①]（白钦先、谭庆华，2010）。危机背后深层次原因是美国相关金融机构积极参与推动、金融监管当局放任纵容甚至鼓励的结果，不管美国当局承认与否，客观上形成了一个体制性系统性"金融共谋共犯结构"，正是在这一"结构"的作用下，金融虚拟化无度发展，金融脆弱性大幅度提升，次贷危机爆发并不断蔓延，从而美国利用掌控的"金融霸权魔杖"——美元刀绑架全球经济体为之承担风险和损失。这是一幅"美国消费、全球埋单"、"利益美国独享、风险全球共担"的图景，与美国金融监管当局在次贷业务发展上"提高住房自有率实现美国梦"与"美国利益最大化与成本最小化"的政策目标不谋而合。正是在美国国家利益背景下，美国监管当局自挖了市场原教旨主义"监管理念迷失"的陷阱，并为全世界设下了丑恶的"庞氏骗局"。

迷失了监管理念，监管行动上也就迷失了方向。美联储前主席格林斯潘曾在多种场合发表演讲，高度评价市场的自我纠错能力，认为市场自我监管更为有效，宽松的监管使市场具有更大的灵活性。此次危机爆发之前，格林斯潘曾多次称赞 CDS 是一项重大的金融创新，认为其在全球范围内分散了美国的信用风险，增加了整个金融体系抗风险能力，并反对政府对金融衍生品市场采取严格监管。

凯恩斯在《就业、利息和货币通论》结尾部分写道："无论祸福与否，世界始终由思想统治。"这句名言精辟阐述了秉承什么样的经济金融学思想的重要性。市场原教旨主义强调个人自利行为的合理性

---

① 白钦先、谭庆华：《金融虚拟化与金融共谋共犯结构——对美国次贷危机的深层反思》，《东岳论丛》2010 年第 4 期。

和自由放任的必要性，其核心理念是对市场机制的顶礼膜拜，迷信市场是万能的，可以自动实现均衡，不需要政府以任何方式的干预。在金融领域，市场原教旨主义表现为有效市场假说，即金融市场完全和正确反映了所有与决定证券价格有关的信息。基于有效市场假说，在金融监管上主张和放任金融自由化和金融衍生产品等所谓的创新产品不受监管的无度虚拟化，完全理性人基于完全市场信息能够无偏地反映市场价格，其无限套利行为使市场自动实现均衡。具体表现在：第一，认为市场价格是正确的，可以依靠市场纪律来有效控制有害的风险承担行为；第二，认为问题机构会遭受破产清算实现市场竞争的优胜劣汰；第三，对金融创新不需要监管，市场机制自动淘汰不创造价值的金融创新，治理良好的金融机构不会开发风险过高的产品，信息充分的消费者理性选择满足自己需求的产品；对金融创新是否创造价值的判断，市场优越于监管当局，监管可能抑制有益的金融创新。

然而，个人理性之和并不能导致集体理性之结果，萨缪尔森将其概括为"合成谬误"。博弈论将其称为"囚徒困境"。综观金融监管理论演进与金融监管实践发展的历史，在市场原教旨主义理念羁绊下，在稳定与效率抉择中，金融监管一波三折，每当经济金融剧烈波动甚至发生金融危机之时，金融监管才被重提和加强，一旦经济金融恢复平稳，金融监管就又被遗忘或弃之一旁。回顾左右金融监管与不监管的经济基础理论发展史，可以清楚地看到，自由放任经济自由主义一直都是西方世界指导经济发展的主流思想。尽管中间穿插着凯恩斯的宏观经济理论和其他的针对市场失灵而主张的政府干预理论，但主张市场可以自动平衡的完美市场经济假说始终占据统治地位，成为放松监管和不监管的理论基础。美国监管当局正是在市场原教旨主义理念支配下，在意识观念上过度迷信自由市场万能，因而造成实际行动中有效的金融监管的缺失。

反思金融危机，未来金融监管向何处去，是重蹈历史覆辙，回到市场原教旨主义那里去，还是居安思危，始终坚持适度监管不动摇，是我们必须回答的重大问题。针对金融固有的内在风险性，脆弱性与虚拟性，反思不监管的哲学，摒弃市场原教旨主义极端自由化的理念，树立金融发展具有约束边界的理念，始终坚持金融监管不动摇，才是未来金融监管实践的方向。

（三）金融边界理论是科学界定市场和政府干预边界的突破口

如同30年代大危机一样，次贷危机再一次证明自由市场原教旨主义的失败，政府的制度约束再次凸显。危机告诉我们，在金融监管方面，我们需要摒弃自由市场原教旨主义的监管哲学，代之以基于既强调市场又强调政府作用的混合经济理论基础上的新的监管哲学。新的监管哲学关键在于科学界定市场和政府干预的边界，这需要强有力的经济基础理论的支撑，以修正理性人假设基础上的"看不见的手"的市场自动平衡理论。金融边界理论的构建，正是符合了这一迫切要求。

20世纪80年代以后迅速发展起来的行为金融学研究成果就开始动摇了主流经济金融理论的权威地位。行为金融学是运用心理学、行为学和社会学等研究成果与研究方式分析金融活动中人们决策行为的一门新兴理论学科。该学科以真实市场中"正常"的投资者为理论基石代替主流经济金融理论"理性人"原则，结果表明现实市场不完美，有效市场假说不成立；现实市场中的投资者有限理性和有限套利，使证券价格达不到理性均衡水平，因而市场不能自动实现均衡。这和金融边界理论的思想是一致的。金融边界理论指出，金融具有偏离实体经济自我发展的内在逻辑和外在推动力，金融资产追逐收益的本质属性使其价格在预期现金流的诱惑下不断攀高，资产泡沫不可避免会出现，泡沫达到临界点，市场崩盘成为必然。这是由金融运行的本质和从事金融活动的有限理性的"正常"人的行为决定的。因此，金融自律难以做到完好，必须具有外力的制约。

市场不能自动实现均衡的表现是：

第一，金融市场存在严重的信息不对称，金融消费中存在着欺诈，消费者可能购买了自己根本不理解的产品，比如迷信信用评级机构的评级，受其误导，表现出非理性行为，成为"庞氏骗局"中最后跟进的"傻子"。

第二，从微观层面看单个金融机构是审慎理性行为，如果成为金融机构的一致行动，在宏观层面反而可能影响金融系统的稳定，比如混业经营模式下，单个金融机构来看是理性的风险分散行为，但如果很多金融机构采取相同的混业经营行动，类似的风险敞口会导致系统性风险，即个体理性不意味着集体理性。

第三，市场纪律不一定能够控制风险承担行为，比如华尔街奖励短期财务业绩扭曲的激励机制和鼓励冒险的高管薪酬制度，促使投资银行和商业银行的高管们铤而走险，进行过度的投机交易和追逐短期的高额利润，助长了高管的过度风险承担行为。

第四，"大到不能倒"问题的金融机构具有负外部性，很难通过市场出清方法解决。比如，如果问题机构有支付清算等基础性业务，破产可能有损金融系统的基础设施，构成系统性风险。

第五，金融创新不一定创造价值，有可能存在重大风险。[①] 比如次级抵押贷款市场的信用证券化和信用衍生品的无度创新，随着金融监管的放松，它很快成为金融市场纯投机活动的扩张器。微观个体追求利益最大化的无限贪欲，使其借助技术工程支持下的金融创新陷入了"迷失陷阱"，为投机而创新，使得金融资产过度膨胀、信用关系过度复杂、金融系统性风险不断累积提升、金融过度虚拟化，金融功能迷失了方向，金融发展突破了约束边界。最终人类的过度贪婪的非理性导致了危机发生，市场没有"自动平衡"。

金融边界理论从金融运行本质属性，从金融变现要求的索取权本质，从金融与实体经济的关系为金融监管奠定了坚实的基础。行为金融学的投资者"有限理性"前提预设，从金融运作行为的本源上为金融监管奠定了坚实的基础。两个理论有力地证明了自由放任的金融监管理念应被修正。金融是从事金融活动的主体运行的，从事金融活动的主体运行的金融工具具有特定的本质属性，两者结合在一起，在"正常"人的有限理性运作下，市场中金融运行突破边界在所难免，所以，金融边界理论和行为金融学理论一起，构成了金融监管理论研究与实践的突破口，成为探寻市场与政府有机结合的理论基础，为科学界定市场和政府干预的边界，寻求宏观监管与微观监管、政府干预与市场自律、强化监管与适度监管相结合的监管路径奠定了基础。正

---

① 参见谢平、邹传伟《金融危机后有关金融监管改革的理论综述》，《金融研究》2010 年第 2 期。

如保罗·克鲁格曼所说："自由市场的凯恩斯主义认为，市场虽然是个好东西，但是只有在政府随时纠正其偏差时，它才真正是个好东西。"①（克鲁格曼，2008）

基于以上回顾与分析以及最近 20 多年的经济金融发展趋势可以清楚预见，21 世纪更是经济金融化、金融全球化和金融日益"脱实向虚"的突飞猛进时代。基于金融边界理论，科学界定市场与监管边界，新的监管模式应该从以下方面着手。

（1）金融监管理论的研究更多从金融的本质属性和金融体系运行的特殊性着手，不但从外部力量介入的角度来考虑有效的金融监管策略，更注重从金融机构、金融体系内部的激励相容方面来探索金融机构和金融体系自觉主动地防范和化解金融风险的金融监管制度安排。相应地，金融监管实践也应该把保持金融偏离实体经济适度发展，即金融发展是否处于约束边界之内作为重要甚至是根本性目标，金融监管政策以及方式、方法和手段也应该围绕金融偏离实体经济适度发展的目标而展开。

（2）金融监管理论和实践的发展都必须努力摆脱危机导向轨道，逐渐提高先验性、事前性和灵活性，实现向金融功能监管的转变。金融功能监管主要是指金融监管由通常地针对特定类型的金融机构（针对银行、证券公司、保险公司等不同金融机构实施监管）转变为针对特定类型金融业务（针对银行业务、证券业务、保险业务分别加以监管）。

（3）加强对金融创新产品的监管，监管理论与策略的前瞻性应预测到可能出现的新的创新产品，在风险防范上走在前列，防患于未然。

国内外过去都把银行监管作为了主要监管目标，而对在定价与交易中价格容易更多的偏离均衡价值的金融衍生工具市场往往未给予足够高的重视，结果导致了对后者的监管失控，酿成危机不可避免。从世界范围来看，大多数国家的金融监管现状是：监管机构越是对银行

① ［美］保罗·克鲁格曼：《克鲁格曼的预言——美国经济迷失的背后》，张碧琼等译，机械工业出版社 2008 年版，第 285 页。

业熟悉，就对银行业监管越严厉，越是对期货、期权以及资产证券化创新工具等情况异常复杂的金融市场不了解，就越是对其监管缺位。而这些金融产品和交易市场，由于其价值虚拟程度高，恰恰是现代金融体系中风险最大、可控性最弱的工具和市场，它们极易导致金融市场发生动荡，引发金融危机。金融监管的最终目标是金融稳定。我们应该把这些风险大、可控性差、资产价值虚拟程度较高的金融工具和市场作为监管重点，从监管的重要程度来看，银行业可能要低于这些市场。金融监管部门应该确立这样一个理念：越是容易偏离实体经济，价值虚拟性强容易产生资产价格泡沫的金融工具和市场，就越应该加强监管。

当今金融业综合经营已蔚然成风，金融市场偏离实体经济自循环程度日渐提高，因而金融监管理论与实践也应当与时俱进，从而更好地应对金融市场日益复杂、金融工具日益创新带来的金融资产价值日益膨胀，金融过度，金融资产价值过度偏离实体经济价值的金融日益"脱实向虚"带给金融监管的新的挑战。

第二节　经典理论中主张货币价值稳定的管理思想

从货币的产生到货币借贷等金融活动的出现，金融功能从低级到高级的发展，对金融管理与调控理论也在争论中向前发展。从先哲和经济学家的金融管理与调控思想中，能够得到有益启示。

一　古代先哲秉持的货币内在价值的思想

对货币价值决定问题的研究，古代先哲就开始了。那时代对货币的研究与哲学、伦理、政治等学科融合在一起。早在古希腊时期，亚里士多德在他的《政治论》、《伦理学》著作中，对货币流通、价值、信用就有过分析。柏拉图在他的《理想国》、《法律论》著作中，就有对货币、高利贷问题的研究。比如，在保持货币价值稳定问题上，亚里士多德主张在商品贸易上，内外一律使用像贵金属那样的可兑换货币。作为苏格拉底的学生，柏拉图在他的"理想国"的货币体系的研究中，坚持对内贸易使用不可兑换的货币，对外贸易使用贵金属货币。他们争论的实质就在于货币是否要保有内在价值，是否需要以自然实体为依托。从亚里士多德的观点可以看出，在古希腊，先哲的理论思想中就认识到货币自身的名义价值偏离其代表的实体经济的价值可能带来的不良后果。当然，这种担心是正确的，不可兑换的信用货币，由于发行过度，导致金融秩序混乱以及严重的通货膨胀，从古到今，一直在经济社会上演着。因此，亚里士多德秉持货币内在价值的思想，在今天看来，依然是正确的。"柏拉图和亚里士多德分别代表了两种截然不同的货币实践哲学，将整个世界货币史划分为两大阵营。实际上，两种哲学原封不动地一直持续到今天。"① 由于保有内在价值的实物货币的局限性，也由于贵金属货币供给的局限性，信用货币充当交换媒介是必然的。任何时代的商品生产，都无法满足无度发行的信用货币的要求，因此，要么货币具有内在价值，要么信用货币严格执行经济发行的发行纪律。这不仅是对古代先哲秉持的货币价值稳定的观点的扬弃和发展，更是货币作为金融的内核与实体经济的关系决定的。

二　堪称住房抵押贷款前身的土地货币制度的设想

货币价值稳定问题，就是金融和实体经济的关系问题，因为货币是金融的内核。实物货币的局限性和贵金属货币的有限性，使经济中的交换与借贷活动不得不求助于信用货币，但是，怎样的货币制度安排会使本身没有内在价值的信用货币像实物货币那样具有稳定的价值？人们想到了赖以生存的土地，"很多世纪以来，人们梦想着使用土地作为货币的支柱"。② 比较早的主张土地货币的人，是苏格兰商人威廉·佩特森（1658—1719）。源于他的设想，导致了1694年英格兰银行的设立，佩特森也成为这家银行的创办人之一。土地银行的最著名计划可在1705年出版的约翰·罗的《货币和贸易的思考：为国家提供货币的建议》中找到，"他的设想是以土地为担保发行纸币作为

---

① 罗伯特·蒙代尔：《蒙代尔经济学文集》第四卷，向松祚译，中国金融出版社2003年版，第18页。

② 《新帕尔格雷夫经济学大辞典》第二卷，经济科学出版社1992年版，第545页。

法定流通物，利率定为3%"。① 这是否可以认为是最初的资产证券化设想呢？答案应该是肯定的。约翰·罗主张："这个银行发行的钞票永远不能超过这个国家所有土地的价值——在正常的利率下，或者可以与土地价值相等。拥有此种钞票者，在特定时间有权被认为拥有土地"。② 虽然真正意义上的土地银行制度并未付诸实施，但是人们寄希望于土地作为货币发行的约束思想是正确的。而且，以土地作保证发行货币的理论在美洲殖民地有过这样的尝试，具体表现为有些殖民地建立了通常称为贷款办公室的土地银行，有数千英镑的银行就可以被授权贷出票据作为贷款交易的流通货币，也就是说，它们事实上发行了以土地作保证的货币。历史上用土地抵押作为货币发行约束是有成功的先例的。20世纪30年代的德国，在发生了史上最严重的通货膨胀以后，就采取了用土地作为抵押发行货币的做法。1923年10月15日新马克取代旧马克后，"政府宣布新马克以德国的全部土地和有形财产作为一级抵押保证。"③ 尽管这些新马克事实上无法兑换真实的土地，因为这些抵押土地并没有掌握在政府手中。不过，当时新马克的发行是极为谨慎且受到严格法令的限制，新德意志银行坚定不移地执行稳定货币的政策，土地抵押成为信用承诺的象征，因此，极大地增强了人们对新货币的信心。信用货币代表实物的价值，这是一切信用货币发行成功和获得市场信任的必要条件。这样，德国建立了稳定的货币基础。在这里土地货币起到了稳定人心的作用。

尽管不可兑换的信用货币制度建立后土地保证下的货币发行退出了市场，但是，像美国这样的国家在后来出现的储蓄银行、住房抵押及贷款协会可以被看作土地银行精神的继承者。

货币作为索取权证书，一定要有现实的物质做基础，货币不仅仅是价值尺度，也是流通手段、支付手段，要有对等的商品作交换。否

---

① ［美］唐·帕尔伯格：《通货膨胀的历史与分析》，孙忠译，中国发展出版社1998年版，第32页。

② ［英］麦基：《非同寻常的大众幻想》，黄惠兰、邹林华译，中国金融出版社2000年版，第4页。

③ ［美］唐·帕尔伯格：《通货膨胀的历史与分析》，孙忠译，中国发展出版社1998年版，第83页。

则，货币信用将不存在，货币也不会被接受。还是那句话：人们需要货币，不在于货币本身，而在于货币能够实现等值的购买力。所以，静态地说，信用货币的数量，不能超过实体经济产出对具有足值的购买能力的信用货币数量的需求。从动态来说，因为单位货币具有媒介商品的周转次数，所以，假定周转次数一定，货币数量和产出对不变价格的货币量需求要相等，否则，在给定的产出和货币周转次数条件下，货币供给增加，商品价格会上升，货币购买力下降，通货膨胀会发生。

三　古典经济学家早已关注的信用货币的临界点

信用货币可以替代金属流通时，古典政治经济学家就关心替代"度"的问题。其中，约翰·穆勒在前人的基础上，对信用货币取代金属货币的"边界"问题进行了有益的探索，他指出：倘若纸币发行与原本在流通中使用的金属货币在量上相等，便没有什么，"到这一点为止，纸币的效果与金属货币实质上完全一样，不管纸币是否能够兑换为金属货币。只有当金属货币全部被纸币代替、完全退出流通之后，可兑换纸币与不可兑换纸币之间的区别才开始发挥作用。当黄金或白银完全退出流通，等量的纸币代替黄金白银进入流通之后，假定纸币依然在不停地发行……发行者可以无限地增发下去，相应等比例地贬低纸币的价值、提高物价水平。换句话说，发行者可以毫无限制地将货币贬值"。[①] 按照穆勒分析，当信用货币把所有的金属货币完全从流通中驱逐时，纸币或价值高估货币取代内在价值十足的货币的过程就达到了临界点。穆勒进一步指出："纸币代替金属货币是一种国民收益：但超过这个限度的任何纸币发行就是一种强盗行径。"[②]

没有内在价值的纸币，发行数量为多少可以代替原本在流通中有内在价值的金属货币量，这意味着给定流通速度，市场中货币的价值量要与实体经济中待交换的产品和劳务的价值相等，相等才是信用货币的临界点，这正是金融边界问题。

---

① 罗伯特·蒙代尔：《蒙代尔经济学文集》第六卷，向松祚译，中国金融出版社 2003 年版，第 89 页。

② 同上书，第 89 页。

四 黄金在国际货币体系中不能全身而退的原因

在开放经济中，为了促使各国能够同时实现内外均衡，各国之间需要进行包括货币本位、汇率制度等在内的国际政策协调，形成制度安排。这种制度安排被称为国际货币体系。其中，客观要求充当世界货币的本位货币的数量以及其代表的实物商品的价值要与世界经济产出的价值相等。作为法律意义上的第一个国际本位货币制度，是国际金本位货币制度，即黄金作为本位货币的一种制度。尽管黄金以其具有自身内在价值的特性，自古以来就有充当货币的功能，但金本位制作为法定制度诞生于 1819 年，从此，英国国会废除长期以来对金币与金条从英国出口的限制。到 19 世纪 80 年代，世界上主要资本主义国家都先后实行金本位制。也正是因为黄金自身具有内在价值，符合了充当世界货币的本位货币，其数量以及其代表的实物商品的价值要与世界经济的产出的价值相等的客观要求，使各国实现内外均衡中，建立在国际本位货币基础上的国际汇率变动，有了物质基础，促进了国际贸易正常有序地进行。在金本位下的黄金可以自由兑换、自由铸造、自由输出输入等货币政策、商品价格具有完全弹性、不存在国际资金流动等国际"游戏规则"下，大卫·休谟（David Hume）的"物价—硬币—流动机制"自动调节各国对外均衡目标的实现。当然，当时各国的内部均衡问题不突出，并且黄金在各国基本均匀分布。从国际金本位制的实践看，在其形成后的相当一段时间内，它有力地促进了世界经济的繁荣与发展。但是，当世界历史条件发生变化，黄金供给不足，上述游戏规则不能得以遵守，国际金本位制的崩溃不可避免。但是，金本位制下，货币具有稳定的内在价值，支持了世界范围内的实体经济的发展，从来没有被人们忘记。经过两次世界大战之间世界经济的崩溃、各国饱尝通货膨胀的恶果后，各国希望重建稳定的国际货币体系，以促进各国充分就业和物价稳定。国际货币体系的第二个阶段——布雷顿森林体系就是在这样的背景下建立起来的。建立于 1944 年 7 月的布雷顿森林体系，其特点可以用"双挂钩"来概括，即以黄金——美元为基础，美元与黄金挂钩，各国货币与美元挂钩，各国政府可随时按照规定的 35 美元等于一盎司黄金向美国政府兑换黄金。各国货币则与美元保持可调整的固定比价，即实行可调整的固定汇率制度。在布雷顿森林体系下的 30 年里，尽管还有这样和那样问题层出不穷，但是，由于货币与黄金挂钩的金汇兑制特点为世界经济提供了一个稳定的国际金融环境，在很大程度上为整个世界经济的发展起了重要的推动作用。然而，这一体系的致命缺陷，使这一体系注定会土崩瓦解。这一致命缺陷就是著名的"特里芬两难"（Triffin Dilemma）揭示的"双挂钩"体系的内在不稳定性以及危机发生的必然性，即美元作为本国货币，又作为世界货币，为了保证世界各国国际收支平衡，必须不断增加美元供给，而作为可兑换性，黄金的有限性使其可兑换性不可维持。正是美元的两难，布雷顿森林体系终于在 1973 年彻底崩溃。作为对布雷顿森林体系的扬弃，第三个国际货币体系，即牙买加体系于 1976 年达成协议，并于 1978 年 4 月正式产生。《牙买加协议》强化了国际货币基金组织的作用，放弃了布雷顿森林体系下的"双挂钩"制度。一个重要的特征是黄金非货币化。但是，《牙买加协议》签订后，国际货币体系没有完全按照协议勾勒的方向走，黄金在国际货币体系中并没有全身而退，突出的特征是黄金仍然是各国保有的国际储备之一。

黄金在国际货币体系中不能全身而退，是因为黄金固有的自身具有内在价值的特征及其在发达的黄金市场具有极强的流动性，当国际金融市场动荡不安，汇率不稳定时，黄金在客观上起到稳定国际金融市场"准锚"的作用。"在国际范围内，信用超出国界，法律失去效力，只有找到一种合适的商品才能作为这种信用的约束，无疑具有内在价值的商品是必然选择，因为它反映了价值的对等转移，而在这其中，黄金又是最佳选择，所以黄金不会完全退出国际货币体系，依然成为重要的国际储备资产"。[①] 事实上，在当前复杂多变的国际金融市场上，各国货币当局和金融投资者从来没有放弃关注黄金的价格变动，因为它在某种程度上可以说明经济、货币以及金融市场状况。格林斯潘说过："只要一有机会，我就要关注投机者手上的黄金储备。我利用三个指标来观察经济中的通货膨胀：货币供应量、利率和黄金价格。你可以从债券市场看出这三者的关系。一旦黄金价格暴涨，你

---

① 徐爱田、白钦先：《金融虚拟性研究》，中国金融出版社 2008 年版，第 229 页。

就知道，经济的通货膨胀预期正在上升，人们开始抛售债券，利率因而上扬。在未来很长时间里，黄金将继续作为国际货币体系的重要储备资产。"① 黄金的重要性或许无法和布雷顿森林体系时代相比，但是，可以断言，只要世界范围内没有一个稳固的国际货币制度，黄金就不会完全退出国际金融领域。② 其原因就是：国际信用货币体系需要实际商品价值的约束，在我们无法找到一种实物商品作为现行国际货币体系的基础的时候，黄金由于它的自身特性，在一定程度与一定意义上还能够充当约束信用货币发行的"锚"，正像格林斯潘所讲的那样，一旦黄金价格暴涨，传递出来的信息就是经济的通货膨胀预期正在上升。这可以警示各国货币当局调整货币政策，维护本国市场价格稳定和世界市场价格稳定。

五 凯恩斯关于金融投机对货币总量冲击的思想

伴随金融资源配置在经济活动中的地位日益增强，金融资源配置不仅体现在实体经济活动中，金融资源自身也形成一个交易市场，即金融商品之间的交易与投机、套利市场。这样，一个问题自然出现：货币供给总量中包不包含金融市场对货币的需求量。实际上，凯恩斯在他的《通论》中就已经注意实体经济之外的金融交易对货币量的需求，他看到了货币供给的实体经济需求和金融交易需求之间发生冲突的可能性，以及这种冲突可能给一国货币当局货币政策实施造成的两难处境。

按照凯恩斯的理论，货币供应量给定，在利率或收益率引导下，货币需求会在实体经济领域和证券市场不均衡流动。当证券市场投机风潮高涨，收益上升，金融资源将流出实体经济领域，转向纯粹的金融投机。在这种情况下，如果货币政策不能及时给证券市场投入资金，利率将上升，实体经济会出现通货紧缩，进而导致实体经济衰退。而如果货币当局增加对证券市场的货币投放，流动性增加使利率保持在较低水平基础上，可能会带来投机性牛市的高涨势头，而证券

---

① 罗伯特·蒙代尔：《蒙代尔经济学文集》第六卷，向松祚译，中国金融出版社 2003 年版，第 132 页。

② 徐爱田、白钦先：《金融虚拟性研究》，中国金融出版社 2008 年版，第 230 页。

市场的"动物精神"和"乐观预期"势必导致这种投机风潮愈演愈烈，结局是证券市场走向崩溃，实体经济在遭受深重打击后衰退。"正如在 1929 年所发生过的那样，这种投机风潮最终将导致作为一个整体的经济的崩溃。随着投机风潮的愈演愈烈，对工商企业存款的需求将急剧上升，而中央银行在抵制它们的非常高的流通速度方面也很难有什么作为。用高利率政策来对付这一问题将导致严重的通货收缩，而消极地满足金融部门对更多货币的需求也会导致这一结果。凯恩斯显然走到了他的时代的前头，因为他愿意通过对来自金融和工业部门的不同借贷者提出不同的借贷条件（通过要求支付不同的利息率或对贷款实行配给），换言之，通过对工业和金融部门的信贷流通实行有选择的控制来正面解决上面提出的两难问题，而不主张实行高利率政策，或增加货币供应量以满足对货币的需求"。①

尽管凯恩斯的见解并没有得到足够重视和发扬光大，但是，凯恩斯的见解是深刻和符合实际的。一个不把金融市场证券交易对货币的需求考虑在内的货币政策理论肯定是有局限性的。当实体经济信贷市场流动性短缺时，有必要考察证券市场交易状况，是否证券市场正存在着过度投机，使本应服务实体经济的资金流向了证券市场，致使金融资产价值在膨胀，经济出现泡沫，这也许正是金融危机爆发的潜在根源。因此，凯恩斯的金融投机对货币总量冲击的思想，启发货币当局在货币政策操作上，在注重调控直接影响实体经济稳健运行的货币与信贷市场的同时，还要关注证券市场的金融投机，货币政策对这个市场也要有所作为。

六　弗里德曼控制货币供给量的"单一规则"思想

在促进经济增长和治理通货膨胀政策主张上，货币学派代表人物弗里德曼不同意新古典综合派提出的采用"相机抉择"原则确定每个时期货币政策的最终目标。他认为，由于货币政策的时滞，再加上没有任何人能够确定当时的经济在经济周期中的实际位置，中央银行不可能以反周期方式来控制外生的货币供应量。他认为，货币政策的最终目标应该只有一个，即稳定货币。弗里德曼经过大量的实证研究得

---

① 徐爱田、白钦先：《金融虚拟性研究》，中国金融出版社 2008 年版，第 231 页。

出货币需求函数是稳定的，恰恰是由于货币供给量的变动是扰动经济运行的主要因素。因此，他坚持货币在短期是非中性，在长期是中性的，并以此作为理论基础，提出了著名的"单一规则"的货币政策操作规则①。所谓"单一规则"，就是公开宣布并长期采用一个固定不变的货币供给量增长率，作为中央银行执行货币政策的准则。实施"单一规则"的目的是通过将稳定的政策公之于众来稳定公众预期，减轻人们心理上的不安定感，同时也将货币当局的行为置于公众监督之下。弗里德曼在他的《货币稳定方案》一书中指出："单一规则"有三项内容。"为了使这项规则更加具体，我们需要：（1）对它所指的货币存量下定义；（2）阐明固定的货币增长率应该是什么；或者说，阐明如何确定这一增长率；（3）阐明如果允许年内或季节波动存在，就会引入主观因素"。② 在对货币存量下定义这一点上，弗里德曼主要强调货币当局具有掌握货币数量的能力，即公众持有的通货，商业银行的活期和定期存款是货币供给量的统计指标，这一统计指标不仅与收入和其他经济变量联系密切，而且能够在中央银行掌控之中。对于货币供给量的增长率方面，弗里德曼前后有所调整，按照他研究的过去 90 年的平均数计算，起初，他认为，货币供给量应该按照略超过 4% 的增长率增加，因为"要为大约超过 3% 的产出增长率和为1% 的货币流通速度的长期减缓率酌留余地"。③ 在《自由选择》一书中，弗里德曼更明确指出，货币总量"以不低于 3% 同时又不超过5% 的年增长率增长"。对于"单一规则"的历史地位，弗里德曼强调指出："我并不把货币存量的稳定增长看作是一切时代货币政策的全部内容和最终归宿。它只是在我们目前的认知的状况下值得推崇的一条规则。"④ 弗里德曼认为，随着经验的积累和对货币运行机理认识的深化，将来还会有更好的货币政策操作规则。

---

① 参见 M. Friedman， "The Role of Monetary Policy"，*American Economic Review* 58，1968，pp. 1 – 17。

② ［美］米尔顿·弗里德曼：《货币稳定方案》，宋宁等、高光译，上海人民出版社1991 年版，第 117 页。

③ 同上书，第 118 页。

④ 同上书，第 128 页。

弗里德曼的"单一规则"提出，源于他对货币史的考察，他分析了 19 世纪 30 年代以来历次经济周期与货币存量变动的关系，由此得出结论：经济的不稳定，是由货币的不稳定造成的或加剧的，而货币之所以不稳定则又是由于政府未能提供一种稳定的货币体制。[①] 因此，"单一规则"的"中心的问题不是去建立一套高度敏感的，能不断消除由其他因素所导致的不稳定的工具，而是宁可去防止货币安排本身成为一个不稳定的根源"。[②] 值得指出的是，弗里德曼是坚持自由主义的，这是他整个货币金融理论的哲学基础，只有在这个基础上才能对他的政策主张做出科学分析。他认为，货币当局的职责是给经济提供一个稳定的货币背景，它可以有效控制并承担最基本的责任就是对货币存量的控制。[③] 正像徐爱田和白钦先教授分析的那样：就货币学派"强调政府在经济上的主要功能只在于控制货币供给量这一特征来看，虽然过于狭隘，但他把控制货币量看得如此重要，应该是有一定道理的，尤其是在其坚持自由主义条件下，单独强调对货币发行的管理，这无疑是有积极意义的。因为，这一学派已经注意到货币可能存在的泛滥，而不能置货币发行于自由放任……所以货币主义，实际是有限的自由主义"（徐爱田、白钦先，2008）。

弗里德曼的"单一规则"货币供给目标制在 20 世纪 70 年代和 80 年代是世界各国中央银行普遍采纳的货币政策方法，是以一个或多个货币总量的目标增长幅度形式实施的典型方法。

七　向过度旋转的国际金融车轮撒沙子的"托宾税"思想

开放经济条件下，国际资本流动异常迅速，造成汇率波动剧烈，影响各国对外贸易和长期投资，进而影响实体经济的发展。在这样背景下，20 世纪 70 年代以来，国际政策协调以维持国际金融市场稳定、汇率稳定作为讨论的重要议题。"托宾税"成为当时最有影响的观点之一。

"托宾税"是美国经济学家托宾（J. Tobin）于 1972 年在普林斯

---

① 参见徐爱田、白钦先《金融虚拟性研究》，中国金融出版社 2008 年版，第 232 页。

② ［美］米尔顿·弗里德曼：《货币稳定方案》，宋宁、高光译，上海人民出版社 1991 年版，前言。

③ 参见徐爱田、白钦先《金融虚拟性研究》，中国金融出版社 2008 年版，第 232 页。

顿大学演讲时提出的观点,他指出,促使国际资本有序流动的一个办法,是"往飞速运转的国际金融市场这一车轮中掷些沙子"。所谓的"掷些沙子",就是指课征外汇交易税。"托宾税"具有明显的抑制投机、稳定汇率的功能,因此受到经济学界和政界的重视。"托宾税"的提出无疑是意义重大的。然而,在实践中面临操作困难。一是外汇投机具有双面性,即引起价格波动的同时又能平抑市场。二是面临技术难题。全球性外汇交易主体复杂多样,交易目的不一样,统一税基不公平。外汇市场上的投机交易更多的是衍生金融工具,其复杂性使征税监管更加复杂,不仅担心影响市场交易量,而且担心损害金融市场的活力与效率。三是各国政策协调方面存在问题。大国、小国不一,开放程度不一等引起各国意见不统一。

总之,虽然"托宾税"在实施上面临这样那样问题,但"托宾税"的意义重大,在日益突出的国际资本流动带来的国际金融市场动荡的现实中,"托宾税"方案将启发国际社会推出切实可行的约束措施,以加强对国际资本流动的管理,防止过度的国际资本流动成为国际金融危机的直接推手。

第三节　金融边界理论视角的金融基础建设和宏观调控

金融边界理论告诉我们,金融发展的约束边界是实体经济发展的可能性边界。金融发展超过边界"度"的界限,便会导致金融资产泡沫,泡沫过度膨胀,形成泡沫经济,导致金融危机和经济危机。因此,金融过度偏离实体经济成为金融不稳定性的根源,也就是说,金融工具市场价值严重偏离实体经济价值,以及在金融工具运行中的信用链条的断裂都会造成金融危机。所以,加强金融基础建设和宏观调控,对货币总量管理、金融市场价格波动管理、金融资源配置管理、金融危机预防管理成为重要内容。

对经典理论的考察给我们的启示是以信用货币为代表的金融资产或者称为金融工具的信用价值应该有实体经济做担保,信用货币发行纪律是经济发行，超越实体经济价值的信用价值和超越实体经济需求的货币供给，不仅使信用货币自身价值失去信用，甚至导致通货膨胀或通货紧缩，而且给实体经济带来不稳定性，因此，必须加强金融管理与调控，其中货币政策至关重要。在金融管理与调控的探索上，经济学家进行了艰苦卓绝的努力。尽管有些理论存有局限性，但是它给予我们的启示是深刻的。金融过度发展超越实体经济支持的"度"会带来严重恶果，这是历史反复证明的。对于金融发展的不足，主要表现在发展中国家，相对于发展中国家金融发展不足的理论研究，主要集中在戈德史密斯、麦金农和肖，以及新凯恩斯主义者斯蒂格利茨等经济学家论述的金融发展理论中，他们提出的金融深化、金融约束的金融自由化思想，在一定意义上促进了发展中国家的金融改革，但也带来了金融发展与实体经济发展的不适应，特别是发展中国家经济基础与金融上层建筑的不适应。在这个意义上，金融发展的不足又反过来相对一定的经济基础而转化为发展过度问题。因此，我们基于金融发展约束边界理论，主要是在防止金融过度发展方面，加强管理与调控，探索管理与调控的有效机制。管理与调控的原则是金融服务于实体经济，实体经济决定金融发展，金融适度才是推动经济发展的动力。作为金融的内核——金融工具及其金融工具价值运动，其作为金融资源的配置离不开金融基础，因此，在金融管理与调控方面，本书基于"金融资源论"理解的完整意义上的金融的内涵，即金融基础建设、金融工具管理（具体表现为金融资源配置和金融工具价值运动）和金融功能三个方面，以及国际资本流动管理提出相应对策。

一　金融基础建设是金融适度发展的根基

根据白钦先教授的"金融资源论"三个层次的观点，"实体性中间金融资源"是金融资源的中间层次，包括金融组织体系和金融工具体系两大类。金融组织体系包括各种银行机构、非银行金融机构、各种金融市场以及各种规范金融活动的法律、法规等。金融工具体系包括所有传统和创新金融工具。金融组织体系为货币资本或资金借贷和运动提供了外部环境，金融工具是货币资本或资金借贷和运动的载体，只有借助金融组织体系和金融工具体系，金融的各种功能才可能得以实现。因此，要发挥金融对经济发展的积极推动作用，实体性中间金融资源不仅需要保持一个合理的结构，而且需要加强制度建设，为货币和货币性金融资源配置提供良好的金融生态环境。① 金融资源论的三个层次不是截然分开的，而是相互联系共同促进和发挥作用的。本书对"实体性中间金融资源"直接表达为金融基础，包括从金融市场的角度讲，金融市场的客体——为社会经济发展提供的金融工具的种类以及其他金融服务的种类；金融市场活动的主体——金融机构和非金融机构主体，金融机构主体特指商业性金融机构主体。非金融机构主体包括国内外社会组织、个人和政府。除此之外，还包括对金融市场予以管理的管理性金融机构主体。在我国可以表述为"一行三会"，即货币当局和金融业、证券业、保险业监督管理委员会。金融基础还包括金融基础设施，即开展金融活动必备的技术与信息平台，整体金融生态环境、法律法规等。

健康有序的金融活动离不开这金融基础建设。金融是资源又是资源配置的机制，即金融的内核——货币及货币性金融资产是资源；而金融的外围，即整个金融体系构成对资源配置的机制。金融在配置自身的同时也配置了其他社会与自然资源，成为国民财富的源泉，这也是今天金融成为现代经济核心的原因。配置与运作金融资源的金融体制优与劣的比较，是相对于该国所处的经济社会金融生态环境而言，是相对的而不是绝对的。适合的就是好的，适合的就能助推经济的发展，"过和不及"都是不利的甚至是有害的。社会经济、区域、群体等客观上存在的长期的发展的不平衡和商业性金融的逐利性，不可避免地导致金融资源配置的不合理、不均衡的"马太效应"存在，因而，促进经济发展，不仅商业性金融必不可少，而且政策性金融不可或缺，而建立在地缘基础上的"自愿、互信、合作、自治、互助"性质的合作金融组织更是发展不平衡的市场经济体系中金融体系不可或缺的重要组成部分。在其中，金融制度建设、金融立法建设至关重要。金融制度和金融法律法规是约束各类金融主体依法金融的保证。1997 年东南亚金融危机之后，世界银行《金融与增长：动荡条件下的政策选择》报告指出："政府政策必须创造和保持制度基础设施，

---

①　参见白钦先等《金融可持续发展研究导论》，中国金融出版社 2001 年版，第 72 页。

包括信息、法律和监管，它们是确保金融交易平稳运行的关键。"① 面对现代社会金融发展对实体经济的严重偏离倾向，金融基础设施建设尤为重要。世界银行的报告强调："尽管政府从许多经济活动领域全面撤退，以及金融市场中的过度监管和阻碍产出的规章一直是应该解决的问题，但政府必须在确保金融基础设施完备性方面有所作为。"② 世界银行的报告认为，"政府并不善于提供金融服务"，"当前，银行业中的国家所有权依然广泛存在，但明显的证据证明，政府所有制不一定能够实现其预期目标，并有可能削弱金融体系"。③ 然而，在许多方面政府是有许多优势的，比如提供公共产品方面，制定法律方面等，"政府在设计和实施法规方面具备天然的比较优势"。④ 这些观点说明政府发挥顶层设计作用的重要性。优化的顶层设计为金融适度发展，金融资源合理配置提供一个制度保证，从这个意义上说，金融基础建设是金融适度发展的根基。

二　货币政策适时适度调控是金融适度发展的保证

根据白钦先教授"金融资源论"三个层次中的"基础性核心金融资源"的观点，在特定时期和范围内，货币资本或资金，其存量与质量，受客观经济环境和条件的严格限制，货币资金或资本短缺，会严重制约社会与经济的发展，但是，在特定时期和范围内，货币资本或资金，超过经济发展的需要，也会产生严重问题⑤。本书将"基础性核心金融资源"具体理解为金融的上层，即金融工具与市场运行，也就是货币和货币性金融资源的配置及其价值运动，是金融市场交易的客体，是金融活动的核心内容。

对货币和货币性金融资源的配置是指满足经济发展对货币的需求。而且，如果存在货币和货币性金融资产自身相互交易的市场，对货币和货币性金融资源配置的调控还包括证券市场交易对货币需求状

---

① 世界银行：《金融与增长：动荡条件下的政策选择》，经济科学出版社 2001 年版，前言。

② 同上书，第 64 页。

③ 同上书，第 2—3 页。

④ 同上书，第 60 页。

⑤ 参见白钦先等《金融可持续发展研究导论》，中国金融出版社 2001 年版，第 72 页。

况。这首先是一个货币供给量的问题，然后是货币和货币性金融资产价值运动问题。货币供给量的问题，是中央银行货币政策问题，即基础货币的供给一定要遵循经济发行的发行纪律；对存款货币的信用创造能力要适时动用货币政策调控。对货币供给量的控制难度，从根本上源于不可兑现的信用货币制度，以及政府追求实现某种目标的意图，当然，开放经济条件下，内外均衡的需要，一国的货币政策受到各种因素干扰，不仅难以实施，更难以收到预期效果。这也是宏观经济学理论得出的结论：开放经济条件下，实现一国内部均衡，货币政策无效，财政政策有效。但是，这是不是说货币政策无所作为了呢？回答当然是否定的。唐·帕尔伯格认为："货币供应对于一般物价水平具有压倒性的支配作用。在现代金融制度下，政府垄断了货币发行的权力，由货币管理当局行使。通货膨胀的补救措施并不神秘：限制货币制造。如果我们做不到这一点，那并不是因为某种模糊的、未知的和邪恶的力量在作祟，而是由于人们面对自己所创造的新制度束手无策。"[1] 信用货币发行过多，会导致信用货币价值虚拟增强，通货膨胀通过警戒线，会给实体经济带来巨大损害。马克思早就深刻分析过信用货币的不稳定和可能造成的危害："信用货币的这个基础是和生产方式本身的基础一起形成的。信用货币的贬值（当然不是说它的只是幻想的货币资格的丧失）会动摇一切现有的关系。"[2] 货币供给多了产生通货膨胀，货币供给少了产生通货紧缩，古往今来实践上难以把握，理论上难以确定。但是，现代信用货币的供给很大程度是由一国货币当局自身行为决定的。所谓货币政策独立性，只是经济学理论上的美好愿望，事实上，没有哪个国家的货币政策可以独立于国家政治与目标的需要。因此，货币供给的问题已经超出了纯粹的技术的层面，不是货币当局自身所能控制的。所以，从这一角度来看，对金融资产的价值虚拟及其运动的管理已经不仅仅是货币当局的货币政策和金融监管的问题。在这里我们再一次领会了弗里德曼提出的"单一规

---

① ［美］唐·帕尔伯格：《通货膨胀的历史与分析》，孙忠译，中国发展出版社1998年版，第186页。

② 《资本论》第三卷，人民出版社1975年版，第585页。

则"的真正含义，也就是对政府发行货币的权力加以限制，而不是绝大多数人所领会的弗里德曼在这一点上所表现出的自由主义与政府干预的矛盾。"单一规则"说到底是对"守夜人"的监督，这也是整个货币主义最为本质和最具真谛的东西。①

经过这番议论，主要是强调货币当局对货币供给适度控制。而且，还要强调货币供给不仅考虑货币与信贷市场的需要，还要考虑证券市场交易对货币的需要。也就是说，对货币和货币性金融资源配置的调控还包括证券市场交易对货币的需求状况，以此，货币政策应该覆盖证券市场。

资产价格泡沫有两种类型：一种是由信贷所驱动的，另一种则是完全来自过分乐观的预期，即金融市场的"非理性繁荣"。信贷驱动型泡沫，是指信贷繁荣出现后，会溢出成为资产价格泡沫。其形成原理是：宽松的货币政策环境下的信贷资金会被用于购买某种资产，推高该资产的价格。资产价格上升后，一方面，由于抵押品的价值随之增加，从而更容易获取借款；另一方面，金融机构的资产价值相应增加，放贷能力随之扩张，从而激励了与这些资产相关的放贷。围绕这些资产的贷款扩张会进一步增加资产需求，引起价格节节攀升。这种情况螺旋反馈，即贷款繁荣推高资产价格，进而为更加严重的信贷繁荣推波助澜，导致资产价格进一步升高，致使资产价格上升并超过其基本价值，从而产生泡沫。

美国次贷危机已经说明，信贷驱动型泡沫非常危险。当资产价格下跌返回其正常水平时，泡沫破裂，资产价格暴跌后，螺旋反馈将出现逆向运转，即贷款损失，贷款人削减信贷供给，资产需求进一步萎缩，导致更严重的价格下跌。次贷危机的发生就是这个原理。在次贷宽松驱动下，房地产价格暴涨，远远超过其基础价值，但随着房地产价格暴跌，信贷萎缩，房地产价格一落千丈。次贷危机中金融资产价格过度膨胀和反转，通过次级抵押贷款和次级抵押证券的损失，侵蚀了金融机构的资产负债表，导致在去杠杆化下，信贷水平急剧下降以及企业和家庭支出迅速减少，进而引发经济活动萎缩，这就是金融资

---

① 参见徐爱田、白钦先《金融虚拟性研究》，中国金融出版社2008年版，第232页。

产价值膨胀超过实体经济支持的"度",不仅金融活动不可以持续,也给实体经济带来严重影响。单纯由非理性繁荣所驱动的泡沫,是指这类泡沫完全来自对金融市场价值向上运动的过分乐观的预期。比如美国20世纪90年代晚期的科技股泡沫出现最终导致科技股市场的崩盘。对于中央银行是否应该对资产价格泡沫做出反应,存有争论。比如,以美国为例,艾伦·格林斯潘任美联储主席期间,就主张不必对金融市场资产价格泡沫做出反应。原因是他认为市场能够自动平衡。这也是他主张对衍生金融市场证券创新与交易不监管的一贯理念。对于信贷市场的资产价格泡沫,他主张要干预,比如次贷前的多次调高联邦基准利率。本书主张,货币政策应该覆盖整个金融活动,包括证券市场,对证券市场的金融资产价格泡沫要采取适当的货币政策应对,而不是任其"任性"发展。因为资产价格的水平会影响总需求和经济的运行。如果资产价格影响到通货膨胀和经济活动,货币政策应当做出反应。

还可以从宏观调控引导金融资源的优化配置来分析。金融活动中,微观主体同时面对两个市场,金融市场和实体投资市场。两个市场都需要金融适度支持。

首先,在货币供给量给定的情况下,引导投资选择的就是利率和投资收益率这两个指标了。如果利率 = 预期收益率 = 实体投资收益率,那么,假定出发点是金融市场和实体市场对资金需求处于均衡状态。市场运行中,如果金融市场收益率大于实体投资的收益率,资金会流向金融市场,在金融市场自循环,赚取超额收益。此时,实体投资市场资金短缺,利率上升,生产投资成本上升,企业投资减少,生产萎缩。这便是金融在实体投资方面支持实体经济力度不够无效率的表现。金融市场繁荣,投资出现"脱实向虚"趋势就是这个表现。但是,马克思告诫我们:"因为利息只是利润的一部分……这个部分要由产业资本家支付给货币资本家,所以,利润本身就成为利息的最高界限,达到这个最高界限,归执行职能的资本家的部分就会 = 0。"[1]

①《资本论》第三卷,人民出版社1975年版,第401页。

马克思还告诫我们，"信用的最大限度，等于产业资本的最充分的动用"。① 如果没有产业支撑，金融繁荣是暂时的和短命的，还会将实体经济拖进衰退的深渊。

其次，从货币供给来看，在市场均衡情况下，货币供给扩大，也会产生金融资产价值泡沫，商品价格水平走高，通货膨胀抬头，经济出现泡沫。因此，货币政策要兼顾两个市场的利率均衡和经济发展对货币的需求，对两个市场必须同时考虑和调控。

关于货币政策与实体经济产出（用 GDP 表示）的关系，也是货币政策通过传导机制作用 GDP 的过程。货币政策可以通过三大类九条路径的传导，影响 GDP，实现货币政策的目标。

第一类，传统的利率传导途径。一定货币政策首先会作用到实际利率水平上，进而影响投资，包括居民住宅投资和耐用消费品投资。

假定扩张的货币政策。其传导机制是扩张的货币政策会导致实际利率下降，投资需求增加，最终导致产出增加。

第二类，通过信用传导途径，具体包括五种途径。

（1）银行信贷途径。一定的货币政策会影响商业银行的存款额发生变化，进而影响银行的信贷总量，作用到投资领域，即影响居民的住宅投资等，进而影响 GDP 的变化。

假定扩张的货币政策。其传导机制是扩张的货币政策将导致银行存款上升，信贷投放增加，贷款成本下降，投资需求增加，最终导致产出增加。

（2）资产负债表途径。一定的货币政策会影响股市价格，产生财富效应，使信贷市场投资需求旺盛，商业银行在信贷投放上往往会出现事前的逆向选择和事后的道德风险，影响信贷质量到影响信贷规模，最终作用到实际投资上，进而影响 GDP 的变化。

假定扩张的货币政策。其传导机制是：扩张的货币政策刺激股市价格上升，企业净值增加，银行信贷逆向选择减少，道德风险下降，信贷投放低成本增加，企业投资需求上升，最终导致产出增加。

（3）现金流途径。现金流是指现金收入与支出的差额。一定货币

---

① 《资本论》第三卷，人民出版社 1975 年版，第 546 页。

政策会影响名义利率，比如宽松的货币政策会降低名义利率水平，现金流会增加，改善企业的资产负债表，缓解逆向选择和道德风险，导致贷款总量增加，并刺激经济活动。

假定扩张的货币政策。其传导机制是：扩张的货币政策导致利率下降，企业现金流增加，银行信贷逆向选择减少，道德风险下降，信贷投放低成本增加，企业投资需求上升，最终导致产出增加。

（4）意料之外的物价水平途径。一定的货币政策会使物价水平在意料之外发生变动，降低或提高企业的实际负债，但不降低企业资产的实际价值，从而影响信贷市场信贷需求变化，影响信贷质量到影响信贷规模，最终作用到实体投资，进而影响 GDP 的变化。

假定扩张的货币政策。其传导机制是：扩张的货币政策会使物价水平在意料之外上升，降低企业的实际负责，银行信贷逆向选择减少，道德风险下降，信贷投放低成本增加，企业投资需求上升，最终导致产出增加。

（5）影响家庭的流动性途径。一定的货币政策会产生股市效应，居民金融财富总量发生变化，增加或减少居民住宅投资和耐用消费品投资，进而影响 GDP 的变化。

假定扩张的货币政策。其传导机制是：扩张的货币政策刺激股市价格上升，居民金融资产价值增值，遭遇财务困难的可能性下降，居民住宅投资和耐用消费品支出增加，最终导致产出增加。

第三类，其他资产价格传导途径。其中，具体包括三种途径。

（1）汇率水平对于净出口的作用途径。一定的货币政策首先作用到实际利率水平上，进而影响该国对外的汇率水平，影响净出口，进而影响 GDP 的变化。

假定扩张的货币政策。其传导机制是：扩张的货币政策会导致一国实际利率下降，外汇汇率下降，净出口增加，最终导致产出增加。

（2）托宾的 Q 理论传导途径。一定的货币政策影响股市价格，进而影响持股者的货币量的变化，会增加或减少股票需求，影响股价变化，导致 q 值的变化，进而导致投资增加或减少，影响 GDP 的变化。

假定扩张的货币政策。其传导机制是：扩张的货币政策导致股市价格上升，企业 Q 值上升，投资需求增加，最终导致产出增加。

（3）财富效应途径。一定的货币政策会产生股市效应，居民金融财富总量发生变化，使消费提高或减少，从而影响 GDP 变化。

假定扩张的货币政策。其传导机制是：扩张的货币政策导致股市价格上升，居民财富增加，消费需求增加，最终导致产出增加。[①]

从以上货币政策通过三大类 9 条路径的传导作用于 GDP 看，强化货币政策对金融市场和信贷市场调控力度无疑是正确的。货币政策适时适度的全方位调控，是金融适度发展的保证。

三　探索国际合作机制对国际资本流动适度有序管理

在 20 世纪后期和 21 世纪初期频繁发生的国际金融危机中，国际资本流动要么起到推波助澜的作用，要么成为危机的直接推手。在经济全球化、经济金融化进程中，金融全球化和金融自由化首当其冲。世界经济发展历史表明，大规模的全球资本流动，有力地推进了金融深化进程，从而在一定程度上推动了本国经济的发展。但是，资本的国际流动是一把"双刃剑"，也有较强的负面影响，尤其资本的不正常流动给一些国家带来了巨大的危害。

2007 年美国次贷危机导致的全球金融危机则通过次级住房抵押贷款证券化及其衍生工具不断的衍生、再衍生的链条，将"有毒"资产销售到全世界，当美国房地产市场衰退时，投资者开始抛售住房抵押贷款衍生品，导致次贷危机发生，不仅华尔街五大投行全军覆灭，而且通过金融资产运行渠道和国际贸易渠道，将危机传递到全世界，导致世界范围的金融危机的爆发，实体经济遭到严重打击。在资本流动规模如此巨大、速度如此之快、方式如此复杂的情况下，单靠一个国家的力量已经不足以抵抗资本国际流动带来的冲击。更重要的是，当代金融危机的影响已经不仅仅限于危机发生国本身，其影响范围之大也是史无前例的，危机的结果是那些资本过剩的国家也会受到威胁，导致经济衰退。

从另一个角度看，金融资本以其价值表现形式飞速跨国流动追逐超额利润，是国际贸易中实物商品市场不能企及的。发达国家的强势

---

① 参见［美］弗雷德里克·S. 米什金《货币金融学》第九版，郑艳文、荆国勇译，中国人民大学出版社 2010 年版，第 561—569 页。

金融将触角伸向全世界每个角落，表面上合乎所谓开放经济下游戏规则的金融套利，其背后是难掩强势金融对弱势金融的"欺压"和对弱势金融国家财富资源"掠夺"的不合理、不对等的本质表现。而这种投机性国际资本跨国流动不能不引起国际社会高度重视的是：它们在所谓按照游戏规则跨国套利的同时，带来国际金融市场的动荡，甚至成为国际金融危机爆发的直接导火索，并引发世界范围内实体经济的大衰退。因此，寻求一个公平合理、均衡对等的国际资本流动管理机制，已经成为世界经济稳定发展的不可忽视的内容。

寻求一个公平合理、均衡对等的国际资本流动管理机制至少包括三个方面的内容：一是构建符合世界各国共同利益的能够同时实现一国对内对外均衡目标的国际货币体系；二是建立调控国际资本适度、合理流动的国际金融管理框架或制度；三是努力发挥现有和新建的国际经济金融组织的协调作用。

对于第一个方面的建设，除美国之外，各国或各个经济体都表现出了极度的关心，特别是在美国次贷危机发生后迅速引发的全球金融危机和欧债危机后，世界各国越发认识到国际经济金融的不稳定，与现行国际货币体系的不合理密切相关，因此，多次国际会议上对构建更为合理的国际货币体系展开了讨论。我国也在人民币国际化方面，正在做出积极的努力，人民币国际化进程的不断推进，也是对构建合理的国际货币体系做出的努力。

对于第二个方面的建设，"托宾税"就是很好的可借鉴的方案之一。虽然"托宾税"事实上没有付诸实践，原因在于：一是外汇投机具有双面性，担心实施"托宾税"有可能有损于市场的流动性，使外汇市场更趋动荡。二是面临技术难题。全球性外汇交易主体复杂多样，交易目的不一样，难以统一税基。特别是担心损害金融市场的活力与效率，并且对外汇市场上大量从事投机交易的复杂性极强的衍生金融工具征税，其管理成本更大，并且监管更加复杂。总之，实践起来困难较多。但是，尽管"托宾税"在实施上面临这样那样问题，但"托宾税"的意义重大。"托宾税"方案至少给我们建立一个调控国际资本适度、合理流动的国际金融管理框架或制度提供了巨大启迪。在实施"托宾税"的管理成本小于国际金融危机给世界经济带来的损害时，考虑国际社会可以尝试着达成协议，实施类似"托宾税"的管理方案，以防止过度的国际资本流动成为国际金融危机的直接推手，并促进和维持国际金融稳定发展和世界经济可持续发展。加强对资本国际流动的管理，可以选择的方式，比如国际金融合作、汇率联合管理、宏观政策的协调以及资本联合管制等。

在第三个建设方面，发挥现有和新建的国际经济金融组织的协调管理作用。

总之，在国际资本流动管理国际合作方面，世界各国人民有共同利益，这也是国际金融合作的基础。因此，我们要不懈努力，积极探索适度有序的国际资本流动管理的合作机制与方案，为世界各国经济能够健康、持续、快速发展做贡献。

四 金融服务实体经济是金融管理与调控的最终目的

金融边界理论是基于金融与实体经济的关系提出的，因此，在金融管理和宏观调控上，要始终坚持金融服务实体经济不动摇。

第一，正确理解金融与实体经济关系。实体经济始终处于基础和核心地位，金融无论发展到何种程度，都始终是为实体经济服务的。

第二，金融发展或金融资源配置要适度。如何适度，适度如何把握，这是给国家宏观调控部门和顶层设计提出的崭新的课题。需要实时掌握和控制金融总量指标和 GDP 总量指标，以及进一步发展的幅度，并在结构上予以把握，以便能够在全局和局部等各个结构层次予以调控和掌控。

第三，时刻关注金融市场的变化指标，价值膨胀的程度，防止证券市场的非理性繁荣，防止资产价值泡沫大幅度出现，并及时预警。

第四，协调金融市场与实物商品、劳务市场的关系，做好利率引导，关注金融市场收益率与实业投资收益率的偏差，避免造成金融投资收益率大幅度超出实业投资收益率，造成"全民金融"的危险局面。

第五，坚持"实体经济更实、虚拟经济不虚"。正确理解金融是现代经济的核心地位，其核心地位体现在资源的配置上。有效率的资源配置，才能推动实体经济的发展，无效率的资源配置，将带来实体经济出现"过热"或"过冷"，或经济发展的不平衡的后果，因此，会造成经济发展的不可持续。

第六，金融对实体经济具有强大的反作用。即金融可持续发展会促进实体经济可持续发展。金融的可持续发展可以理解为金融发展或金融资源配置的最佳状态，这种状态要求金融发展或金融资源配置在边界约束条件下，最大限度地发挥其正向功能，金融效率达到最优状态，进而促进实体经济健康、有序、协调发展，这正是金融边界理论研究的重大理论与实践意义所在。

参考文献

[1] ［美］保罗·克鲁格曼：《克鲁格曼的预言——美国经济迷失的背后》，张碧琼等译，机械工业出版社 2008 年版。

[2] 巴曙松：《日本金融自由化的回顾与发展》，《海南金融》1997年第 1 期。

[3] 巴曙松：《金融监管：寻求平衡的艺术》，《21 世纪经济报道》2011 年 6 月 6 日第 19 版。

[4] 白钦先：《比较银行学》，河南人民出版社 1989 年版。

[5] 白钦先：《白钦先经济金融文集》，中国金融出版社 1999 年版。

[6] 白钦先：《20 世纪金融监管理论与实践的回顾和展望》，《城市金融论坛》2000 年第 5 期。

[7] 白钦先等：《金融可持续发展研究导论》，中国金融出版社 2001年版。

[8] 白钦先：《百年金融的历史性变迁》，《国际金融研究》2003 年第 2 期。

[9] 白钦先：《以金融资源学说为基础的金融可持续发展理论和战略——理论研究的逻辑》，《华南金融研究》2003 年第 3 期。

[10] 白钦先：《对金融结构、金融功能演进与金融发展理论的研究历程》，《经济评论》2005 年第 3 期。

[11] 白钦先、谭庆华：《论金融功能演进与金融发展》，《金融研究》2006 年第 7 期。

[12] 白钦先、常海中：《关于金融衍生品的虚拟性及其正负功能的思考》，《财贸经济》2007 年第 8 期。

[13] 白钦先、禹钟华：《对虚拟经济内涵的再探讨》，《西南金融》2007 年第 11 期。

[14] 白钦先、常海中：《金融虚拟性演进及其正负功能研究》，中国金融出版社 2008 年版。

[15] 白钦先、蔡庆丰：《金融虚拟化的道德风险及其市场影响：次贷危机的深层反思》，《经济学家》2009 年第 5 期。

[16] 白钦先、赖滨滨：《货币政策稳定化作用机制的演进：理论综述》，《经济评论》2009 年第 5 期。

[17] 白钦先：《白钦先学术讲演集》，中国金融出版社 2009 年版。

[18] 白钦先：《白钦先经济金融文集》（一）、（二）、（三），中国金融出版社 2009 年版。

[19] 白钦先、沈军、张荔：《金融虚拟性理论与实证研究——基于功能风险效率与哲学视角的分析》，中国金融出版社 2010 年版。

[20] 白钦先、谭庆华：《金融虚拟化与金融共谋共犯结构——对美国次贷危机的深层反思》，《东岳论丛》2010 年第 4 期。

[21] 白钦先、田树喜：《中国金融倾斜的实证分析》，中国金融出版社 2010 年版。

[22] 白钦先：《传承与创新：学术文章暨讲演》，中国金融出版社 2010 年版。

[23] 白钦先、张磊：《美国金融倾斜"迷失陷阱"与金融监管改革评析》，《哈尔滨工业大学学报》2013 年第 3 期。

[24] 白钦先、杨秀萍：《金融危机后对金融监管理论与实践的反思》，《沈阳师范大学学报》2014 年第 2 期。

[25] 白钦先、胡巍：《试论综合视角下的农村合作金融改革——基于哲学、历史、人文、经济与社会的综合视角》，《经济问题》2014 年第 9 期。

[26] 白钦先：《中国金融学科建设发展（1978—2014）》，中国金融出版社 2014 年版。

[27] ［美］查尔斯·P. 金德尔伯格、［美］罗伯特·Z. 阿利伯：《疯狂、惊恐和崩溃：金融危机史》第六版，朱隽等译，中国金融出版社 2007 年版。

[28] 陈雨露：《现代金融理论》，中国金融出版社 2000 年版。

[29] 陈雨露、汪昌云：《金融学文献通论》宏观金融卷，中国人民

大学出版社 2008 年版。

[30] 成思危:《虚拟经济论丛》,民主与建设出版社 2003 年版。

[31] 陈志武:《金融的逻辑》,国际文化出版公司 2009 年版。

[32] 戴相龙、黄达:《中华金融辞库》,中国金融出版社 1998 年版。

[33] 窦晴身:《对"戈德史密斯之谜"的反思》,《经济学家》2001
年第 5 期。

[34] [美] 德内拉·梅多斯等:《增长的极限》,李涛、王智勇译,
机械工业出版社 2006 年版。

[35] [美] 弗雷德里克·S. 米什金《货币金融学》第九版,郑艳
文、荆国勇译,中国人民大学出版社 2010 年版。

[36] 范从来:《金融、金融学及其研究内容的拓展》,《中国经济问
题》2004 年第 5 期。

[37] 郭田勇:《资产价格、通货膨胀与中国货币政策体系的完善》,
《金融研究》2006 年第 10 期。

[38] 哈耶克:《自由秩序原理》,邓正来译,上海三联书店 1997
年版。

[39] 韩守富等:《后金融危机背景下的金融监管》,社会科学文献出
版社 2012 年版。

[40] 洪银兴:《信用经济、虚拟资本和扩大内需》,《经济学家》
2002 年第 7 期。

[41] 黄达等:《中国金融百科全书》,经济管理出版社 1990 年版。

[42] 黄达:《金融、金融学及其学科建设》,《当代经济科学》2001
年第 4 期。

[43] 黄达:《金融——词义、学科、形势、方法及其他》,中国金融
出版社 2001 年版。

[44] 黄达:《由讨论金融与金融学引出的"方法论"思考》,《经济
评论》2001 年第 3 期。

[45] 黄达:《金融学》第三版,中国人民大学出版社 2012 年版。

[46] [美] 加尔布雷斯:《自满的年代》,杨丽君、王嘉源译,海南
出版社 2000 年版。

[47] 姜波克:《人民币自由兑换和资本管制》,复旦大学出版社 1999

年版。

[48] 姜旭朝：《金融独立性及其边界理论与实证研究》，博士学位论文，厦门大学，2003 年。

[49] ［美］金德尔伯格：《经济过热、经济恐慌及经济崩溃》，朱隽、叶翔译，北京大学出版社 2000 年版。

[50] 李宝伟：《经济虚拟化与政府对金融市场的干预》，南开大学出版社 2005 年版。

[51] 李翀：《论金融的虚拟化及其运行机制》，《教学与研究》2002 年第 11 期。

[52] 李扬、黄金老：《金融全球化研究》，上海远东出版社 1999 年版。

[53] 李扬、彭兴韵：《解析美联储的利率政策及其货币政策理念》，《国际金融研究》2005 年第 2 期。

[54] 刘骏民：《虚拟经济的理论框架及其命题》，《南开学报》2003 年第 2 期。

[55] 刘晓欣：《当代经济全球化的本质特征——虚拟经济全球化》，《南开经济研究》2002 年第 5 期。

[56] 刘玉平、千山：《虚拟经济演进的金融基础》，《华南金融研究》2002 年第 12 期。

[57] 刘云鹏：《金融体系与泡沫经济》，《经济导刊》1999 年第 5 期。

[58] ［美］罗伯特·蒙代尔：《蒙代尔经济学文集》第四卷，向松祚译，中国金融出版社 2003 年版。

[59] ［美］罗伯特·蒙代尔：《蒙代尔经济学文集》第六卷，向松祚译，中国金融出版社 2003 年版。

[60] ［美］雷蒙德·W. 戈德史密斯：《金融结构与金融发展》，周朔等译，上海人民出版社 1994 年版。

[61] ［美］罗纳德·麦金农：《货币稳定化的国际准则》，姜波克译，中国金融出版社 1990 年版。

[62] ［美］罗纳德·麦金农：《经济自由化的顺序——向市场经济过渡中的金融控制》，周庭煜等译，上海人民出版社 1997 年版。

[63]〔美〕罗纳德·麦金农：《经济发展中的货币与资本》，卢骢译，上海人民出版1997年版。

[64]〔美〕米尔顿·弗里德曼：《资本主义与自由》，张瑞玉译，商务印书馆1988年版。

[65]〔美〕米尔顿·弗里德曼：《货币稳定方案》，宋宁、高光译，上海人民出版社1991年版。

[66]〔英〕麦基：《非同寻常的大众幻想》，黄惠兰、邹林华译，中国金融出版社2010年版。

[67]〔美〕唐·帕尔伯格：《通货膨胀的历史与分析》，孙忠译，中国发展出版社1998年版。

[68]〔美〕兹维·博迪、罗伯特·C.莫顿：《金融学》，欧阳颖等译，中国人民大学出版社2000年版。

[69]彭兴韵：《金融危机管理中的货币政策操作——美联储的若干工具创新及货币政策的国际协调》，《金融研究》2009年第4期。

[70]乔纳森·泰纳鲍姆：《世界金融与经济秩序的全面危机：金融艾滋病》，《经济学动态》1995年第11期。

[71]秦池江：《论金融产业与金融产业政策》，《财贸经济》1995年第9期。

[72]世界银行：《金融与增长：动荡条件下的政策选择》，经济科学出版社2001年版。

[73]孙杰：《货币与金融——金融制度的国际比较》，社会科学文献出版社1998年版。

[74]孙泽、欧阳令南：《货币传导机制及其传导过程中的资源配置研究》，《管理世界》2002年第10期。

[75]万解秋：《货币银行学》，复旦大学出版社2001年版。

[76]王爱俭等：《虚拟经济合理规模与风险预警研究》，中国金融出版社2007年版。

[77]王广谦：《经济发展中金融的贡献与效率》，中国人民大学出版社1997年版。

[78]王广谦：《20世纪西方货币金融理论研究：进展与述评》，经济科学出版社2003年版。

[79] 王玉、陈柳钦:《金融脆弱性理论的现代发展及文献评述》,《贵州社会科学》2006 年第 3 期。

[80] 魏礼群:《应对国际金融危机　维护我国金融安全》,《国家行政学院学报》2009 年第 4 期。

[81] 吴敬琏:《十年纷纭话股市》,上海远东出版社 2001 年版。

[82] 谢平、刘斌:《货币政策规则研究的新进展》,《金融研究》2004 年第 2 期。

[83] 谢平、邹传伟:《金融危机后有关金融监管改革的理论综述》,《金融研究》2010 年第 2 期。

[84]《新帕尔格雷夫经济学大辞典》第二卷,经济科学出版社 1992 年版。

[85] 熊伟:《"短期化"之祸:本轮金融危机并非始于一场意外》,《21 世纪经济报道》2009 年 4 月 13 日。

[86] 熊伟:《危机一周年:中国不应改变金融创新与开放的方向》,《21 世纪经济报道》2009 年 9 月 16 日。

[87] 徐爱田、白钦先:《金融虚拟性研究》,中国金融出版社 2008 年版。

[88] 宣晓影、全先银:《日本金融监管体制对全球金融危机的反应及原因》,《中国金融》2009 年第 11 期。

[89] 亚当·斯密:《关于法律、警察、军人及军备的演讲》,陈福生、陈振骅译,商务印书馆 1962 年版。

[90] 杨秀萍、王素霞:《行为金融学的投资者风险偏好探析》,《四川大学学报》(哲学社会科学版) 2006 年第 1 期。

[91] 杨秀萍、薛阳:《戈德史密斯金融发展理论中的金融边界思想》,《沈阳师范大学学报》2015 年第 2 期。

[92] 易宪容、黄少军:《现代金融理论前沿》,中国金融出版社 2005 年版。

[93] 余熛宁:《日本金融监管的机构体系及现存问题》,《经济管理》2001 年第 5 期。

[94] [英] 约翰·罗:《论货币和贸易》,朱泱译,商务印书馆 1986 年版。

［95］［美］约瑟夫·斯蒂格利茨：《通往货币经济学的新范式》，陆磊、张怀清译，中信出版社 2005 年版。

［96］曾康霖：《论金融核心的定位及其效应》，《经济界》1999 年第 3 期。

［97］曾康霖：《略论马克思关于金融作用于经济的理论》，《金融研究》2000 年第 7 期。

［98］曾康霖、虞群娥：《论金融理论的创新》，《金融理论与实践》2001 年第 6 期。

［99］曾康霖：《金融机构的性质、理论支撑与市场的关系》，《财贸经济》2003 年第 7 期。

［100］张大荣：《日本金融厅及其金融监管现状》，《国际金融研究》2001 年第 5 期。

［101］张红伟、贾男：《虚拟经济与金融危机》，《四川大学学报》2004 年第 3 期。

［102］张杰：《中国金融制度选择的经济学》，中国人民大学出版社 2007 年版。

［103］张俊喜：《当代货币经济学的新发展》，《世界经济》2001 年第 5 期。

［104］张荔、姜树博、付岱山：《金融资源理论与经验研究》，中国金融出版社 2011 年版。

［105］张明：《次贷危机对当前国际货币体系的冲击》，《世界经济》2009 年第 6 期。

［106］张晓晶：《符号经济与实体经济——金融全球化时代的经济分析》，上海人民出版社 2002 年版。

［107］钟伟：《中国金融可持续发展的评价与分析》，经济科学出版社 2007 年版。

［108］朱民等：《改变未来的金融危机》，中国金融出版社 2009 年版。

［109］Allen, F. and Gale, D., *Understanding Financial Crisis*, Lecture in Finance at Oxford, 2007.

［110］Amato, J., Morris, S. and Shin, H. S., "Communication and

Monetary Policy", *Oxford Review of Economic Policy*, 2002.

[111] Auerbach, A. J. and Obstfeld, M. , "The Case for Open – Market Purchases in a Liquidity Trap", *American Economic Review*, Vol. 95, No. 1, 2005, pp. 110 – 121.

[112] Bean, Q. E. , An Interim Report, Speech to the London Society of Chartered Accountants, Oct. 13, 2009.

[113] Bernanke, B. S. , Correction of Recent Press Reports Regarding Federal Reserve Emergency Lending During the Financial Crisis, Letter to the Senate Banking Committee, U. S. Congress, December 6, 2011.

[114] Bernanke, B. S. , Federal Reserve Policies in the Financial Crisis, Speech at the Greater Austin Chamber of Commerce, Austin, Texas, December 1, 2008.

[115] Bernanke, B. S. , Liquidity Provision by the Federal Reserve, Presented at the Federal Reserve Bank of Atlanta Financial Markets Conference, Sea Island, Georgia, May 13, 2008.

[116] Bernanke, B. S. , The Financial Accelerator and the Credit Channel, Speech at the Federal Reserve Bank of Atlanta, June 15, 2007.

[117] Bernanke, B. S. Blinder, A. S. , "Credit, Money and Aggregate Demand", *American Economic Review*, Vol. 78, No. 2, 1988, pp. 435 – 439.

[118] Bernanke, B. S. , The Crisis and the Policy Response, Speech at the Stamp Lecture, London School of Economics, London, England, January 13, 2009.

[119] Bowman, D. and Kamin, S. , Quantitative Easing and Bank Lending: Evidence from Japan, Board of Governors of the Federal Reserve System, No. 10188.

[120] Bordo, Michael, D. and Wheelock, The Promise and Performance of the Federal Reserve as Lender of Last Resort 1914 – 1933, http: //research. stlouisfed. org/wp, 2010 – 036B.

[121] Borio, Claudio and Disyatat, P. , Unconventional Monetary Policies: An Appraizal, BIS Working Paper No. 292, 2009.

[122] Brave, S. A. , Campbell, J. R. , Fisher, D. M. and Justiniano, A. , The Chicago Fed DSGE Model, No. 2, 2012, pp. 1 – 20.

[123] Carpenter, S. and Demiralp, S. , The Liquidity Effect in the Federal Funds Market: Evidence at the Monthly Frequency, Journal of Money, Credit and Banking, Vol. 40, No. 1, 2008, pp. 1 – 24.

[124] Chadha, J. S. and Holly, S. , New Instruments of Monetary Policy, edited by Cambridge University Press, Cambridge, U. K. 2011.

[125] Chang, R. and Velasco, A. , Liquidity Crises in Emerging Market: Theory and Policy, NBER Working Paper, No. 7272, 1999.

[126] Cross, Michael and Weeken, O. , The Bank's Balance Sheet During the Crisis, Bank of England Quarterly Bulletin, 2010.

[127] Diamond and Diybving, Banks Runs, Deposit Insurance, and Liquidity, *Journal of Political Economy*, No. 91, 1983, pp. 401 – 419.

[128] Dornbush, R. A. , Expectations and Exchange Rate Dynamics, *Journal of Political Economy*, No. 84, 1976, pp. 960 – 971.

[129] European Central Bank, Recent Developments in the Balance Sheets of the Eurosystem, the Federal Reserve System and the Bank of Japan, *European Central Bank Monthly Bulletin*, 2009.

[130] Fujiki, Hiroshi, Okina and Shiratsuka, Monetary Policy under Zero Interest Rate Viewpoints of Central Bank Economists, *Monetary and Economic Studies*, Vol. 19, No. 1, 2001, pp. 89 – 130.

[131] Gagnon, J. , Raskin, J. and Sack, B. , The Financial Market Effects of the Federal Reserve's Large – Scale Asset Purchases, *International Journal of Central Banking*, Vol. 7, No. 1, 2011, pp. 3 – 4.

[132] Gilbert, R. A. , Kliesen, K. L. , Meyer, A. P. and Wheelock, D. C. , Federal Reserve Lending to Troubled Banks During the Financial Crisis 2007 – 10, Federal Reserve Bank of St. Louis, 2012 –

006A, 2012.

[133] Goodfriend, M. , Central Banking in the Credit Turmoil: An Assessment of Federal Reserve Practice, *Journal of Monetary Economics*, Vol. 58, No. 1, 2011, pp. 1 - 12.

[134] Hirakata, Sudo and Ueda, Chained Credit Contracts and Financial Accelerators, Discussion Paper Series, BOJ, 2009.

[135] Ishikawa, Kamada, Kurachi, Nasu and Teranishi, Introduction to the Financial Macro Econometric Model, Bank of Japan Working Paper Series, No. 12 - E - 1, 2012.

[136] Joyce, M. , Lasaosa, A. , Stevens, I. and Tong, M. , The Financial Market Impact of Quantitative Easing, Bank of England, 2010.

[137] Jung, Tachun, Teranishi and Watanabe, Optimal Monetary Policy at the Zero - Interest Rate Bound, *Journal of Money, Credit and Banking*, Vol. 37, No. 5, 2005, pp. 813 - 835.

[138] Koutmos, G. , Tucker, M. , Temporal Relationships and Dynamic Interactions between Spot and Futures Stock Markets, *Journal of Futures Markets*, No. 16, 1996.

[139] Kawata, Kitamura, Nakamura, Teranishi and Tsuchiya, Effects of the Loss and Correction of a Reference Rate on Japan's Economy and Financial System: Analysis Using the Financial Macro - econometric Model, Bank of Japan Working Paper Series, No. 12 - E - 11, 2012.

[140] Kawata, Kurachi, Nakamura and Teranishi, Impact of Macroprudential Policy Measures on Economic Dynamics: Simulation Using a Financial Macro - econometric Model, Bank of Japan Working Paper Series, No. 13 - E - 3, 2013.

[141] Kool, C. J. M. and Thornton, D. L. , How Effective is Central Bank Forward Guidance? http: //research. stlouisfed. org/wp, 2012 - 063A.

[142] Koutmos, G. , Saidi, R. , Positive Feedback Trading in Emerging

Capital Markets, *Applied Financial Economics*, No. 11, 2011.

[143] Kuroda, Japan's Economy and Monetary Policy: Toward Overcoming Deflation, Speech at a Meeting Held by the Naigai Josei Chousa Kai in Tokyo, July 29, 2013.

[144] Mckinnon, R. and Pill, H., International Borrowing: A Decomposition of Credit and Currency Risks, World Development, No. 10, 1998.

[145] Mehra, A., "Legal Authority in Unusual and Exigent Circumstances: The Federal Reserve and the Financial Crisis", *Journal of Business Law*, Vol. 13, No. 1, 2010, pp. 221 – 225.

[146] Minsky, H., The Financial Instability Hypothesis: Capitalist Process and the Behavior of the Economy, in Financial Crisis: Theory, History and Policy, edited by Charles P. Kindlberger and Jean – Pierre laffargue, Cambridge: Cambridge University Press, 1982, pp. 13 – 38.

[147] Mishkin and Frederie, "Global Financial Instability: Framework, Events, Issues", *Journal of Economic Perspective*, No. 13, 1999, pp. 3 – 20.

[148] Mishkin, Understanding Financial Crises: A Developing Country Perspective, Annual World Bank Conference on Development Economics, 1996.

[149] Moessner, R. and Nelson, W., Central Bank Policy Rate Guidance and Financial Market Functioning, BIS Working Paper 246, 2008.

[150] Muto, A Simple Interest Rate Model with Unobserved Components: The Role of the Reference Rate, Working Paper Series, BOJ, 2012.

[151] M. Friedman, "The Role of Monetary Policy", *American Economic Review*, No. 58, 1968, pp. 1 – 17.

[152] Obstfeld, Maurice, "The Logic of Currency Crises Cahiers", *Economiqueset Monetaries*, No. 43, Ranquede France, 1994.

[153] Ross Levine, Norman Loayza and Thorsten Beck, "Financial Inter-

mediation and Growth: Causality and Causes", World Bank Policy Research Working Paper 2059, 1999.

[154] Sentana, E., Wadhwani, S., "Feedbook Traders and Stock Return Autocorrelations: Evidence from a Centry of Daily Date", *Journal of International Money and Finance*, No. 16, 1997.

[155] Shiller J. Robert, "Market Volatility and Investor Behavior", *The American Economist*, 1990.

[156] Shirakawa and Masaaki, Preventing the Next Crisis: The Nexus Between Financial Markets, Financial Institutions and Central Banks, Speech at the London Stock Exchange, May 13, 2009a.

[157] Shirakawa and Masaaki, Unconventional Monetary Policy – Central Banks: Facing the Challenges and Learning the Lessons, Conference co – hosted by the People's Bank of China and the Bank for International Settlements in Shanghai, August 8, 2009.

[158] Shiratsuka, S., "Size and Composition of the Central Bank Balance Sheet: Revisiting Japan's Experience of the QEP", *Monetary and Economic Studies*, Vol. 11, No. 1, 2010, pp. 81 – 96.

[159] Spiegel, M. M., Did QE by the Bank of Japan "Work", Federal Reserve Bank of San Francisco, 2006.

[160] Sudo, Financial Markets, Monetary Policy and Reference Rates: Assessments in DSGE Framework, 2012 (12 – E – 12), pp. 2 – 12.

[161] Sungbae, A. and Frank, S., "Bayesian Analysis of DSGE Models", *Econometric Reviews*, Vol. 26, No. 2 – 4, 2007, pp. 113 – 115.

[162] Thornton, D. L., The Effectiveness of Unconventional Monetary Policy: The Term Auction Facility, Federal Reserve Bank of St. Louis, 2011.

[163] Takinami, Political Economy of the Financial Crises in Japan & the United States, A Comparative Study on the Bailout of Financial Institutions, No. 8, 2010, pp. 8 – 19.

[164] Thornton, D. L., The Federal Reserve's Response to the Financial Crisis: What It Did and What It Should Have Done, http://research. stlouisfed. org/wp, 2012 – 050A.

[165] White, W. R., Procyclicality in the Financial System: Do we Need a New Macro – financial Stabilisation Framework?, BIS Working Paper, No. 193.

[166] Wright, J. H., What does Monetary Policy do to Long – term Interest Rate at the Zero Lower Bound, *National Bureau of Economic*, 2011.

[167] Woodford, M., Central Bank Communication and Policy Effectiveness in the Greenspan Era: Lessons for the Future, Federal Reserve Bank of Kansas City, 2005.